【編】大野ロベルト
相原朋枝

Ono Robert
Aihara Tomoe

酒向治子
ブルース・ベアード
ローズマリー・キャンデラリオ
横尾咲子
関 典子
塚田美紀

Sako Haruko
Bruce Baird
Rosemary Candelario
Yokoo Sakiko
Seki Noriko
Tsukada Miki

Butoh入門

肉体を翻訳する

文学通信

目次

舞踏「図」譜

・舞踏とその歴史において重要な舞踏家や舞踏グループ、振付家、ダンサー、パフォーミングアーティストのリストである。
・おおむね二〇年以上の活動歴を有し、本書に登場する個人、団体を主な対象としている。

舞踏の創始者

© 山口晴久

土方 巽

Tatsumi Hijikata

暗黒舞踏の創始者のひとりに数えられる舞踏のパイオニア（1928-1986）。秋田県に生まれ戦後に上京、《禁色》発表の頃より頭角を現し、三島由紀夫、澁澤龍彥という二人の文学者の知遇を得たこともあり、その活動は多くの文化人の注目するところとなる。70 年代からは演出・振付に専念。俳優としての映画出演や、文筆家としても業績を残す。

公式サイト

http://www.art-c.keio.ac.jp/old-website/archive/hijikata

舞踏の創始者

© 池上直哉

大野一雄

Kazuo Ohno

舞踏の創始者のひとり（1906-2010）。戦前よりモダンダンスを学び、従軍を経て 1949 年に初リサイタルを開催。60 年代には暗黒舞踏派の公演で土方らと共演し、舞踏の創生に大きな役割を果たす。1977 年に《ラ・アルヘンチーナ頌》を発表。1980 年のナンシー国際演劇祭（フランス）への参加以降、国内外で多数の公演を行い、舞踏を国際的に波及させる。90 歳代まで舞台活動を継続した。写真は初演時の《ラ・アルヘンチーナ頌》。

公式サイト

http://www.kazuoohnodancestudio.com

舞踏の創生期より活動

© 池上直哉

大野慶人

Yoshito Ohno

舞踏の創成期より活動した舞踏家（1938-2020）。1959年の《禁色》で土方と共演。60年代の暗黒舞踏派公演に参加するも、1969年の初リサイタル後に舞台活動を停止。1985年、大野一雄との《死海》で舞台活動に復帰。1986年からは大野の作品の演出を担当し、同時にいくつかの作品で共演する。2010年代にはソロ作品やコラボレーション作品を発表。大野一雄の次男。写真は初演時の《死海》。

公式サイト

http://www.kazuoohnodancestudio.com

舞踏の創生期より活動

© 笠井禮示

笠井 叡

Akira Kasai

舞踏の創生期より活動する舞踏家（1943-）。クラシック・バレエとモダンダンスを学び、1963年より暗黒舞踏派公演に出演。大野一雄に学び1966年に初リサイタルを開催、1971年には「天使館」を創設。1979年より1985年までドイツにて人智学とオイリュトミーを研究する。1994年《セラフィータ》で舞踏活動を再開。以後ソロやコンテンポラリーダンサーへの振付作品を多数発表。

公式サイト

http://www.akirakasai.com

舞踏の創生期より活動

© 加藤英弘

石井満隆

Mitsutaka Ishii

舞踏の創成期より活動した舞踏家（1939-2017）。モダンダンスを学んだ後、1961年より土方に師事。60年代の暗黒舞踏派公演の多くに出演し、1967年の《舞踏ジュネ》では土方や大野と共演。1971年にシベリア経由で渡欧し、いち早く舞踏の公演や教示を始めた。80年代初頭には日本の病院で「舞踏療法」を開始。数々の奇行でも知られた。

舞踏の創生期より活動

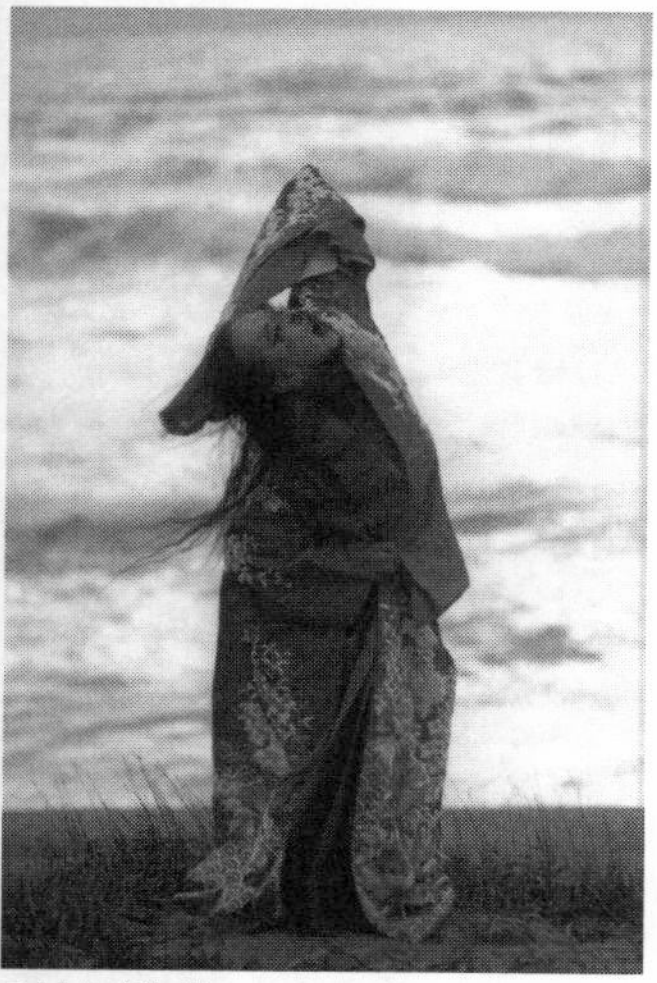
© 神山貞次郎

元藤燁子

Akiko Motofuji

舞踏の創成期より活動した舞踏家（1928-2003）。クラシック・バレエとモダンダンスを学んだ後、津田信敏に師事し、父親の援助で津田の舞踊研究所（1962年よりアスベスト館）を創設。1959年に土方と出会い、アスベスト館を拠点に土方と舞踏の創成期の活動を共にする。土方の没後はアスベスト館の館長となり、90年代に舞台活動に復帰。「からだの学校」を主催した。

舞踏の創生期より活動

撮影：小野塚誠

玉野黄市

Koichi Tamano

舞踏の創成期より活動する舞踏家（1946-)。銀座のクラブでボーイをしていたところ、土方に誘われ 1964 年より師事。三島由紀夫が賞賛したと言われる肉体美を誇り、《バラ色ダンス》から《四季のための二十七晩》まで暗黒舞踏時代の多くの作品に出演した。1972 年「哈爾濱《ハルビン》派」を創設。1978 年よりサンフランシスコ（米国）を拠点とする。大駱駝艦等への客演も多い。

公式サイト

https://sites.google.com/site/tamanokoichi2011/home

舞踏の創生期より活動

撮影：玉内公一

中嶋 夏

Natsu Nakajima

舞踏の創生期より活動する舞踏家（1943-)。クラシック・バレエとモダンダンスを学んだ後、1962 年に大野一雄舞踏研究所に入所。土方にも師事し、60 年代の暗黒舞踏派の主要メンバーとして活躍する。1968 年より「霧《む》笛舎《てきしゃ》」を主宰し、各国で公演活動および舞踏の教示を行う。1992 年より障がいをもつ人々との身体表現活動を始め、「心と身体の学級」を主宰。

公式サイト

https://mutekisha.wixsite.com/butoh

舞踏の創生期より活動

高井富子

Tomiko Takai

©Mary Moore

舞踏の創成期より活動した舞踏家（1931-2011）。モダンダンスを学んだ後、1958年より土方、大野に師事。代表作である《形《けい》而《じ》情《じょう》學《がく》》（1967年）は、土方が演出し、大野をはじめとする暗黒舞踏派の面々が出演している（美術担当は中西夏之）。86年より《形而情學》を再開、シリーズ化する。その後オーストラリア（写真）他各国で公演を実施。

舞踏の第二世代代表

大駱駝艦

Dai Rakudakan

Photo:Kawashima Hiroyuki

土方巽に師事し、唐十郎の状況劇場でも活動した麿赤兒（1943-）により1972年に創設。「天賦《てんぶ》典式《てんしき》」として様式化された思想のもと数多くの作品を生み出し、早くから海外公演も行う。また多くのダンサーが独立してそれぞれの流派を開いているところから、現代の舞踏の屋台骨を築いたカンパニーといえよう。名実ともに「Butoh」を代表する集団である。

公式サイト

http://www.dairakudakan.com

舞踏の第二世代代表・大駱駝艦の系譜

『ARC 薄明・薄暮』©Sankai Juku

山海塾

Sankaijuku

舞踏の第二世代を代表するグループ。大駱駝艦の創設メンバーの天児牛大《あまがつうしお》（1949-）により1975年に創設。1980年のナンシー演劇祭（フランス）で絶賛され、舞踏が欧州の舞踊界で注目を集める契機となった。以後パリ市立劇場を拠点に各国で新作発表やツアーを続け、世界的に最も知名度の高い舞踏グループのひとつである。主宰の天児はオペラの演出も手がけ、仏政府より芸術文化勲章を受章。

公式サイト

https://www.sankaijuku.com

土方巽の系譜

白桃房（友恵しづねと白桃房）

Hakutobo (Tomoe Shizune & Hakutobo)

土方巽の系譜の舞踏グループ。土方は1974年に芦川羊子《あしかわようこ》（1947-）を中心に据え「白桃房」を創設し、以後弟子への振り付けに専念する。芦川は土方の舞踏技法および思想を体現する舞踏家として《ひとがた》をはじめとする多くの作品で主役を踊った。土方の没後は友恵しづね（1955-）が主宰となり、「友恵しづねと白桃房」として活動している。写真は1975年の《彼女らを起こすなかれ》。

© 山口晴久

公式サイト

https://www.tomoe.com

小林嵯峨

Saga Kobayashi

土方巽の系譜の舞踏家（1946-）。モダンダンスを学んだ後、1969 年より土方に師事し、《四季のための二十七晩》、《静かな家》等に出演。芦川羊子、仁村桃子とともに女性の主力舞踏手として活躍する。「白桃房」の創設メンバーとなった後、1975 年に「彗星倶楽部」を創設し独立。1995 年より「小林嵯峨＋ NOSURI」として活動。

撮影：小野塚誠

土方巽の系譜

和栗由紀夫

Yukio Waguri

© 神山貞次郎

土方巽の系譜の舞踏家（1952-2017）。 1972 年より土方に師事し、《四季のための二十七晩》、《疱瘡譚《ほうそうたん》》等に出演。1978 年に「好善社《こうぜんしゃ》」を創設。90 年代からは「和栗由紀夫＋好善社」として多くの作品を発表。1972 年から 78 年の間に土方が弟子達に振り付ける際に使用した言葉をまとめ、1998 年に「舞踏譜」として公開した。

公式サイト

https://otsukimi.net/koz/#top

土方巽の系譜

山本 萌

Moe Yamamoto

土方巽の系譜の舞踏家（1953-）。1974 年より土方に師事し、アスベスト館での白桃房連続公演に出演。1976 年に「金沢舞踏館」を創設し、翌年より郷里の福井県を拠点とする。1999 年から 10 年あまりオーストラリアの舞踏プロジェクトにて公演やワークショップを継続的に実施。2010 年の「土方巽―大いなる魂」のプロジェクトではロシアにて公演やワークショップを行った。

『ふいご少年と煙玉少女』撮影者：ハヤシハジメ

公式サイト

http://www.spacelan.ne.jp/~butohkan/tuite.html

土方巽の系譜

三上賀代

Kayo Mikami

土方巽の系譜の舞踏家（1953-）。1978 年より土方に師事し、当時の記録をもとに土方の技法に関する修士論文を 90 年代初頭に発表。舞踏研究の先駆けとなる。野口三千三《のぐちみちぞう》にも師事。三上宥起夫が主催する「とりふね舞踏舎」の中心メンバーとして、関東では湘南エリア、関西では京都を中心に活動。京都精華大学にて教鞭を執る。

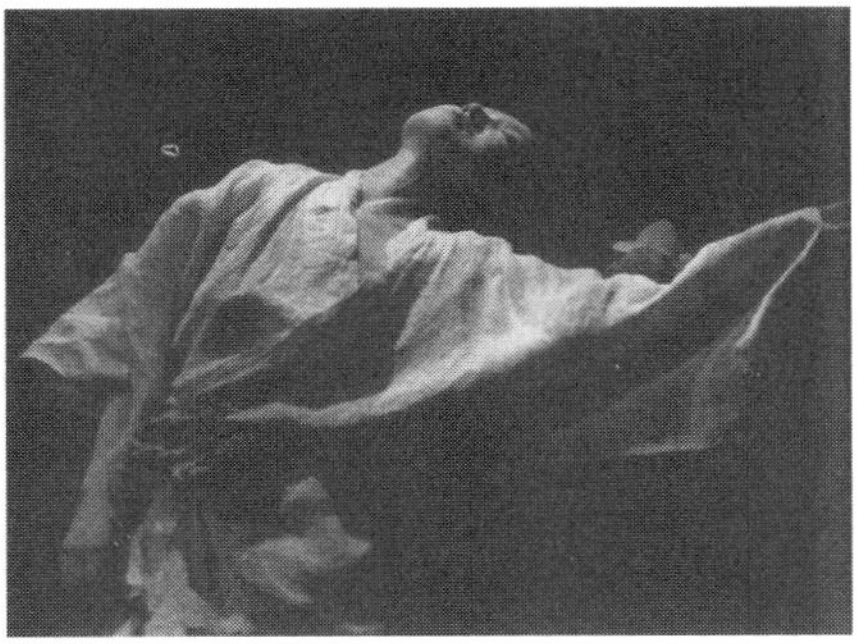

三上賀代『器としての身體』より

公式サイト

http://torifune-butoh-sha.com

大野一雄の系譜

上杉満代

Mitsuyo Uesugi

大野一雄の系譜の舞踏家（1950-）。幼少よりクラシック・バレエを習い、谷桃子バレエ団に入団。退団後、1970年より大野一雄に師事し、映画「O氏の死者の書」や《お膳、または胎児の夢》に出演。その後ソロ作品を各国で上演する。1987年からの3年間は「スタジオDM」に所属し、フランスにて活動した。

© 神山貞次郎

大野一雄の系譜

武内靖彦

Yasuhiko Takeuchi

大野一雄の系譜の舞踏家（1947-）。1971年にソロデビューした後、1973年より大野一雄に師事。1975年発表の《水仙譚》には大野がゲスト出演している。即興性を重視したソロを特徴とする自主舞踏公演の他、国内外で公演を実施。芥正《あくたまさ》彦《ひこ》や佐藤《さとう》信《まこと》演出の演劇作品にも出演している。

© 神山貞次郎

大野一雄の系譜

秀島 実

Minoru Hideshima

© 神山貞次郎

大野一雄の系譜の舞踏家（1948-）。1973年より大野一雄に師事し、1975年から1979年の間には連日のように彼の個人指導を受けた。大野の影響を色濃く残す舞踏家のひとりである。映画「O氏の死者の書」や《お膳、または胎児の夢》の他、リトアニア・仏合作映画「Few of us」にも出演。Yas-Kazをはじめとする音楽家との共作も多い。

大駱駝艦の系譜

室伏 鴻

Ko Murobushi

© 池上直哉

大駱駝艦の系譜の舞踏家（1947-2015）。1969年より土方に師事。出羽三山での山伏修行を経て、大駱駝艦の創設に参加。舞踏新聞『激しい季節』を刊行。1976年には福井県にて舞踏派「背火《せび》」を創設。1978年にはアリアドーネの会とともにパリ公演を成功させ、その後はCNDC（フランス）他、欧州を中心に舞踏の教示や公演を実施。2000年以降は日本での活動を再開した。写真は1977年の《常闇形Ⅱ》での「ミイラ」。

公式サイト
https://ko-murobushi.com

大駱駝艦の系譜

アリアドーネの会

Ariadone no Kai

大駱駝艦の系譜の舞踏グループ。モダンダンスを学び麿赤兒に師事したカルロッタ池田（1941-2014）が大駱駝艦の影響のもと 1974 年に創設。1978 年に室伏鴻とともにパリにて上演した《最後の楽園》は欧州で認知された最初の舞踏とされている。1981 年よりボルドー（フランス）を拠点とする。カルロッタは CNDC（フランス）でも舞踏を教示し、欧州を中心に活躍した。

© 池上直哉

大駱駝艦の系譜

白虎社

Byakkosha

大駱駝艦創設メンバーの大《おお》須《す》賀《か》勇《いさむ》により 1980 年に京都府にて創設。（前身は「東方夜聰會」）。主軸メンバーは蛭《ひる》田《た》早《さ》苗《なえ》。関西を拠点とし、国外では東南アジアを中心に各国で公演や野外でのイベント活動を展開した。大人数での徹底した愚行や派手な舞台装置を特徴とする。夏には和歌山県の熊野で舞踏合宿を主催した。1994 年解散。写真は 1986 年の公演での大須賀勇。

© 加藤英弘

大駱駝艦の系譜

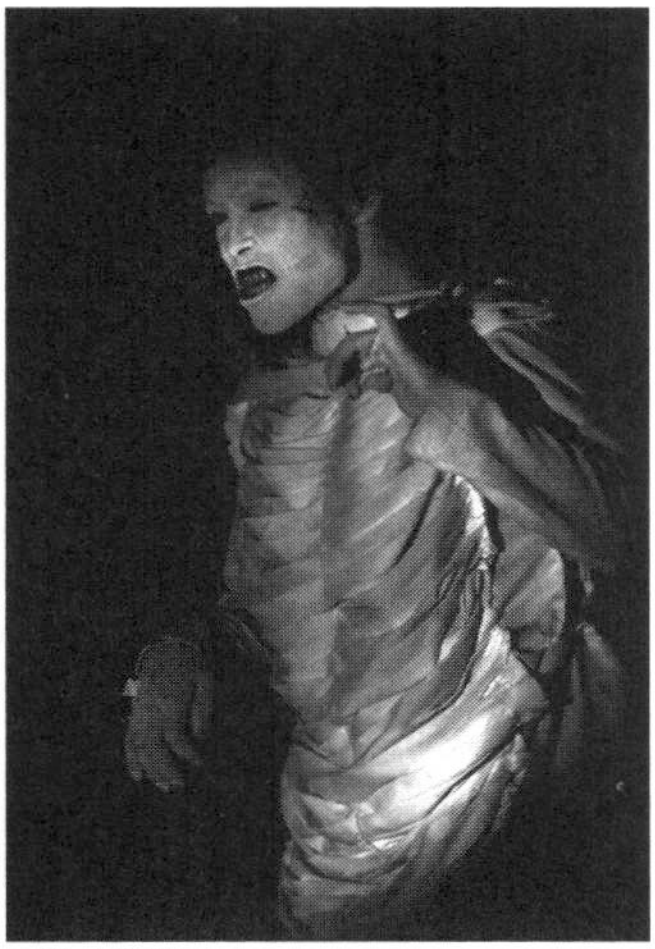

© 池上直哉

北方舞踏派

Hoppo Butoh-ha

大駱駝艦創設メンバーのビショップ山田（1948-）（写真）により1975年に山形県にて創設。後に北海道にも拠点を持つ。ビショップは1968年より土方に師事し「土方巽燔《はん》犠《ぎ》大踏《だいとう》鑑《かん》」等に出演。1977年には「北方舞踏派」を母胎として、大駱駝艦創設メンバーである雪《ゆき》雄《ゆう》子《こ》（1951-）主宰の「鈴蘭党」が設立された。雪は後に青森県に移住。

大駱駝艦の系譜

© 神山貞次郎

ダンス・ラヴ・マシーン

Dance Love Machine

大駱駝艦創設メンバーの田《た》村《むら》哲郎《てつろう》（1950-1991）（写真）と同門の古川あんず（1952-2001）により1975年に創設。演劇的要素を含む「明るい」作風を特徴とした。古川は1986年に退団後、「ダンス杏スクール」を開校し、1989年には「ダンスバターTokio」を創設。ドイツやフィンランド等で活躍した。

日本国外を拠点に活動

エイコ＆コマ

Eiko&Koma

1971 年に土方の稽古場にて出会い 1972 年より大野一雄に学んだ尾竹永子（1952-）と尾竹隆《たかし》（1948-）によるコラボレーション。ドイツで学んだ後、1976 年に《White Dance》で米国デビュー。以後ニューヨークを拠点に劇場や美術館、屋外にて公演を実施し、高い評価を得る。二度のベッシー賞他、受賞も多い。彼らはその作品群を舞踏と称していない。2014 年よりソロ活動を開始。尾竹永子は震災後の福島を数回訪れ作品を創作し、各地で発表している。

福島でのエイコ（2014）撮影　Willliam Johnston

公式サイト

http://eikoandkoma.org

日本国外を拠点に活動

竹之内淳志

Atsushi Takenouchi

1962 年生まれ。1980 年に「北方舞踏派」に参加。土方が振り付けた同団の《鷹ざしき》（1984 年）に出演。退団後、「じねん」（自然）をコンセプトとする即興舞踏を全国各地で上演。2002 年より欧州に移る。トスカーナ地方（イタリア）を拠点とし、公演活動の他、各国の自然豊かな地域で滞在型、作品参加型ワークショップを実施する。

©Georges Karam

公式サイト

http://www.jinen-butoh.com

日本国外を拠点に活動

吉岡由美子（ミゼール花岡）

Yumiko Yoshioka

“i-ki —interactive body dance machine”
写真家：Klaus Rabien

「アリアドーネの会」に創設時（1974年）より参加し、数々の作品に出演。1988年より1994年まで「tatoeba- THEATRE DANSE GROTESQUE」のメンバーとしてベルリンを拠点に活動。1995年よりドイツのブルーリン城(国際アートリサーチセンター）にて、デルタ・ライと共に4年に一度の“eX..it! 舞踏交流フェスティバル”を開催している。

公式サイト

http://www.yumiko-yoshioka.com

日本国外を拠点に活動

SU-EN

スーエン

Photo: Gunnar H. Stening

1966年スウェーデン生まれ。芦川羊子、友恵《ともえ》しづねに師事。「友恵しづねと白桃房《はくとうぼう》」の姉妹カンパニー「グノーム」の立ち上げに参加し、1988年より1994年まで活動を共にする。1992年にSU-EN Butoh Company を創立。日本人以外によって主宰された初の舞踏カンパニーである。ウプサラ（スウェーデン）の北東に位置するハグランド・スコラを拠点に、舞踏と自然、アートをめぐる活動を国際的に展開している。

公式サイト

https://www.suenbutohcompany.net

日本国外を拠点に活動

Oguri

オグリ

1985年に田《た》中《なか》泯《みん》の主催する「舞塾《まいじゅく》」に参加し、同時に山梨県白州町の「身体気象農場」の創設に加わる。農業と踊りの実践を経て、1991年よりロサンゼルス（米国）に移住。「BODY WEATHER LABORATORY」を主催し、「身体気象」をテーマに活動している。2011年には制作会社「Arcane Collective」を創設。

Oguri by Pep Daude

公式サイト

https://www.bodyweather.org

日本国外を拠点に活動

ゆみうみうまれ

Yumi Umiumare

クラシック・バレエやモダンダンス等を学んだ後、1989年より大駱駝艦に参加。1993年に退団し、メルボルン（オーストリア）に移住。舞踏キャバレエ「DasSHOKU」プロジェクトを主宰する他、ミニフェスティバル「ButohOUT!」を開催する。様々なアーティストとの実験的な作品創作の他、オーストラリアの大自然の中で数日過ごす舞踏合宿も実施している。

Photo by Mathew Lynn (from HuRU-hARa 2020)

公式サイト

https://www.yumi.com.au

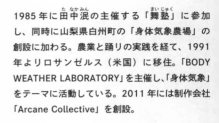

独立系

岩名雅記

Masaki Iwana

© 池上直哉

独立系の舞踏家（1945-2020）。演劇活動、声優を経て、師を持たず 1975 年よりソロの舞踊活動を開始。1995 年より南ノルマンディー地方（フランス）を拠点とし、ワークショップや公演の他、毎夏舞踏フェスティバルを開催するなど、欧州における舞踏の拡大に貢献した。2000 年代には監督として数本の映画を撮影し、話題となった。

山海塾の系譜

岩下 徹

Toru Iwashita

1957 生まれ。1979 年より一年間山海塾に参加。1982 年より石井満隆《いしいみつたか》のワークショップで即興を学び、翌年よりソロ活動を開始。1986 年には山海塾に復帰し、以後全作品に参加。同時にソロダンスシリーズや音楽家との即興セッションを実施。1989 年からは湘南病院（滋賀県）にて精神医療のスタッフと共に「ダンスセラピーの試み」を続けている。日本ダンスセラピー協会顧問。

© 前澤秀登

© 高島史於

山田せつ子

Setsuko Yamada

笠井叡《かさいあきら》に即興舞踏を学び、独立後、ソロダンスを中心に国内外での公演を実施。ダンスカンパニー枇杷系主宰。2000年より京都造形芸術大学映像・舞台学科教授として11年間ダンスの授業を担当。ソロダンス活動を続けつつ、京都造形大舞台芸術研究センター主任研究員としてダンス、演劇の企画に携わる。

舞踏とコンテンポラリーダンスを架橋

山崎広太

Kota Yamazaki

1959年生まれ。1977年より笠井叡《かさいあきら》、1979年より神領國資《かみりょうくにし》に師事。その後クラシック・バレエを学び、CNDC（フランス）でのダニエル・ラリューとの作品制作を契機に振付家としての活動を開始。1996年には「rosy Co.,」を創設。当時の出演者には近藤良平（現コンドルズ主宰）等がいた。2002年よりニューヨーク（米国）を拠点とし、Kota Yamazaki/Fluid hug-hugを主宰。

公式サイト

https://www.kotayamazaki.com

舞踏とコンテンポラリーダンスを架橋

伊藤キム

Kim Itoh

© 小泉創

1965年生まれ。1987年より古川あんずに師事し、古川の作品出演を経て1990年に独立。1995年に「伊藤キム＋輝く未来」を創設する。舞踏出身のコンテンポラリーダンサーとして多くの作品を発表し、注目を集める（2011年解散）。2015年より新たに「フィジカルシアターカンパニーGERO」を創設し、活動を再開する。

公式サイト

http://gero.kim

舞踏の第三世代

工藤丈輝

Taketeru Kudo

© 康欣和

1967年生まれ。1989年の玉野黄市《たまのこういち》作品との出会いを契機に舞踏を始め、玉野黄市、和栗由紀夫他の作品に出演。1992年よりソロ活動を開始し、90年代後半には山海塾に参加。元藤燁子《もとふじあきこ》主宰のアスベスト館の公演にも出演し、振付も手がけた。1997年に「東京戯園館」を創設し、ソロをメインに活動。客演も多い。

公式サイト

http://kudo-taketeru.com

鈴木ユキオ

Yukio Suzuki

1972年生まれ。1997年、アスベスト館主催の「からだの学校」への参加を契機に舞踏を始める。元《もと》藤《ふじ》燁《あき》子《こ》や大駱駝艦出身者のカンパニーの作品への出演を経て、2000年に「金魚」を創設。2003年には室伏鴻《こう》の「Ko & Edge Co.」に参加。現在は「鈴木ユキオプロジェクト」としてカンパニーを形成し活動する。

©Satoshi Tsuchiyama

公式サイト

http://orange.zero.jp/bulldog-extract.boat

東雲舞踏

Shinonomebutoh

モダンバレエを学んだ後、1991年より和栗由紀夫に師事した川本裕子（1973-）を中心に、同時期に「和栗由紀夫＋好善社」に参加した女性三人により2000年に創設。2017年より「舞踏の可能性や多様性を楽しむ舞踏の祭典」をコンセプトとする「Tokyo Butoh Circus」を主催。他に東南アジアにおける舞踏の普及活動も実施している。

© 大洞博康

公式サイト

https://shinonomebutoh.jp

序にかえて——舞踏家がバサバサと骨ばった腕を拡げてくる

とある大学構内。「身体表現」と銘打った授業で、土方巽《ひじかたたつみ》《疱瘡譚《ほうそうたん》》の映像が上映されたあと、学生のN子が教員のT枝の研究室を訪ねてくる。

N子　叔母さま！
T枝　ちょっと、大学では「先生」でしょう。
N子　ごめんなさい。でもいろいろ訊きたいことがあるから、敬語じゃまどろっこしくて。社会常識か、向学心か、優先するほうを選んでよ。
T枝　負けたわ。じゃあ、私も終業時間ということにしましょう。それで、どうしたの？
N子　舞踏って何？
T枝　ずいぶん大きく出たわね。
N子　私だって叔母さまのことは赤ちゃんの頃から知ってるんだから、何となくはわかってるつもりだったのよ。バレエもやってたし、いまだって観るのは好きだし、将来は舞台を運営する側のお仕事に就くのもいいかな、なんて思ってるし。でも、今日の授業で土方巽のお話を聞いて、あの映像もなかなかすごいし、こんがらがって来ちゃった。

T枝 そうね、すごい映像はちょっと置いておいて——。それじゃNちゃん、ダンスって何？

N子 え？　踊りでしょう。

T枝 じゃあ舞踏は？

N子 やっぱり、踊り……だと思うんだけど、なんか違うみたいだから。

T枝 どう違うと思う？

N子 うーん。まず、もとから日本語だってことかな（笑）

T枝 うん、いい線いってると思うよ！

N子 え？　そうなの？

T枝 あなたもダンス経験者なんだから、この界隈で外来語が幅を利かせていることはわかるわよね。

N子 そうね。バレエはもちろん、モダンダンスにジャズダンス、振付のときもインプロとか言うし、本番前にはゲネをして……。

T枝 つまり現代で「踊り」と言われるものはたいてい西洋起源なわけよね。

N子 あ、それなら付け加えるけど、それもフランスの影響が強いはずよね。ヨーロッパだとかなりの国で「ダンス」というけど、大元はフランス語の danser みたいだし。フランス宮廷文化の一環として広まったのが、やっぱり王道のダンスなわけでしょう。

T枝 急に勢いがよくなったのね。

N子 最近、語源に凝ってるの。ついでに言うと、danser という言葉のもともとの意味は「震える」じゃないかという説もあるけど、中世からは、「音楽に合わせて動く」「飛んだり跳ねたりする」「ふだんとは違う動きで感情を表現する」というふうに、現代と同じ意味で使われるようになるわ。

T枝 それはすばらしい発見ね。でも、古代ギリシャでは、ダンスは「コロス」と呼んでいたらしいわよ。

N子 コロスってあの、芝居で状況を説明したり、歌ったりして、「コーラス」の元になったっていうコロス？ 去年、べつの授業で習ったわ。

T枝 そう、そのコロス。つまり古代ギリシャでは、歌と踊りは切り離せないものとして、峻別されなかったわけ。

N子 へえ、おもしろい。日本ではどうだろう。舞踊とか舞踏って、漢語だものね。

T枝 日本語では本来は「まう」と「おどる」よね。前者は「まわる」、後者は「飛び跳ねる」が本来の意味と言われているわね。「舞踊」と「舞踏」では、「舞踏」は『礼記《らいき》』にも出てくる伝統的な言葉だけど、「舞踊」のほうは明治時代の和製漢語なの。

N子 そうなの？ 意外！ 何となく、「舞踏」のほうが西洋的な気がしてたんだけど。

T枝 それもやっぱり、明治時代に作られたイメージのせいかもしれないわね。伝統的なものとしての「日本舞踊」と対置されたのが、鹿鳴館で夜毎に行われていたような、西洋式のダンスだから。

N子 あ、「舞踏会」だ。

T枝 そう。だから「舞踏」という言葉時代は古いのだけれど、そこに「西洋式」というニュアンスが加わったのは明治時代なの。でも現在では、大きな辞書や百科事典なんかを引いてみると、「舞踏とは土方巽が使った言葉で、西洋舞踊の真似ではない、真に日本的なダンスを創造しようとしたもの」なんて書いてあったりするのよ。

N子 ちょっと、どっちなの（笑）

T枝　しかも、土方自身も、最初から舞踏と言っていたわけではなくて、むしろ舞踊という言葉を使うことのほうが多かった、なんていう証言もあるの（笑）

N子　えー（笑）

T枝　つまりね、言葉ひとつとっても、舞踏というのはとても曖昧だし、慎重に考えないといけないのよ。

N子　身体表現だからと言って、言葉をないがしろにするようじゃダメってことね。

T枝　わかってるじゃない！

N子　でも、それと土方さんのあの白塗りの、恐ろしい映像と、どう繋がるのか、それがまだわからない……。

T枝　うーん……。よし、わかったわ！　ちょっとこれを見て！（机の上に、校正刷りの束を置く）

N子　わ！　何これ？

T枝　こんど文学通信から出る『Ｂｕｔｏｈ入門』のゲラよ。あなたのように、「舞踏って何なんだろう」と漠然と思っているひとにも、専門的に舞踏を研究しているひとにも読んでもらえるような本って、実はあまりなかったと思うの。そこでこんな本が出ることになったので、この内容に沿って、もうすこし舞踏について考えてみましょう。

N子　はい質問、なんでＢｕｔｏｈがローマ字なの？　カッコつけ？

T枝　あのね……。これはね、「Ｂｕｔｏｈ」という言葉がもう世界中で通じるんだっていうことを示すためなの。でもちょっと待ちなさいね、物事には順序があるんだから。

N子　はーい。

T枝　**第1章**は大野ロベルト「**綱渡りする死体——日本語の身体性**」ね。

N子　いきなり怖い題だけど……。

T枝　「死体」って、舞踏と縁が深いのよ。とくに「命がけで突っ立った死体」っていうフレーズはね、舞踏の創始者とされる土方巽の言葉として有名で、よく舞踏の定義にも使われるの。でもこの章では、舞踏よりもむしろ能と和歌が中心的に取り上げられているわ。

N子　能が舞踏の前身っていうこと？　でも和歌は？　私、古典はちょっと。

T枝　それが普通じゃないかしら。古典の得意な人って、いまの日本には残念ながらあまりいないし、得意って言っても、お受験の点数がよかった、という意味になりがちよね。土方も、おそらく古典が得意とは言えなかったでしょうね。能や和歌だって、Nちゃんより詳しかったとは思えないわ。

でもこの章のポイントは、言葉と身体の関係にあるわけ。能は演劇だから、当然、身体的な側面がある。でも多くの能で素材として使われている和歌だって、生身の人間が生活のなかで詠んだものだから、やっぱり身体性がある。だから能は、和歌に身体性を付与しているわけじゃなくて、もともとある身体性を活かしたり、拡大したりして構築されているのね。

舞踏も、それと基本的には同じ。たとえば土方は「舞踏譜」と呼ばれる、言葉や視覚イメージを満載したスクラップ・ブックのようなものを、創作に活かしていたの。文章もたくさん書いているしね。だから土方の舞踏は、土方の言語感覚を抜きにしては絶対に語れないし、その言語感覚の背景には、やっぱり古典も関係してくるわ。何しろ日本語を作ったのは古典なんだから。

N子　私も踊ってた頃は、よく言葉でモヤモヤしたな。「身体で表現しなさい」って言われたり、「言葉では表現できない部分を踊りなさい」って言われたり。そうかと思うと、「どういうつもりで踊っているのか、言ってみなさい」って怒られたり（笑）

T枝　「言葉では表現できない」って、それ自体がもう言葉になっちゃってるのよね。人間が生きていくときに、言葉から離れるのってかなり難しいことだし、そもそもそんな必要があるのかもわからない。それにいちばん困るのは、言葉を使わないと、他者に伝えることができない、ということなのね。

もちろん、舞踏も例外じゃないわ。それが同じく大野ロベルトの**第2章「肉体と観念の三重奏――土方巽・澁澤龍彦・三島由紀夫」**の主張ね。普段から舞踏に興味を持っているわけじゃないけど、土方巽のことは知っている、という人は少なくないと思うの。それは、土方がメディアへの露出が多かったからというよりも、澁澤龍彦と三島由紀夫という、二人の著名な文学者によって批評されたことが大きかった。そうだとすると、舞踏ほど、批評の言葉に依存する表現は少ない気がしてくるわね。

N子 でもそれって、舞踏だけだったら見てもらえないってこと？

T枝 それは極端だけれど、そういう側面もあることは直視したほうがいいでしょうね。たとえば小説は、批評家が何を言おうが、面白いものは面白いし、面白くないものは面白くない。

N子 うん。

T枝 でも、ある批評家が、自分では思いもよらなかった解釈をしているのを知って、それまで退屈だと思っていた作品が急に面白くなることもあるでしょう。もちろんプロの批評家じゃなくて、お友達の意見でもいいわ。

N子 言われてみれば。

T枝 だから、もちろんあらゆる表現に、第三者の言葉は関係してくる。でも、もともとの作品が普通の意味で言葉の形をとっていない以上、舞踏の批評は、むしろ音楽や美術の批評に近くなるはずよね。

N子 うん。確かにきょうの《疱瘡譚》だって、授業で配られたプリント資料の澁澤の評論とかを読む前後で、ずいぶん印象が変わった気がするな。

T枝　そうでしょう。それって、非常に危険なことでもあるわよね。

N子　先入観を持っちゃうし。

T枝　そう。でも、もし作り手と批評家の方向性がぴったり合致していたら、すごく大きな力になると思うの。批評から刺激を受けて新たな作品が生まれるだけじゃなくて、批評することで、批評家のほうが作り手から影響を受ける、ということもあるはずよ。そんなふうに、批評を通して表現が発展して、社会に根づいてゆく過程について考えるのが、第二章なのね。

N子　ベスト・セラーの本をただ褒めてるだけの批評なんて読む気もしないけど、本来はもっと建設的なものなのね。ところで、この大野ロベルトさんは、土方と並んで舞踏の創始者と言われている、あの大野一雄さんの親戚なの？

T枝　それについては本人から伝言があるわ。「スペイン舞踊ともゆかりの深い大野一雄を取り上げるこの本に、ロベルトという名の大野がまかり出ますと、いろいろと憶測される向きもあるかもしれませんが、まったくの偶然で、縁故はございません。細かいことですが英語表記も、大御所はOhnoで、私はOnoで通しています。車椅子に腰掛けて、手だけの舞踏を見せた大野一雄のニュース映像を見たときは、まだほんの子供でした。その私がこうして舞踏の本を編んでいるのも、あるいは同じ名字のご縁、と言えなくもないかもしれませんが……」だそうです。

N子　了解です（笑）

T枝　話を戻すわね（笑）　批評はもちろん大切なのだけど、舞踏家はやっぱり自分たちでも舞踏について考えて、それを引き継いでいかなければならない。そうしないと滅びるわよね。相原朋枝の**第3章「舞踏の技法、舞踏の身体——大駱駝艦《だいらくだかん》と野口体操」**ではその点に注目しているわ。

N子　大駱駝艦の麿赤兒《まろあかじ》さんって、よくテレビにも出てるよね？

T枝　長い活動のなかでは、テレビのお仕事も多いわね。土方巽の舞踏ともつながりを持ちつつ、現在まで活動していて、しかも一般の知名度も高いとなると、もう麿さん一人になるでしょうね。

N子　カンパニーの活動も五〇年になるのね。

T枝　でも、これまで麿さんの技法が正面から扱われることは、ほとんどなかったわ。実際のところ、「わかりにくいこと」が舞踏のアイデンティティのようになっている部分も大きかったし、これは研究者や批評家の責任でもあると思うの。そろそろ、歴史的に考えてもよいだけの積み重ねが生まれているはずよね。舞踏の種が海外に蒔《ま》かれてからもすでに相当の年月が経っているのだし……。

N子　その海外での受容についてが第４章と第５章？

T枝　そう。ブルース・ベアードの**第４章「西洋的欲望の迷宮に踊る——日本国外での土方巽」**は、一九七〇年代に海外公演を行うようになった舞踏が、あちらでどのように受容されたかという問題を掘り下げているんだけど、舞踏が当初はハンセン病や原爆と結びつけられることが多かった、という点は押さえておきたいわね。

N子　私も《疱瘡譚》の映像を見たときは、やっぱりハンセン病を思い出したんだけど……。でもデリケートな社会問題でもあるし、扱いにくいという気持も正直あったな。

T枝　それも意図のうちかもしれないわね。実は土方の本拠地だった「アスベスト館」は、目黒にあった私立のハンセン病療養所、慰廃園《いはいえん》の跡地にあるの。そのことを土方がまったく意識しなかったとは考えにくい。でも明確に言及するのではなく、観る側に意識させる。歴史を通じて差別の対象になっていたハンセン病の患者と、踊り手として異端である自分を、重ねていたようなところもあるかもしれない。東北というテーマに注目したのも、そこには当然、中央に対する地方という意識が強くあるでしょうね。

N子 原爆のほうは？

T枝 こちらはなおさら観る側の意識ね。西洋の観客や批評家の一部は舞踏を目の当たりにしたときに、被爆国の芸術家が、被爆者の姿で舞台に立っているものとして捉えた。この発想は、それ自体スキャンダラスというだけでなく、政治的にも非常に利用されやすい。舞踏家にしてみればあまり的外れな評価はいい迷惑だろうけど、舞台に立つ以上、何であれ話題になることは歓迎しないとならない。

N子 でも、さっきの話にもあったけど、あまり「わけのわからないもの」と思われるのもいやじゃない？ 要するに、舞踏なんてデタラメじゃないか、って言われているようなものでしょう。

T枝 それもあらゆる芸術に言えることだけど、確かに舞踏にはとくにその傾向があるわね。だけど章の後半では、近年では土方の技法が、海外でもしっかり研究されていることが論じられているわ。それどころか、その研究成果に背中を押されて、新たな作品も生まれているのね。

N子 そこまでいくと、確かに「受容」されてる気がする。

T枝 同じく受容の問題につながるのが、ローズマリー・キャンデラリオの**第5章「舞踏百景——グローバルでローカルなダンス」**ね。ここでは「自然」という概念をきっかけに、そもそも「舞踏的なるもの」とは何なのか、という重要な問いに向き合っているわ。

N子 それは答えるのが難しそう！

T枝 舞踏はステージで観るものと思っているひとも多いけれど、実践者の立場からすれば、都市から遠く離れた、自然豊かな環境でのワークショップがまず思い浮かぶわ。そうすると、舞踏はかなり「自然」というキーワードと結びつくのね。もちろん物理的な自然だけでなく、思想的な意味でもね。

N子　海外進出した舞踏が、自然と結びついた形で受容されていることも多いのね。でも日本の舞踏は、自然とセットになったものとして登場したわけではないよね？　それこそ海外で「自然に」そうなったっていうことなの？

T枝　そう。だから舞踏は、結局のところ日本の伝統に根ざしているというより、やはり前衛芸術なのよね。二〇世紀に入ると、ドイツのノイエ・タンツのように、それまでの西洋の、バレエに代表される伝統的な身体の使い方に、抗《あらが》うような踊りが登場してきた。身体を伸ばすのではなく丸めたり、跳ぶのではなく舞台を這《は》ったり。

やがて、それを日本人である土方が学んだ。すると、「土方が身体を縮めたり、這い回ったりするのは、日本人として西洋的な舞踊に反抗しているのではないか」という見方が成り立つようになった。もちろんその見方は誤ってはいないけど、西洋でもすでに西洋の伝統が解体されはじめていたわけだから、厳密には不正確な理解よね。

N子　わかった！　日本人アーティストがポップ・アートの手法で作品を作るのは、べつに日本美術の伝統を否定しているわけではなくて、西洋美術の流れに乗っているだけ、っていうようなこと？

T枝　その通り。でも暗黒舞踏がややこしいのは、そこからさらに東北地方に「回帰」することで、ますます「日本的」なものになっていった、という経緯も実際にあるわけ。

N子　そうか、あとから「日本的」になる、ということもあるものね。逆に海外の舞踏を、日本人が「西洋的」なものとして受け入れちゃうこともありそう。

T枝　十分にあるでしょうね。たとえば第5章に登場するスーエンは、マドンナの「ナッシング・リアリー・マターズ」（一九九八年）の振付を担当しているけど、ビデオを観て独特な映像だとは思っても、すぐに舞踏には結びつかないかもしれない。そういう作品はたくさんあるわ。

N子　そういえばこないだ、映画「ジョーカー」(二〇一九年、米)を観たんだけど、主人公が自分一人の世界に入って身体をくねらせるシーンで、どうも見覚えがあるなあと思ったの。顔は白塗りの、ピエロのメイクだし、動きがすごくゆっくりで。あれも大野一雄を参考にしたのかも。授業で見せてもらった《ラ・アルヘンチーナ頌》にそっくりだった。

T枝　そうかもしれないわね。でも影響関係という意味では、たとえば大野一雄もフランスの俳優ジャン＝ルイ・バローなどの演技を参考にしているわけで、そういう視点で考えれば、舞踏をただ舞踏の枠組みのなかでだけ論じるのは無理があるというか、現実的じゃないのね。

　そこで関典子の**第6章「舞踏とコンテンポラリーダンス——和栗由紀夫《わぐりゆきお》との協働を超えて」**では、ジャンルという考え方をすこし広げて、いわゆるコンテンポラリーダンスとの関係から舞踏の特徴を考察しているわ。

N子　そもそも舞踏も、コンテンポラリーに入れていいのかな?

T枝　大きなくくりとしてはそうも言えるでしょうけど、やはり流派という意識が(流派がない、という言い方をされる場合も含めて)ある以上、舞踏家を自認しているひとは反対するでしょうね。むしろ舞踏がなければ、コンテンポラリーダンスをめぐる議論も全然違うものになっていたかもしれないし。

N子　この論文でも、やっぱり言葉が焦点化されているのね。

T枝　そう。しかも第2章の内容と重なる部分がとても多いでしょう。第6章は澁澤や三島の言葉を「身体」の視点から見ているから、「言葉」の視点に立っていた第2章とは鏡写しのような関係ね。そうすると、舞踏にとっての「身体」と「言葉」の距離が、かぎりなくゼロに近くなってゆく気がするわ。

N子　さっきも土方のスクラップ・ブックを使った創作の話が出てきたけど、そこでも視覚的イメージだけじゃなくて、言葉が重要だったものね。

T枝　視覚的イメージも、考え方によっては言葉に含まれるしね。言葉の問題は相原朋枝の**第7章「言葉で踊る——一九九五年の大野一雄」**でも正面から扱われているわ。

N子　大野一雄の稽古のことが、詳しく書かれてるのね。

T枝　舞踏について評論や論文が書かれるときは、当然だけど本番の舞台が焦点化されがちよね。でも舞踏は特定の作品のための練習はもちろん、日常的な稽古とも切り離せない。そこは他の表現との違いの一つだと言えると思うの。

　というのは、ピアノのお稽古はピアノでするし、本番でもピアノだけが重要よね。ところが舞踏の稽古では言葉がこれほど重要なものとして扱われているのに、いざ舞台に上がれば、まるで言葉などなかったかのようになってしまう。そうだとすれば、「なかったかのように」なるまえの段階について、もっと考えてみることに価値があると思うのね。

N子　そうするとこの本は、一言でいえば、やっぱり舞踏と言葉との関係を見つめることがテーマなの？

T枝　というよりも、舞踏を言葉として捉える本、というべきかもしれないわね。肉体を駆使する言語としての舞踏が、どのような言葉から成り立っているのかを考える本。「肉体を翻訳する」という副題には、そういう思いを込めてあるわ。

N子　そう聞くとなんだか専門的だけど、それでも「入門」なの？

T枝　もちろん舞踏の関係者に読んでもらうことは大歓迎だけど、反対に舞踏をこれまであまり意識しなかったひとたち、舞踏よりもむしろＢｕｔｏｈという国際的なものとしてそれに出会ったひとたちに、これを機に関心を持ってもらいたいと思って。三本のコラムでもそれぞれの視点から舞踏の歴史や国際交流についいて紹介しているし、代表的な舞踏家を列挙した「**舞踏『図』譜**」や、舞踏に関する参考文献を集めた「**舞踏『書』譜**」、それに年表「**舞踏『年』譜**」もついているから、これ一冊で舞踏について考える材料には事欠かないはず。

N子　なるほど。でも叔母さま、結局、これって本の宣伝……？

T枝　あなたも大学生だし、もうお年玉やお小遣いはいら——

N子　喜んで読ませていただくわね！

凡例

・本書では原則として舞踏の作品名は《　》、複数の作品を含む公演名は〈　〉に入れた。

・引用は原則として原文通りだが、旧字旧仮名遣いのものは漢字のみ新字に改めた。また読者の便宜のためにふりがなを補った箇所がある。

大野ロベルト

第1章

綱渡りする死体

日本語の身体性

本物の花を模した造花はもう沢山《たくさん》で、彼がいま欲しいと思っているのは、偽物の花を模した自然の花であった。

——ユイスマンス『さかしま』*1

1　舞踏と言葉と身体

舞踏とは「命がけで突っ立った死体」であると土方巽《ひじかたたつみ》（一九二八―一九八六）は定義したが、それは土方が「そもそも立つこと自体が難しい」と考えたからであろうか。*2 そうであるならば、これは非常に真面目な、終わりなき刻苦の宣言ということになり、気の利いたパラドックスとしてこの定義を捉えていた大方の理解を裏切ることになるだろう。

だが言葉は一人歩きする。一人歩きすることが言葉の本性であり、二〇世紀の思想の展開を跡づけた「差延」や「シニフィアンス」といった用語も、これを論理的に説明しようとしたものに過ぎない。土方の言葉にしても、それを肉体の操作や、日常的な動作が持つ意味を棚上げすることの難しさ、というふうに解釈している者は一部だろう。腐乱しかけた本物の死体が、奇妙な呻《うめ》き声を漏らしながら、文字通り必死に立ち尽くそうとする——そういった姿を思い浮かべる向きも多いのではないだろうか。

舞踏に携わる者の口の端に、「命がけで突っ立った死体」という言葉はよく上る。土方自身が強く意識したシュルレアリスム運動をめぐって繰り返される「解剖台の上でのミシンとこうもり傘との偶発的な出会い」という合言葉に、それは似ているだろう。その合言葉がロートレアモン伯爵を名乗ったイジドール・デュカス（一八四六―一八七〇）の『マルドロールの歌』第六歌に登場する句であることを把握している者は、ほんの一握りに過ぎない。さらに言えば、ロートレアモン伯爵の作品は死後に発掘されたのであって、彼がその句で何を言わんとしていたのかは関係なかったのである。[*3] それにもかかわらず、いや、それだからこそ、シュルレアリスムを知っていると豪語する人間が、シュルレアリスムを知らないと謙遜する人間に、まるで見得を切るようにして宣《のたま》うこの句は、すっかり耳にたこの、不愉快なものに堕している。舞踏の合言葉についても、これに近い状況にないとは言えないのだ。[*4]

　とはいえ『マルドロールの歌』は文学であり、「暗黒舞踏」は舞踊である。もとより両者は、創造の面でも、受容の面でも、分かち難く結びついている。[*5] だが少なくとも表面上、文学と舞踊は異なるので、まずはその差異を確認しておかなければならない。

　舞踊とはどのような表現か。それが身体と共にしか存在し得ないものであることがまず挙げられよう。小説なら、それが作品として存在しはじめるのは、書かれたものが作者の手（筆記具やQWERTY配列に触れている手）を離れ、テクストとして独立した瞬間からである。それは絵画や彫刻の場合でも同じだし、やや注意が必要だが、音楽の場合も同じである（もちろん、実際に作品が大勢の目に、耳に触れるには商品化の過程が不可欠となるが、ここでは原始的な環境を措定しておく）。

　音楽の場合に注意が必要というのは、その鑑賞方法が複雑だからである。録音技術が発展する以前、あるいは現在でも、「本物」（それが何であれ）を求める鑑賞者は現場での生演奏しか認めない、という傾向がある。音楽は本来的に「いま・ここ」で生成されるものであり、音楽を作っている人間は、確かにその場にいるのだ。しかもこの「音楽を作っている人間」の正体は甚だ曖昧である。ピアノ独奏であれば答えは簡単で、作曲家と演奏者が「作者」の名誉を分配すればよい。だがピアノ協奏曲となれば、ソリストと指揮者とのあいだに軋轢が生じることになりかねないし、第一ヴァイオリンの奏者も、まるで無視されるという事態には抗議するはずである。オーケストラの宙空には、常に「作者」の幽霊が漂うのだ。むろん二〇世紀以降なら、このような設問も可能になる。「四人のうち、誰がビートルズなのか？」

不思議なことにそれは伝統的な意味での「楽器」を用いない楽曲においても同様で、デジタル音源を媒体とする作品はデータの公開をもって発信の過程を完了できるはずであるのに、往々にしてコンピューターを操作した人間が「演奏者」として登壇し喝采を浴びなければならないのである。あるいは既製の音源を大音量で流し、鑑賞者が夜を明かして踊るときでさえも、飛びかつ跳ねる人々の意識に焦点を与えるために、「演奏」という観点からはまったく不要であるはずの人物が何らかの装置の中央に陣取り、「演奏者」の身振りを披露するのだ。

このように音楽はその発生の現場に作り手の身体が存在する（ことが期待される）点で、小説や絵画の場合よりも身体性の高い芸術であるかもしれない。それでも、人々が作品として享受するのはあくまで身体から自由になった音のほうである。音＝声は、演奏者＝発話者から切り離せるのだ。[*6] 演奏者の姿は、あくまで小説家の肖像写真のような、補助的な情報でしかない。

ところが、舞踊に関してはこのかぎりではないのである。舞踊は、踊る人間の身体から遊離した状態では存在することができない。一つ一つの身体的な所作とその連続だけが舞踊なのではなく、現に踊っているその人間の身体がまた、テクストの一部として、それどころか根幹として、はっきりと書き込まれているからである。なるほど、群舞のしんがりにいる踊り手に個性などあるものか、という反論はもっともであるが、それでも一個の身体を現前させることは、その人物にしかできない。繰り返し鑑賞される録画であっても、舞踊が舞踊として鑑賞されるかぎりにおいて、その身体には一回性が宿るのだ。ましてや、土方巽の舞踏から土方巽を取り去ることなぞ、想像することさえできない。

では、舞踊と身体の、あまりに当然であまりに腐れ縁の関係をいまさらながら振り返ったところで、それをいますこし掘り下げるのに、本章ではどのような舞踊を取り上げるべきだろうか。結論から言えば能である。

澁澤龍彦《しぶさわたつひこ》（一九二八—一九八七）と三島由紀夫《みしまゆきお》（一九二五—一九七〇）による批評の言葉を足がかりに土方舞踊について考察する第2章でも指摘することになるように、土方のそれを含むいわゆる「前衛舞踊」は、ほとんど常に古典バレエと比較されてきた。もちろん比較は様々な形を取りうるが、当然ながら内容と表現のいずれかが問題となるのが普通である。

バレエではすでに人口に膾炙《かいしゃ》している物語、つまり繰り返し上演されてきた演目を受け継ぎ、それを演じ直すことに意義があるのに対し、舞踏では新しい、それもしばしば曖昧で、いくつかの言葉にのみ収斂《しゅうれん》されるようなコンセプトに則った、一回性の強い作品が上演される。しかも舞台上で繰り広げられる動作は、バレエの場合には伝統によって培われた、意味がこびりついた動作のみで構築されているところに様式美が認められるのに対し、舞踏ではむしろ即興性が強調され、その様式の欠如にこそ美が見出される。

そもそも舞踏の動作とはどのようなものか。きわめて大雑把な傾向としては、バレエに代表される西洋の伝統舞踊が上昇する動き、伸びる動きで構成されるのとは対照的に、舞踏では下降する動き、縮む動きが欠かせない要素となっていることが指摘されてきた。[*7] もっとも、この比較は単純に過ぎよう。なるほど、それらが脱西洋化のうねりのなかで生まれてきた表現であることは事実としても、すでにしてバレエ・リュスや、土方自身も学んだノイエ・タンツにおいて、「下降」や「萎縮」は縦横に取り入れられているからである。

そうであるならば、土方の功績とは何であろうか。端的に言えば、それは日本人の身体に独自の身振りを探求し、西洋のバレエやモダンダンスによって侵食された肉体を解放したことである。[*8] もちろんこれは、具体的な実践以前に、そのような意識を持って身体表現に臨んだ、ということでもあるが、土方はまた、半ば無意識ではなかったか。それは土方という、東北の寒村に生まれ育った青年が、社会的な集団記憶のなかで養育されるうちに、自然にわがものとした身体性の顕現でもあるはずだ。舞踏をめぐる議論では、西洋に端を発するものとしてのダンス、という前提が強すぎるためか、土方といえば日本回帰、東北回帰という言葉が執念《しゅうね》く連呼される。しかし、日本に生まれ、東北で育った土方が、自己表現の手段にダンスを選んだというだけで西洋人になってしまうとしたら、そちらのほうがよほど驚異であろう。土方という一個の人間には、日本語によって作られた世界の痕跡が、終生こびりついていたのだから。

日本の舞踊の始まりについてあまり深追いすることは無為であろう。ただ古来、舞踊は巫女のように神の憑代《よりしろ》となる者の祈りの場で実践されたということを思い出しておいて損はない。*9 また、そのようにして始まった舞踊が、およそ初めて体系化され、社会のなかに明確に位置づけられたのが能をもってである、ということさえ確認しておけば、能について語ることが土方舞踏について考えるうえで有意義であるという、ひとまずの言い逃れにはなるだろう。少なくとも能は、舞踏と同じで、言葉なしには成立し得ないのだ。

2 能と和歌

能や、そこから様々な世俗的な舞踊と混交しながら枝分かれした歌舞伎を見れば、日本の舞踊が言葉と密接な関係を持っていることは一目瞭然である。能では、舞・謡・囃子という三つの要素がいわば三位一体を形成しているのであって、謡だけを趣味としてたしなむことはあっても、舞台上ではどれが欠けても能として成立しなくなる。つまり能には物語があり、その物語のエッセンスである謡の言葉が存在することによって、初めて舞も存在することができる。そして、ここで最も重要なことは、能を支える骨組みとしての言葉が、いずれも和歌を礎石として組み立てられているということである。

わかりやすい例として、能の「井筒《いづつ》」を挙げることにしよう。曲も有名であるが、その作者と目される世阿弥《ぜあみ》（一三六三―一四四三）も、数少ない舞踊の理論書と言える『風姿花伝《ふうしかでん》』をはじめ、いくつかの著述によって能の体系化を推し進めた、きわめて重要な猿楽師であることは言うまでもない。重要であるどころか、世阿弥こそ能である、とさえ言えるだろう。それは土方と舞踏の関係にも当てはまらないだろうか。世阿弥は能を必要としないが、能は世阿弥を必要とする。それと同じように、土方は舞踏を必要としないが、舞踏は土方を必要とする、のかもしれないのだ。

さて「井筒」は、世阿弥が『申楽談儀《さるがくだんぎ》』のなかで自画自賛している気に入りの作でもある。それは徒《いたず》らに劇的でない、素直なものであることから、初心者の手本にふさわしい「直成能《すぐなるのう》」であるだけでなく、舞台上で能の極北たる「上花《じょうか》」になりおおせる可能性を持つのだという。*10

「井筒」の内容は、次のようなものである。ある秋の日、旅の僧が大和国《やまとのくに》の石上にある在原寺へ立ち寄った。そこはかつて在原業平《ありわらのなりひら》と妻が暮らした場所だったが、いまは荒れ果てている。僧が業平夫婦を弔っていると、そこに土地の女が現れ、業平の塚を詣《まい》る。僧が話しかけると、女は業平とその妻の馴れ初めを語ったのち、実は自分は業平の妻の霊である、と明かして去ってゆく。――その夜、女の霊は僧の夢のなかにも現れるが、女はそこで、業平の形見の衣を着て踊る。そして、幼馴染みである業平と子供の頃によく遊んだ井筒（地上に露出する井戸の部分を木枠などで囲んだもの。井戸側）へと歩み、水面に顔を映すと、そこに映ったのは業平の面影であった。懐かしさに泣き崩れる女の霊は、夜明け、僧の目覚めと共に消え失せる……。

業平の登場によって予想される通り、この能の前提となっているのは『伊勢物語』である。一〇世紀に、おそらく複数の歌人たちによって共同で、短からぬ期間に書き継がれて成立したと思われるこの歌物語は、文字通り歌と物語の中間の位相にあり、和歌を絶対的な中心としていた文学が徐々に『源氏物語』のような複雑な形式へと展開してゆく過程を考えるうえでも重要だが、能は、そのさらに延長線上にあることになろう。

以下、「筒井筒《つついづつ》」の段として知られる『伊勢物語』二三段を掲げる。

昔、田舎わたらひしける人の子ども、井のもとにいでて遊びけるを、おとなになりにければ、男も女も恥ぢかはしてありけれど、男はこの女をこそ得めと思ふ。女はこの男をと思ひつつ、親のあはすれども、聞かでなむありける。さて、この隣の男のもとより、かくなむ、

筒井つの井筒にかけしまろがたけ過ぎにけらしな妹《いも》見ざるまに

女、返し、

くらべこし振り分け髪も肩過ぎぬ君ならずしてたれかあぐべき

など言ひ言ひて、つひに本意のごとくあひにけり。

さて、年ごろ経るほどに、女、親なく、頼りなくなるままに、もろともにいふかひなくてあらむやはとて、河内《かふち》の国高安《たかやす》の郡に、行き通ふ所いできにけり。さりけれど、このもとの女、悪しと思へるけしきもなくて、いだしやりければ、男、異心《ことごころ》ありてかかるにやあらむと思ひ疑ひて、前栽《せんざい》の中に隠れゐて、河内へ往《い》ぬる顔にて見れば、この女、いとよう化粧《けさう》じて、うちながめて、

風吹けば沖つ白波たつた山夜半《よは》にや君がひとり越ゆらむ

とよみけるを聞きて、かぎりなくかなしと思ひて、河内へも行かずなりにけり。まれまれかの高安に来てみれば、初めこそ心にくくもつくりけれ、今はうちとけて、手づから飯匙《いひがひ》取りて、笥子《けこ》のうつはものに盛りけるを見て、心憂《う》がりて行かずなりにけり。さりければ、かの女、大和の方《かた》を見やりて、

君があたり見つつを居《を》らむ生駒山《いこまやま》雲な隠しそ雨は降るとも

と言ひて見いだすに、からうじて、大和人《やまとびと》「来む」と言へり。喜びて待つに、たびたび過ぎぬれば、

君来むと言ひし夜ごとに過ぎぬれば頼まぬものの恋ひつつぞ経《ふ》る

と言ひけれど、男住まずなりにけり。

 やや煩瑣になるが、現代語訳は以下の通りである。和歌については個別に取り上げるので、ここでは原文のままとする。

昔、地方をまわって生計を立てていた者の子らが、よく井戸のそばで二人で遊んでいたが、大人になったので、互いを意識して恥ずかしがるようになった。男はこの女をぜひ妻にしようと思っていたし、女のほうでもこの男を夫にしたいと思っていたので、親にほかの男との結婚を勧められても聞き入れずにいた。そのようなとき、隣の男の所から、

筒井つの井筒にかけしまろがたけ過ぎにけらしな妹見ざるまに

という歌が届いたので、女も、

くらべこし振り分け髪も肩過ぎぬ君ならずしてたれかあぐべき

などと返し、ついに望みを叶えて結婚した。

さて数年が経つと、女の親が亡くなった。生活の拠り所がなくなるにつれて、男は暮しに不安を抱えたまま、この女と一緒にいることができようかと、河内の国の高安の郡にいる、別の女のところへ通うようになった。ところが、もとの妻は不愉快そうにするどころか、気持よく送り出してやったので、男は、妻のほうに

も別の男に対する浮気心があるのだろうと疑心暗鬼になり、河内へ出かけたふりをして、庭の植え込みの中に隠れて座っていると、女はとても美しく化粧をして、物思いに耽《ふけ》る様子で、

風吹けば沖つ白波たつた山夜半にや君がひとり越ゆらむ

と詠んだ。これを聞いてもとの妻がこのうえなく愛おしくなった男は、もう河内へも足繁く通わなくなったのである。

それに、ごくまれに高安にいる女を訪ねてみると、最初のうちこそ奥ゆかしく振る舞っていたものの、遠慮がなくなると地金が出て、手ずからしゃもじで飯をよそいなぞするので、男もうんざりして、いよいよ足が遠のいた。女のほうでは、男が住む大和の方角を眺めやりながら、

君があたり見つつを居らむ生駒山雲な隠しそ雨は降るとも

などと言ってよこすので、大和の男も「行こう」と答えざるを得ない。それを聞くと女は喜んで待つのだが、そのたびに期待を裏切られ、時間ばかりが過ぎるので、

君来むと言ひし夜ごとに過ぎぬれば頼まぬものの恋ひつつぞ経る

と伝えてみたが、男はもう訪れなかった。

以上、『伊勢物語』二三段を見ると、主人公の「昔男」は幼馴染みでもある最初の妻の健気さに打たれて、高安の新しい妻とは疎遠になっている。要するに二人の関係は丸く収まるので、能の「井筒」に描かれるような、死してなお夫を待ち続ける妻、という構図はそのままでは成立しない。この点からも、謡曲にただ『伊勢物語』をなぞる以上の作為があることは明らかであろう。

そのことを裏書きするように、「井筒」には『伊勢物語』の他の章段からも和歌が引用されている。

徒《あだ》なりと名にこそ立てれ桜花年に稀《まれ》なる人も待ちけり

（一七段）

これは昔男が、数年ぶりにある場所を訪れた際に、そこに住む女性が詠んだ歌である。《すぐに散ってしまうことで有名な桜だが、それでもめったに来ないあなたをちゃんと待っていたのですよ》というほどの意味で、限りある人生を、心変わりもせずに、不誠実な男に割いてきた憾《うら》みを伝えている。

梓弓《あづさゆみ》真弓《まゆみ》槻弓《つきゆみ》年を経て我がせしがごとうるはしみせよ

（二四段）

これは何年もほったらかしにしていた妻がついに別の男と結婚すると聞いて、昔男が詠んだものである。《長い年月をかけて、かつて私があなたを愛したように、その人を愛しなさい》という意味で、許しを乞うどころか、無関心に突き放す内容になっている。「井筒」ではこの歌を、業平になりきった状態の妻が詠むことで、夫を待ち続けた自分の姿を強調している。

月やあらぬ春や昔の春ならぬ我が身ひとつはもとの身にして

（四段）

有名なこの歌は、《月は昔とおなじ月だろうか、春は昔の春とおなじだろうか。私だけは昔と変わらない私なのだが》というのがひとまずの解釈となろうか。能では、女の霊はこの歌を口にしながら、「果たして業平はこの歌を詠んだとき、自分のことを想っていただろうか」と問うのである。

これらの歌は、「井筒」ではいずれも謡曲の後段に登場する。つまり物語の頂点へと向かうなかで、霊は夫を待ち続ける女の気持を、たたみかけるように披瀝《ひれき》するのだ。そして、その最後に来るのが『伊勢物語』二三段にあった、

——筒井つの井筒にかけしまろがたけ過ぎにけらしな妹見ざるまに

の歌なのである。ただしそこには改変が施されており、「井筒」では、

——筒井筒井筒にかけしまろがたけ生いにけらしな妹見ざるまに

となっている。これにより「身長が伸びた」が「竹が伸びた」の意味になるが、「生い」は「老い」に重なるので、夫を待ち続けるうちに老いてしまった女の姿を想起することも容易である。冒頭の変化にも注意されたい。

以上、「井筒」と『伊勢物語』二三段の内容、そして能でつけくわえられた和歌を概観した。では、ここから何が言えるのだろうか。

3　テクストの狭間にいる業平

繰り返しになるが、重要なのは謡曲「井筒」は決して『伊勢物語』二三段の安直な舞台化ではない、ということである。[*11] 女の霊が死後に語るという物語の基本構造は言うまでもなく能の定石であるが、このような構造は能

の発明というわけではなく、一二世紀に登場する歴史物語などにすでにその萌芽を見ることができる。[*12] いずれにせよ「井筒」は、典型的な能の枠組みに『伊勢物語』を当てはめたものであって、その過程でかなり自由にテクストを練り直しているのである。[*13]

とくにそれが顕著なのは謡曲の後段であろう。霊として僧の夢のなかに登場する女は、果たして誰なのか。歌の引用元の一つである『伊勢物語』一七段に再び目を向けてみると、たまにしか訪れない夫に向けて妻が詠んだ「徒なりと名にこそ立てれ桜花年に稀なる人も待ちけり」の歌には返歌がある。

今日来ずは明日は雪とぞ降りなまし消えずはありとも花と見ましや（一七段）

大意は、《しかし、今日こそ咲いているこの桜も、明日には散って、雪のように降ってしまうだろう。だから、いま桜がちゃんと咲いているからといって、それを花として見られるかはわからない》というほどのもので、かなり辛辣な応答になっている。《おまえはいつも私を待っていると言うけれども、実際には当てにならない。むしろ、明日には雪のように冷たくなってしまう心を持っているのかもしれないではないか》というふうに読み解けるわけである。

また二四段では、三年ぶりに戻った夫から、「新しい夫と睦まじくせよ」と突き放された妻が、

梓弓引けど引かねど昔より心は君に寄りにしものを（二四段）

という歌を返す。《これからの長い年月も何も、私は昔からあなたのことだけを思っています》と、一途な胸

の内を明かすのである。しかし夫は、聞く耳を持たず去って行く。女は追いかけるが、なんと途中で力尽きて息絶えてしまう。しかも今わの際に、

あひ思はで離れぬる人をとどめかねわが身は今ぞ消え果てぬめる　（二四段）

すなわち《愛してももらえず、離れてゆく人を引き止めることもできず、私はいまにも消えてしまいそうだ》という凄絶な歌を血文字で書き遺すという、かなり印象的な幕切れとなっているのである。

要するに「井筒」のシテとして生まれ変わった女は、単に『伊勢物語』二三段に登場する女というだけではなく、その歌物語のあらゆる箇所で「昔男」への想いに苦しめられた女の、いわば集合体のような存在としても、捉えることができるわけである。

ここで注意しておかなければならないが、厳密には「昔男」は在原業平そのひとではない。[*14] さらに言えば、『伊勢物語』の多くの段に登場する「昔男」が、すべて同一人物であるという根拠も存在しない。その意味では『伊勢物語』は不特定多数の男女の、ときに重なり合う不特定多数の恋物語の記録として読み解けるものであるし、おそらくそのように読み解くことで本領を発揮すテクストであるとも思われるのであるが、一方で『伊勢物語』は、おそらくその成立当初から、少なくとも業平をモデルの一人とする物語と考えられてきた。これにはいくつかの事情がある。

まず具体的には、『伊勢物語』の多くの歌が、これに先んじて成立した可能性が高い第一の勅撰和歌集、『古今和歌集』（九〇五年頃）に収録された業平の歌の引用である、という事実がある。すでに取り上げた歌で言えば、例えば「徒なりと」の歌と、それに対する「今日来ずは」の返歌は、『古今集』では六二番と六三番の歌に当たり、

前者はよみひと知らず、後者が業平の歌である。

さくらの花のさかりに、ひさしくとはざりける人のきたりける時によみける
徒なりと名にこそ立てれ桜花年に稀なる人も待ちけり
（よみひと知らず、古今集、春上、六二）

返し
今日来ずは明日は雪とぞ降りなまし消えずはありとも花と見ましや
（業平、古今集、春上、六二）

また、『古今集』の業平の歌には長い詞書《ことばがき》のついたものが多いことが特徴として挙げられる。有名な例を挙げよう。

東の方へ、友とする人ひとりふたりいざなひていきけり。三河国八橋《みかはのくにやつはし》といふ所にいたれるけるに、その川のほとりに、杜若《かきつばた》いとおもしろく咲けりけるを見て、木のかげにおりゐて、「かきつばた」といふ五文字の句のかしらにすゑて、旅の心をよまむとてよめる
唐衣《からころも》きつつなれにしつましあればはるばるきぬる旅をしぞ思ふ
（古今集、羇旅、四一〇）

武蔵国《むさしのくに》と下総国《しもつふさのくに》との中にある、隅田河のほとりにいたりて、都のいと恋しうおぼえければ、しばし川のほとりにおりゐて、「思ひやれば、かぎりなく遠くも来にけるかな」と思ひわびてながめをるに、渡守《わたしもり》、「はや舟に乗れ。日暮れぬ」と言ひければ、舟に乗りて渡らむとするに、みな人のものわびしくて、京に思うなくしもあらず、さる折に、白き鳥の嘴《はし》と足と赤き、川のほとりに遊びけり。京には見えぬ鳥なりければ、みな人見知らず。渡守に「これは何鳥ぞ」と問ひければ、「これなむ都鳥」言ひけるを聞きてよめる

名にしおはばいざ言問はむ都鳥わが思ふ人はありやなしやと

（同、四一一）

この二首に添えられた長い詞書と歌は、あまり改変されない形で『伊勢物語』の九段を形成している。詞書とは、和歌の詠まれた状況を伝える言葉であり、「梅の花を折りてよめる」のように短いほうが一般的であるし、「題知らず」と称される欠如の状態であっても一向に構わない。そのなかにあって業平の歌に目立って長い詞書が多いということは、それだけ業平という人物が、いわば伝説的な存在として、当時から注目を集めていたことの証左であろう。少なくとも『伊勢物語』が、このような長い詞書から発展したテクストであることは間違いないのである。*15

また、人物像という単純な要素も無視できない。業平と言えば恋愛に情熱を燃やした貴公子というイメージは

根強く、それは『伊勢物語』の成立に先んじて、公の歴史書である『日本三代実録《にほんさんだいじつろく》』(九〇一年)の「体貌閑麗、放縦不拘」という記載によって決定づけられているのである。しからば「まめ男」として近世にも生き延びることになる好色漢が活躍する物語の主人公として、業平ほどの適材はあるまい。

『古今集』や『伊勢物語』が作られたのは、業平が活躍した直後の時代であった。つまり業平の和歌の才能と、数々の、半ば伝説化された恋愛の逸話に間近に接していた当時の歌人たちにとって、業平の歌を『古今集』に多く採用し、さらにはそれを援用して『伊勢物語』を編むことは、もはや自然なことだったわけである。

文学の総体的な規模が現代に比べて小さく、参加者も限られていた古典文学においては、傾向として「間テクスト性」は顕著になる。『古今集』をはじめとする三代集や『伊勢物語』は、世阿弥の生きた時代においても相変わらず、教養の重要な部分を占めていた。つまり世阿弥も、彼の能を見る人々も、多かれ少なかれ『伊勢物語』の内容を知っていたのであり、そこに登場する歌の多くが、業平のものであることも知っていたわけである。だからこそ「井筒」は、業平を実名で登場させることをためらわないし、『伊勢物語』に登場する複数の女たちを、「業平に泣かされた女」という集合名詞に作り変えることにも、なんら違和感を覚えない。

それは裏を返せば、「井筒」でなくとも『伊勢物語』を能にすることはできた、ということを意味する。ではこの段を選んだ必然性は何か。これについて検討するためには、いよいよ「井筒」の謡曲に目を向ける必要がある。

4　筒井筒／井筒――反転する歌ことば

謡曲の冒頭、ワキである旅の僧は登場するなり、さてハこの在原寺ハ。いにしへ業平紀の有常の息女。夫婦住み給ひし石乃上なるべし。風吹けば沖つ白浪龍田山と詠じけんも。この所にての事なるべし。[*16]

と述べ、過剰とも見える情報を観客に提供する。すなわちこれから登場するであろう女の霊は、業平の妻であった紀有常女《きのありつね》のそれであり、この場所は「風吹けば」の歌が詠まれた場所、つまり『伊勢物語』二三段の舞台になった場所だと、早くも指定しているのである。

このような状況設定は、観客にとっての妙味が謡曲の下敷きとなったテクストを特定する点にではなく、それがどのように変奏されているかを評価する点にあったことを物語っている。もとより「井筒」という題目がすでに、告知を済ませてしまっているのだ。なるほど変奏の度合いは比較にならぬとはいえ、それはジョイスの代表作が『ユリシーズ』という題名によって、読者にその実験的な本文をホメロス『オデュッセイア』のパリンプセストとして扱うよう要請するのと同じなのである。

これは「井筒」に限ったことではなく、能の定石である。例えば「井筒」と同じく鬘物《かずらもの》に分類される「江口」の冒頭でワキの僧は、

さてはこれなるは江口の君の旧跡かや。いたはしやその身は土中に埋《うづ》むといへども、名は留まりて今までも、昔語りの旧跡を、今見る事のあはれさよ。「げにや西行法師この所にて、一夜の宿を借りけるに。主の心なかりしかば、〽世の中を、厭《いと》ふまでこそかたからめ、「仮の宿を惜しむ君かなと詠じけんも、この所にての事なるべし。〽あらいたはしや候。

と、西行と遊女が歌を交わしたのはこの場所であったか、と興奮して見せる。つまり謡曲の典型的な構造の一つとして、有名な歌の詠まれた場所を訪ね、そこにいわば言霊《ことだま》の痕跡を見出す、というものがあるのだ。[*17] そして曲の後半で解き明かされるのは、なぜそのような歌が詠まれる必要があったのか、という点なのである。

そのように考えてみれば、おそらく最終的には『伊勢物語』の全体へと観客の意識を導く意図を持つ「井筒」が、あえて二三段を中心に据えたことも頷けるのである。まず二三段には「昔男」が幼いうちから心を交わしてついに妻になった相手、つまり「前妻《こなみ》」と、世渡りの一環として、あるいは漁色の成果として後から妻になった女性、つまり「後妻」が、どちらも登場する。この状況は「昔男」の多情を描くのに最適であろう。さらに「昔男」を業平と、その妻を「紀の有常の息女」すなわち実際の業平の妻であった「紀有常女」と断言してしまうことで、物語のなかの登場人物と歴史上の人物との融合が図られていることも無視できない。

現代の読者が見落としがちな点として、古典の時代においては、「自らの書きつつあるものが史実であるのか、虚構であるのか」という葛藤が、作者につきものであったことを確認しておくべきだろう。むろんこれは、現実かフィクションかと言うような幼稚な二項対立とは無縁であって、徹底してエクリチュールの問題である。公的な領域における、男性的な位相にある漢文の使用と、それに紐づけられた公的なエクリチュール（歴史・記録など）に対して、私的な領域における、女性的な位相にある仮名の使用と、それに紐づけられた私的なエクリチュール（和歌・物語など）の隔絶。言い換えるならば先ほどの葛藤は、より正確には、「自らが書きつつあることは史実（という建前をもって書かれるもの）であるのか、虚構（であることを自覚して書かれるもの）であるのか」となろうか。それは大陸との文化的衝突がもたらした、恩恵としての葛藤であった。

一方では日本としての国家意識を保ちながら、他方では中国という漢字文化圏に明白に属していることが、かえって日本独自の表現が磨かれてゆく刺激ともなったことは、漢詩と和歌という、書くことのそもそもの起爆剤となった対立はもちろん、実用日記を解体した成果である『土佐日記』をはじめとする日記文学[*18]、六国史《りっこくし》を換骨奪胎した歴史物語[*19]、あるいはそれをほとんどパロディ化して文学の領域にまで引き寄せた『無名草子《むみょうぞうし》』のように[*20]、仮名が新たな地平を切り拓くたびに実感されてきたのである。したがって、その歴史を肌身をもって知っていた世阿弥が、和歌の隆盛を支えた業平を「昔男」その人として詞章に登場させることは、日本語による表現の最前線を申楽でもって引き受けようという宣言であると理解して大過ない。

その「井筒」の大動脈はむろん和歌である。この謡曲を彩る三十一《みそひと》文字は、音声的にとくに興味深いものが多い。世阿弥よりもだいぶのちの世に、本居宣長《もとおりのりなが》が『石上私淑言《いそのかみささめごと》』などで大上段から説いているように、そもそも歌を「詠む」というときに言偏に「永」と書くのも、言葉を「永く」伸ばしたものが歌、という発想ゆえである[*21]。そうであるならば、あたかも悠久のときをかけて声にのぼせられる謡曲の和歌は、まさしく和歌の正しい姿をとりもどしていることにもなろうか。

さて「井筒」の女（シテ）は、旅僧（ワキ）に問われるまま、かつてこの場所で繰り広げられた業平とその妻の物語を開陳する。

ワキ「なほなほ業平の御事詳しく御物語り候へ。
地謡〽昔在原の中将、年経てここに石上、古《ふ》りにし里も花の春、月の秋とて住み給ひしに、
シテ〽その頃は紀の有常が娘と契り、妹背《いもせ》の心浅からざりしに、
地謡〽また河内の国高安の里に、知る人ありて二道に、忍びて通ひ給ひしに
シテ〽風吹けば沖つ白波竜田山、
地謡〽夜半にや君が独り行くらんと、おぼつかなみの夜の道、行方を思ふ心遂げて、よその契りはかれがれ

なり。
シテ〽げに情知るうたかたの、
地謡〽あはれを述べしも理なり。
地謡〽昔この国に、住む人のありけるが、宿を並べて門の前、井筒に寄りてうなゐ子の、友だち語らひて互ひに影を水鏡、面を並べ袖をかけ、心の水もそこひなく、移る月日も重なりて、おとなしく恥《はぢ》がはしく、互ひに今はなりにけり。その後かのまめ男、言葉の露の玉章の、心の花も色添ひて、
シテ〽筒井筒、井筒にかけしまろが丈《たけ》
地謡〽生ひにけらしな、妹見ざる間にと、詠みて贈りけるほどに、その時女も比べ来し、振分髪《ふりわけがみ》も肩過ぎぬ、君ならずして、誰か上《あ》ぐべきと互に詠みし故《ゆゑ》なれや、筒井筒の女とも、聞えしは有常が、娘の古きなるべし。

そして、実はその筒井筒の女、有常の娘とは自分なのである、と恥じらいながらも告白すると、女は井筒の影に姿を消してしまう。

謡曲とは歌の断片で織りあげた反物である。右の引用を見てもわかるように、七五調の韻文は、地謡の出だしから「石上」「古りにし里」「花の春」「月の秋」と平安以来の歌の体系をなぞりながら意味内容を綴る。能の詞章は、序詞、枕詞、縁語といった関節を、無数に繋ぎ合わせた巨大な骨格によって支えられている。それは『古今集』の中心的な撰者である紀貫之《きのつらゆき》が、唯一の自作の長歌として入集させた歌、

ちはやぶる　神の御代より　呉竹の　世よにも絶えず　天彦《あまびこ》の

音羽の山の　春霞　思ひ乱れて　五月雨の　空もとどろに
小夜ふけて　山郭公《やまほととぎす》　鳴くごとに　誰も寝ざめて　唐錦　竜田の山の
もみぢ葉を　見てのみしのぶ　神無月　時雨しぐれて　冬の夜の
庭もはだれに　降る雪の　なほ消えかへり　年ごとに　時につけつつ
あはれてふ　ことを言ひつつ　君をのみ　千代にと祝ふ　世の人の
思ひするがの　富士の嶺の　もゆる思ひも　あかずして　わかるる涙
藤衣　おれる心も　八千草の　言の葉ごとに　すべらぎの
おほせかしこみ　まきまきの　中につくすと　伊勢の海の
浦のしほ貝　拾ひ集め　取れりとすれど　玉の緒の　短き心
思ひあへず　なほあらたまの　年をへて　大宮にのみ　久方の
昼夜わかず　つかふとて　かへりみもせぬ　我が宿の
しのぶ草おふる　板間《いたま》あらみ　ふる春雨の　もりやしぬらむ

（貫之、古今集、雑体、一〇〇二）

などを彷彿とさせることもむろんである。この長歌は、歌ことば同士の効果的な結びつきを実例として示すだけでなく、一年の季節と心の循環をなぞるその内容は、『古今集』全体のダイジェストとしても機能している。それでいて表面的な意味を取るならば、「すべらぎの　おほせかしこみ　まきまきの　中につくすと」とあるように、帝の命令で和歌集を編んだという事実の報告にもなっているのである。つまり言葉の詩的効果を抑制することなく、むしろ解き放つことで言葉を継ぎながら、その途次では日常的な意味の伝達も並行してなされている。この仕組みは能の詞章と同様であろう。歌に添えられた詞書が歌物語の淵源にあるということに似て、長歌というものが、音曲を伴った広い意味での「歌詞」の濫觴《らんしょう》としてある可能性についても意識すべきであると思われる。

また演劇として立体的に見た場合、ギリシャ演劇のコロスに喩えられることも多い地謡によって、シテの心情が物理的に多声化され、舞台の全体を歌の言葉が包み込むことになる。*22 観客はこのとき、いわばシテの心のなかに引きずり込まれるわけだが、そのような効果がとくに高まるのは、シテと地謡が言葉を分担して発する箇所であろう。むろん一連の詞章は明確に分節化されているわけではないので、何をもって分担と呼ぶかには注意が必要である。しかし分担という行為が明白に感じられる箇所もある。それは詞章が書かれる以前からすでに観客のなかに存在している言葉、すなわち和歌を中心とする箇所である。その三十一文字が本来は一首の歌に納まるべきものであることを、観客は知っているからである。

右の引用では、これに該当するのは二箇所である。まずは以下。

地謡〽また河内の国高安の里に、知る人ありて二道に、忍びて通ひ給ひしに
シテ〽風吹けば沖つ白波竜田山、
地謡〽夜半にや君が独り行くらんと、おぼつかなみの夜の道、行方を思ふ心遂げて、よその契りはかれがれなり。

この部分では、夫の心変わりを恨むどころか、その身を案ずる歌を詠む妻を見て、二重に心変わりする夫の様子が描写されている。それをより客観的な位置から俯瞰しているのは地謡だが、その地謡の言葉を阿吽《あうん》の呼吸で引き継ぐシテもまた、一人称的な視点と同時に三人称的な視点にも立つという、複眼的な位置にあると思われるのである。

そして物語の核心である筒井筒の歌も、やはりシテと地謡で分担されている。

シテ〽筒井筒、井筒にかけしまろが丈

地謡〽生ひにけらしな、妹見ざる間にと、詠みて贈りけるほどに、その時女も比べ来し、振分髪も肩過ぎぬ、君ならずして、誰か上ぐべきと互に詠みし故なれや、筒井筒の女とも、聞えしは有常が、娘の古き名なるべし。

要するに「井筒」は、推理小説で言えば「倒叙形式」のような展開を見せるのである。観客は、業平が心変わりをしても結局はもとの妻である有常の娘のところへ帰ったのだ、という事実を先に知らされたうえで、それというのも二人は幼馴染で、筒井筒という歌を交わしたほどの仲であったから、という事情を後から知らされるのである。しかも「井筒」の舞台を観るまえから観客は『伊勢物語』に触れているのだから、それは二重の倒叙であるとも言えよう。

このような構造も、おそらくは「筒井筒」の歌を謡曲の頂点に合わせるための工夫であろう。だが、そもそも「筒井筒」とは何だろうか。この謡曲の存在も手伝ってか、「筒井筒」は幼馴染みを意味する言い回しとして後世に残ることになったが、歌を逐語的に分析してみれば、この言葉は続く「井筒」を引き出すための枕詞でしかなく、本来は意味内容を持たない。むしろその価値は執拗なまでの「つ」の音の連続にあるだろう。

音の繰り返しがただ愉快だと言うのではない。「つつ」とは、「何度もする」、「し続ける」を意味する接続助詞である。「いつつ」を「居つつ」とすれば、「いつまでもそこにいる」、あるいは「何度もその場所に居る」と解釈できるので、夫が妻にと望む相手に贈った歌という形式をとりつつ、そこにはいつまでも夫を待つことになる妻の運命が、すでに透けて見えているのである。

そしてその夜、旅の僧は在原寺で眠りにつく。それは業平の歌の世界で眠りにつくも同じことである。期待通り、井筒の女はすぐに姿を現す。

ワキ〽更けゆくや、在原寺の夜の月、在原寺の夜の月、昔を返す衣手に、夢待ち添へて仮枕、苔の筵《むしろ》に臥しにけり、苔の筵に臥しにけり。

シテ〽あだなりと名にこそ立てれ桜花。年に稀なる人も待ちけり。かやうに詠みしもわれなれば、人待つ女とも云はれしなり。われ筒井筒の昔より、眞弓槻弓年を経て、今は亡き世に業平の、形見の直衣《なほし》身に触れて、恥づかしや、昔男に移り舞、

地謡〽雪を廻らす、花の袖。

シテ〽ここに來て、昔ぞ返す在原の、

地謡〽寺井に澄める、月ぞさやけき、月ぞさやけき。

シテ〽月やあらぬ、春や昔と詠めしも、いつの頃ぞや。〽筒井筒

地謡〽筒井筒、井筒にかけし、

シテ〽まろが丈、

地謡〽生ひにけらしな、

シテ〽生ひにけるぞや。

地謡〽さながら見見えし、昔男の、冠直衣は、女とも見えず、男なりけり、業平の面影、

シテ〽見ればなつかしや、

地謡〽われながらなつかしや、亡婦魄霊《はくれい》の姿は、しぼめる花の、色なうて匂ひ、残りて在原の、寺の鐘もほのぼのと、明くれば古寺の、松風や芭蕉葉の、夢も破れて覚めにけり。夢は破れ明けにけり。

これをもって謡曲は終わるが、ここでも「筒井筒」の歌が中心となっている。ただし「徒なりと」の歌、「梓弓」の歌、そして「月やあらぬ」の歌が断片的に埋め込まれていることも無視できない。

これらの歌はいずれも、在原寺という、業平の霊というよりも言霊で満たされたトポスの特徴を強調するものである。『伊勢物語』の異なる段に登場する歌を並べることで、あたかも歌物語に登場する歌のすべてが、業平と有常の娘とのあいだで交わされた歌であるかのような印象を強めている。

なかでも「梓弓」の歌は、音声的にも「筒井筒」のそれと親和性が高い。

梓弓真弓槻弓年を経て我がせしがごとうるはしみせよ

この歌の「梓弓真弓槻弓」も、「筒井筒」と同じく序詞として使用されているが、ただ修飾的なものと片づけるわけにはいかないだろう。梓、檀、槻はそれぞれ木の名前だが、弓は「引く」ものであり、また「上弦の月」という表現に見えるように「月」とも関連している。つまりこの歌は、《いくつもの月、長い年月にわたって私はあなたを愛したが、ここで身を引いてもよい》と言っているわけである。「ゆみ」、「ゆみ」、「ゆみ」という音の繰り返しは、それだけでも長い年月を想起させよう。

和歌における音の繰り返しは意味の位相にも重要な働きかけをするものだが、能では音楽や舞を引き出す上でも、同じ音の繰り返しがあることは優位に働くと考えられる。[*23] だからこそ「井筒」では、そのような特徴を持つ歌がとくに選ばれ、複数引用されているとも推測できる。[*24]

なおこの最後の場面は、「井筒」を語るうえで欠かせない舞台装置である井戸の効果を前面に出したものである。しかしそれについて語るまえに、和歌における身体性の発露という問題について、いったん「井筒」を離れて考えておきたい。

5　和歌と身体

能は和歌の意味を存分に生かすだけではなく、音のレベルでもその特徴を活かし、さらに舞踊によって歌ことばを視覚化することで明らかな身体性を与えている。だが和歌そのものにも、単体で身体性を誇示するものは少なくない。

先にも紹介した在原業平の物語的な歌に、再び目を向けてみる。

東の方へ、友とする人ひとりふたりいざなひていきけり。三河国八橋といふ所にいたれるけるに、その川のほとりに、杜若いとおもしろく咲けりけるを見て、木のかげにおりゐて、「かきつばた」といふ五文字の句のかしらにすゑて、旅の心をよまむとてよめる

唐衣きつつなれにしつましあればはるばるきぬる旅をしぞ思ふ　（古今集、羇旅、四一〇）

この歌は、旅の空の下、都に残してきた妻を思って詠まれた歌である。《着つづけて身体になじんだ衣のような妻がいるので、自分が遠くまではるばる来たことがなおさら身にしみる》という感慨を表出させながら、下の句の「きぬ」という音でも「衣」のイメージを反復している。

このように和歌においては、身にまとうものである衣を、想い、念ずる相手そのひとに重ね合わせるという発想が、常套手段としてあった。

桜色に衣は深く染めて着む花の散りなむのちの形見に

（紀有朋、古今集、春上、六六）

この歌は表面的に解釈すれば、《桜が散ってしまったときに形見となるように、衣を深い桜いろに染めて着よう》となるが、それだけでは説得力に欠けよう。桜は恋人、妻である。いま自分の心は、その人への愛に染まっている。だが恋は終わるかもしれない。その人は死ぬかもしれない。そのとき、この気持を思い出せるように、あなたへの想いに染まった衣を着よう、とまで踏み込むべきである。和歌において「染まる」と言えば心であるが、心は季節ごとに色合いを変える自然とも、また季節ごとに染め替えられる衣とも、分かち難く結びついている。

もうすこしのちの時代になると、さらにわかりやすい例も多くある。大雑把に言えば、中世の和歌は具体的であり、生々しい。それはあたかも、大きな戦のなかった数百年にわたり閑雅に繰り返された婉然《えんぜん》たる詩法が、打って変わって明日知れぬものとなった世での恋の焦慮《しょうりょ》に、とうとう打ち負かされたかのようである。例えば次の歌。

今はとて形見の衣ぬぎすてて色かはるべき心地こそせね

（よみひと知らず、玉葉集、雑四、二三五六）

《いまはまだあなたの形見の衣を脱いで、新しい人への想いで自分の心を染め替える気持にはならない》というわけである。

このように、亡くなった人、あるいは去った人の形見の衣は、歌人たちにとって何よりの象徴であった。形見の衣を着て眠れば、夢でその人に会えると信じられていたのである。そもそも形見とは「形を見ること」に他ならないから、まさにそれを着た人の「形」を残している衣は、このうえない形見なのだ。

しかし衣は、ただ寂しい思い出を揺り起こすものではない。[*25] 平安の世に戻れば、業平の兄である在原行平《ありわらのゆきひら》に次のような歌がある。

春のきる霞の衣ぬきをうすみ山風にこそ乱るべらなれ　（行平、古今集、春上、二三）

霞が、春という季節の身にまとう衣に譬《たと》えられており、その衣はぬき（横糸）が薄いので、山風によって乱れてしまいそうだという。「ぬき」は濁れば「脱ぎ」となり、「山風」は「嵐」、すなわち激しい心の象徴であるから、《あなたの着ている霞のように薄い衣は、私の激しい想いによって乱れ、脱げてしまうのだ》というような、かなり情熱的な表現が織り込まれていると読める。

ここまでは衣について見てきたが、衣といっても、とくに詠者の心を表現するために用いられてきたのは多くの場合、その一部分である。それこそが和歌のきわめて重要なモチーフ——その形状を考えれば「舞台」と言ってもよいかもしれない——であり、また身体性にも富んだ「袖」である。

紀貫之の有名な歌がある。

春立ちける日よめる

袖ひちてむすびし水のこほれるを春立つけふの風やとくらむ　（貫之、古今集、春上、二）

歌意の一般的な解釈は次のようなものである。

《袖を濡らすようにして手で掬《すく》ったあの水は冬のあいだ凍っていたが、きょう立春の風がそれを溶かしていることであろう》

なるほど、水を掬ったときに濡れた袖が凍っていた、とすることで冬の寒さが際立ち、それを溶かすような暖かい風が吹いているという描写は、「春立ちける日」という詞書の状況設定とも相まって、見事に春のうららかさを伝える歌となっている。だが、それだけなのだろうか。

下の句は『礼記《らいき》』月令《がつりょう》篇「東風解凍」に由来するというのが通説である。そして「一般的」な解釈に従うならば、上の句もこれを補完するのみで、何ら新たな意味を与えていないことになる。『古今集』を繙く読者の目にまず飛び込む、筆頭の選者によるその一首が、漢詩を仮名に開いたようなものに過ぎないのであれば、和歌の存在意義は翳《かす》まざるを得ない。そこで「袖」の出番である。

上の句の「袖」は、和歌の文脈において日本独自の発展を遂げている。「袖を継ぐ」、「袖を交わす」など男女関係を表象するようになった背景には、より呪術的な発想がある。衣と袖には魂が宿るとされ、神への捧げものである幣《ぬさ》と同じような機能を与えられた（幣も袖も、大きく、ぶら下がり、揺れるものである）。袖はまた、露が草に置くように、「涙」の置く場所でもある。この「涙」も平安時代、漢詩に登場する表現として継承される一方で、和語化によってはじめて可能になる様々な連想を孕《はら》んで、豊かな潜在能力を発揮するに至った。明治維新から敗戦までのマッチョ志向、さらには「オリエンタル・スマイル」などという植民地主義的な押しつけによって日本人の感情＝表情が抹殺された現代からは想像しにくいことかもしれないが、王朝の男女はことあるごとに、歌のなかで滂沱《ぼうだ》の涙を流したのである。*26

この前提を組み込んでみると、歌の意味の可能性は拡大されずにはいない。まず、それまで山の清水などから掬って飲んだものと解釈されていた「水」は、直接には言及されない「涙」としての意味をも担うことになる。つまり春になって解けたのは自然界の水だけではなく、流したままに凍っていた、袖の涙ということになるのだ。したがって、歌の新たな解釈は次のようになるだろう。

《冬のあいだ、あなたを想って流した涙は凍りついていた。しかし今日、新たな想いによって、その涙は溶けてゆくのだ》

一首についてそのような解釈が成り立つのであれば、少なくとも同時代の、おなじ共同体に属した和歌については、すべてその可能性を考慮してみるべきである。ましてや右の歌を詠んだ貫之は『古今集』の中心的な選者であった。

題しらず

折りつれば袖こそにほへ梅の花ありとやここに鶯の鳴く

（よみひと知らず、古今集、春上、三二）

この歌にしても、《梅の枝を折ったので、袖に匂いが移っているのだが、そこに花もないのに鶯がやってきて鳴いている》と字義通りに解釈することもできるが、恋の歌としての側面を焦点化して、次のように読み解くことも可能であろう。

《あなたのそばにいたので、袖にあなたの匂いが移っている。あなたのいないとき、私はその匂いに包まれて、

あなたを想って泣くのだ》

ここでも、恋人と詠者とのなかだちとなるのは袖である。

貫之の歌をもう一首。

たなばたに脱ぎてかしつる唐衣いとど涙に袖や濡るらん

（貫之、拾遺集、秋、一四九）

この七夕の歌は、《織女に脱いで貸した彦星の唐衣は、いよいよ涙に袖を濡らすことだろう》というもので、袖と衣が共に登場する。募りに募った物思いの涙は、すでに彦星の袖を存分に濡らしている。逢瀬の最中、この衣は織女の手に渡ったのだが、翌朝になって二人が別れれば、袖は今度は織女の涙でさらに濡れることになる。天上の二人を隔てる天の川は、まさに涙の川となるのだ。

最後に一首。

春ごとにながるる川を花と見て折られぬ水に袖やぬれなむ

（伊勢、古今集、春上、四三）

《春が来るたびに、川の流れに映る花を本物と信じて腕を伸ばすのだが、水に映った花を折ることもできず、ただ袖が濡れるだけなのだ》

という伊勢のこの歌に、恋の苦悩を見出だすことは容易い。恋のたびに、今度こそはと願いつつ、想いが本物ではなかったことに気づくとき、詠者が流す涙は川の水のように袖を濡らす。水はまた、花と「見て」いたものが本物の花ではなかった（見ていなかった＝見づ＝水）ことを思い起こさせる装置でもある。この残酷な川は、詠者の涙をなぞるように流れているのだ。そうであるならば、「流るる」には「泣かる」が内包されていると見るべきであろう。そこに思い至れば、しとど濡れて涙の川を漂う袖が前景化されずにはいない。

和歌によって異化されるとき、袖は潜在的な姿に立ち戻る。袖を核とする衣は、その外形とは裏腹に、世界と対峙する主体を包み、防護してくれるものではない。むしろ、あの「鉄の処女」と呼ばれる拷問具のように〈私〉を裏返し、内臓をさらけ出し、血の涙を流させるのである。いや、それどころか衣は、もはや道具であることをやめ、身体の一部となっている。文字を書くときに筆記具を注視しないのと同じ理屈で、平安人は涙を流すときに袖を注視しない。[*27]〈私〉と共に、袖が涙を流しているのである。身体は涙に濡れた袖の先にまで拡張され、心と一つになり、溶け合うのだ。

和歌は当代人の哲学である。しかし、本節でもすでに示唆されているように、そのような思惟行為が一方では闊達な言語遊戯の実践でもあったことは注目に値するだろう。和歌の表現に制約を加えながらもこれを豊かにするのは、例えば掛詞である。それは明治時代に入って正岡子規《まさおかしき》が、権威の象徴という地位に堕してしまった和歌を攻撃する際に、ひとつの糸口を与えている。つまり和歌は駄洒落に過ぎないというのだ。また業平の「唐衣」の歌は、それぞれの句の頭文字を合わせると「かきつばた」となる、いわゆる折句であり、これも形式としては遊戯的である。

そもそも、いくらそれが日本語の特徴に合致しているとはいえ、すべての詩を五七五に矯めるという音声的な制約も、見方によっては強弱の格や脚韻の制約を課す西洋の詩形よりも厳格と言えなくもない。[*28]ところが、音の数を揃えるという行為は、しばしば逆説的に、遊戯的なものと捉えられるのである。[*29]一例を挙げるなら、『土佐日記』で「もののあはれ」を解しない蛮人と評される楫取《かじとり》が何気なく口にした「御船よりおふせ給ぶなり。朝北の出で来ぬ先に、綱手はや曳《ひ》け」という命令がたまたま三一文字であったことは、「あやしく歌めきても言ひつるかな」

と旅の一行を驚かせるし、また別の場面では、ある人物が急ごしらえの歌を詠んだところ三七文字にもなってしまい、笑い者になるのだ。再現不可能なほど滑稽であるということなのだろう、それがどのような歌であったかは明かされないが、三七文字の和歌を耳にした『土佐日記』の語り手はこう述べている。

真似べども、え真似ばず。書けりとも、え読み据ゑ難かるべし。今日だに言ひ難し。まして、後にはいかならむ。

これは世阿弥が『風姿花伝』で「真似ぶ」ことの弁証法を組み立てる、およそ五百年前のことである。言葉を通して真似ぶ＝再現することの是非とその方法が、平安人にとって常に大問題であったことは、先にも述べたとおりである。それは『土佐日記』においても例外ではなく、記録者として設定される名もない「女」は、そのジェンダーを巧みに利用して、ことあるごとに漢詩を黙殺し、もっぱら和歌に目を向ける。それは和歌を動脈とする平安文化に、漢詩が与えた影響の甚大さを知っていればこそである。ただ、漢詩は和歌がさらに発展するための起爆剤とはなったけれども、和歌は音律に関しては独自性を貫いた。*30 五言絶句、七言絶句のシンメトリーよりも五七五七七の不均衡を選び、平仄には背を向けた。定型詩とは名ばかり、歌ことばの音と意味による際限もない連想がすべての、果てしもない詩的な綱渡り。その延長線上にあるのが能である。

6　涙の井戸と分身と

「井筒」の締めくくり近くに登場した在原業平の歌に視点を戻そう。

——月やあらぬ春や昔の春ならぬわが身ひとつはもとの身にして

『古今集』にも『伊勢物語』にも入った有名な歌である。有名であるからには解釈も様々に施されてきたに相違ないが、優れた歌とは、解釈から遁走を続ける歌である。

要のひとつは助詞「や」であろう。反語的な示唆があるため、月や春というものがいまも昔のままそこにあると言っているのか、それともないと言っているのか、断定することができない。断定することができないということは、すべきでないということだから、歌の言わんとするところを現代語に置き換えようとすれば、《月よ、おまえはそこにあるのか、それともないのか、この春はむかしのままの春なのか、それとも違った季節なのか。ただ私の身だけはいままでと変わらない、もとの身であるように思われる。だがそれも——》というような、散文詩的な表現を選ぶしかあるまい。

このような存在／不在のあわいを問う存在論こそ、当代人の価値観の中枢を形成していたと思われる。袖や衣を詠んだ歌でも明らかであったように、かぎりなく巡る季節はまたかぎりなく循環する恋の想いであり、すべての感情はいわば二項対立の設定と解消を繰り返しながら反復されてゆく。

ところで「井筒」のこの場面は、井戸のまえで展開されている。シテは井戸に自らの姿を映す。このとき水面は、言うまでもなく鏡の役割を果たしている。鏡が「影見」の転であるとすれば、業平の「形見」の衣に身を包んだ井筒の女は、内と外から二重に過去の痕跡に包まれていることになろう。

——行く年の惜しくもあるかな真澄鏡《ますかがみ》見る影さへにくれぬと思へば　（貫之、古今集、冬、三四二）

「月影」という言葉が「月光」を指したことを想起すればわかるように、右の歌にあるような「影」とは、まずもって映像であり、姿形である。だがそれは「心に浮かぶ姿」、すなわち「面影」をも含むのだ。したがって、虚飾に満ちた外形よりも、ときには「影」こそが真実に近い姿である、という認識は広く共有されたものであった。そして自室の暗がりで覗《のぞ》き込むような小さな鏡は、水面という自然界の大きな鏡にも繋がっている。

影見れば波の底なるひさかたの空漕ぎ渡るわれぞさびしき　（一月一七日）

影と実体を見分けることにはしばしば困難が伴う。空を映しこむ水面と本物の空との峻別にためらうこの『土佐日記』の歌にもあるように、水底に空を発見する心情は、雄壮な光景を目の当たりにした感動とは程遠く、むしろ曖昧な世界を生きることを強いられる自らの存在の空虚さを突き付けずにはいない。[*31] 線条的な時間に沿うのではなく、書き継がれるままにあらゆる年齢で、あらゆる相手と関係を結ぶ「昔男」の姿を伝える『伊勢物語』の恋愛模様に通底するのがやはりそのような曖昧と空虚であったことは、いくつもの和歌に記念されている通りである。とくに思い出されるのは以下であろう。

君や来し我や行きけむおもほえず夢か現かねてかさめてか　（六九段）

『伊勢物語』の、いや、かつて和歌に詠まれたあらゆる愛と憎しみをその身に引き受け、統一と分裂とを繰り返しながら行きつ戻りつ（君や来し我や行きけむ／筒井筒井筒）するさなかに、シテは井戸の水を覗き込む。そこに湛えられている水は、すべて涙である……。

ところで平安中期に『伊勢物語』の影響下に書かれたとおぼしい『大和物語』には、「井筒」の段の類話が収録されている。世俗的、という視野狭小な形容詞を奉られることの多い『大和物語』だが、この類話には『伊勢物語』にはない以下のような場面がある。

かくて、なほ見をりければ、この女うち泣きて臥して、金椀に水をいれて胸になむ据へたりける。「あやし、いかにするにかあらむ」とて、なほみる。さればこの水熱湯にたぎりぬれば、湯ふてつ。又水を入る。みるにいとかなしくて走りいでて、「いかなる心ちし給へば、かくはしたまふぞ」といひてかき抱きてなむ寝にける。かくてほかへもさらに行かでつとゐにけり。

（一四九段）

これは男が、自分の不倫にあまりに寛容な妻を訝《いぶか》しんで、出かけるふりをして前栽に身を潜めていると、妻が「風吹けば」と詠んだ、その直後である。意訳しよう。

さらに様子を見ていると、先妻は泣きながら横になって、金属の容器に水を入れ、胸のところへ置いた。「はて奇妙な。何をするつもりだろう」と、なおも窺う。するとその水がみるみる沸騰するではないか。妻は熱湯となったものを捨てる。また水を入れる。もう見ていられなくなった男は走り出て、「どのような心で、そんなことをするのか」と言い、抱いて寝た。こうして、よそへなどゆかずに、ずっとその場所にいるようになった。

この金椀はそのまま「井筒」の井戸であろう。湯が沸いた直後、妻がまた水を入れるのは、沸かすべき涙がまだ出るからである。

君恋ふる涙しなくは唐衣むねのあたりは色燃えなまし

（貫之、古今集、恋二、五七二）

この歌でのように、涙が燃え上がる胸の炎を一時的に鎮火してくれる場合もあるのだが、井筒の女の胸を焼く業火には、涙などまさに焼け石に水なのである。女の願いはただ一つ、男が「つとゐ」ること、「つつゐ」つことである。

業平と井筒の女の、歌ことばを通じたこの無限とも思える反復が、それを演じるという次元に至ると、さらに増幅されることは言うまでもない。

能は男性が演じるものである。「井筒」に登場する女の霊も、当然ながら例外ではない。しかし「井筒」では、その女の霊が業平の衣を身にまとい――つまり男装して――舞うという演出がある。ここには二重の「変身」があるわけだが、さらにその人物が井戸という鏡を覗き込み、業平と化した自らの「影」を見ることは、もはや果てしもない合わせ鏡の迷宮を生じさせるに充分であろう。

もっともそれは、和歌の言葉を源とするがゆえの現象であり、謡曲は決して和歌に何かを付け加えようと思い上がることはない。謡曲はただ、反復する和歌の言葉を舞台に反響させ、反復する旋律に後押しされながら、そこにより明確な身体性を付与しようと足掻くのみである。

7　おわりに

世阿弥が土方巽に、能が舞踏になっても、その足掻きは本質的には変わらない。なるほど謡曲は大樹のような古典の言葉に安心して寄りかかる。一方、舞踏は言葉に根ざしながらも言葉の特権を認めない天邪鬼であるが、シュルレアリスムを引用し、澁澤龍彦を経由してアントナン・アルトーとヘリオガバルスを呑み込み、プルーストを口寄せ、ついには東北弁へと退行していった土方ほど、言葉に中毒していた舞踊家は少ない。「命がけで突っ立った死体」という舞踏の定義にそれは結実し、それでも足らず、二巻組の全集に溢れ出した。

この言葉への依存の深刻さは、裏を返せば身体の不確かさを指呼する。

さて、満場の人々がしーんと静かに耳を傾けていると、やおらイギリス人が、両手を別々に空中高くさしだして、指先でもって、シノン近辺では、「めんどりのお尻」と呼んでいる形をつくり、双方の爪と爪を四度ぱちぱちっとぶつけた。それから手を開いて、片方の手のひらで、もう片方の手のひらを、ぱちんと叩いた。そしてまた、手を結んで、二度、爪と爪をぶつけ、また手を開くと、四度、手のひらを叩いた。それから両手をくっつけると、恭しく神に祈るがごとく、手のひらをぴたりと合わせるのだった。[*32]

例えばラブレー『パンタグリュエル』のこの誇張された一節のように、ジェスチャーの連なりのみによって茶番が構成されるということが、日本では稀である。なるほど幇間《ほうかん》のお座敷芸、落語家の末広・手ぬぐいの扱いなど例外は存在するにしても、それが広く言語として浸透している例はほとんど見られない。身体に依拠しなければ語ることのできない人たちのための手話のようなものでさえ、中世の、西洋の修道院の静謐のなかで生まれたものが標準化され、日本語に合わせて使用されているにすぎない。[*33] 近代化以降に日本を訪れた外国人の崇拝を集めてやまない辞儀や合掌など、限られた所作にすべてを担わせるのが、日本のジェスチャーの本流であろう。目顔による非言語コミュニケーションや間投詞の乏しさも、これと軌を一にする。ありもしない伝統を再構築しようとした「江戸しぐさ」のようなシミュラークル的政策が失笑を買っただけで頓挫したことは、そのわかりやすい証左であろう。能狂言はもとより、歌舞伎、文楽、漫才、種々の門付に至るまで、詞章を伴わない身体芸術が、日本ではそもそも稀有である。片手で作るちょっとした形が絵画の主題になったり、居間で長椅子に腰掛けているときの扇の角度だけで男女間の交渉が成り立ったりする文化は、原則として日本には存在しない。[*34]

むろん言語に依存するのは演者だけではない。作品に触れる者とて同じことである。ある程度まで言語化しなければ、誰も土方の舞踏に価値を見出すことはできない。少なくとも、その価値を同定することや、共有することはできないし、ひいてはそれを文化の一隅に安置することもできない。ある表現が文化とのあいだに均衡を見出し、安住するには、いわば言葉というワイヤーの上で、綱渡りをしなければならないのだ。此岸に表現があるとすれば、彼岸には文化があり、奈落には意味の不成立と忘却がある。文学であれば、そのワイヤーの上を歩く軌跡がテクストに相当するということになるだろうが、舞踊では綱渡りする人間の全身もこれテクストなのである。そして綱渡りがどのように行われたのかを明確にするには、何らかの翻訳作業が必要になる。言葉のワイヤーについた痕跡から、第三者が綱渡り芸人の姿を再構成するのだ。

そんな比喩に凝ってみると、謡曲が終わり、橋掛かりへと歩いてゆく能楽師たちの摺り足、揚幕《あげまく》の奥へ吸い込まれてゆくまでの慎重に過ぎるほどの足の運びも、まさに綱渡りのように見えてくる。彼らはまず正面の壁を横切る。松の描かれたその壁は、「鏡板」と呼び慣わされている。[*35] そして綱渡りのような歩みの終着点、揚幕のその先にある控え室——観客からは見えないが、楽屋とは異なり、ここも舞台の一部と見做されている——は、裏返しにされた歌ことばを元どおりにする場所にふさわしく、「鏡の間」と呼ばれるのである。

ヴァレリーは述べる。

> 散文から詩への、言葉から歌への、そして歩行から舞踏への移行。——この瞬間は行為であると同時に夢なのだ。

舞踏は、わたしをここからあそこまで移動させることを目的とはしていない。純粋な詩句や歌も同様である。

舞踏や純粋な詩句や歌の目的は、わたしの次にわたしを続けてもってくることによって、わたしを一層わたし自身に現前させ、わたしを一層わたし自身に没頭させ、わたしをわたし自身の前で浪費させることなのであり、あらゆる事象や感覚には、それ以外の価値はないのである。ある特殊な動きが、そうした事象や感覚をいわば自由なものにする。無限に動き回り、無限に現前している事象や感覚は、自ら火を養う糧になろうとして、ひしめき合う。だからこそ、こうした静止した動きこそは隠喩なのだ！[*36]

能にとっても、舞踏にとっても、静止が――隠喩が――すべてなのである。

――注

1 ユイスマンス、J・K・「さかしま」『澁澤龍彦翻訳全集』7巻（河出書房新社、一九九七年）、一〇七頁。

2 中村昇「土方巽試論」『人文研紀要』九二号、二〇一九年、二九七―三二〇頁。

3 この言葉自体がまさに「偶然の出会い」の産物なのであり、それを異なる文脈に貼りつけ、再創造することこそが、シュルレアリスムの方法の実践となるわけである。ワルドベルグ、パトリック「シュルレアリスムの道」（『シュルレアリスム』巖谷國士訳、河出文庫、一九九八年所収）などを参照。

4 もちろん土方が、シュルレアリストたちの言葉遊びの代表的な例である「甘美な―死骸は―新しい―酒を―飲むだろう」の一文を知っていた可能性は大いにある。この文章については「アンドレ・ブルトン『シュルレアリスムと絵画』より」

（ワルドベルグ『シュルレアリスム』所収）などを参照。

5 だが演劇を文学の一部門と断言するアルトーは、とくに断りもなく、演劇とダンスを別物として扱う。それは単純に、アルトーがダンサーではなく演劇人だからであろう。アルトー、アントナン「残酷の演劇（第一宣言）」『演劇とその分身』鈴木創士訳、河出文庫、二〇一九年。

6 塚本昌則、鈴木雅雄（編）『声と文学 拡張する身体の誘惑』平凡社、二〇一七年。とくに鈴木による序章「あなたはレコード、私は蓄音機」を参照。

7 郡司正勝『おどりの美学』演劇出版社、一九五七年。

8 ルペルティ、ボナヴェントゥーラ（編）『日本の舞台芸術における身体 死と性、人形と人工体』晃洋書房、二〇一九年。とくに編者による序章「なぜ身体か」を参照。

9 郡司正勝「《伸びる》と《屈む》と」『夜想九号 暗黒舞踏 Dance Review 1920-80 JAPAN』、ペヨトル工房、一九八三年。

10 石井卲「能の台本と位風」『秋田工業高等専門学校研究紀要』三〇号、一九九四年、一五―二〇頁。

11 これは言わずもがなのことであるように思われるが、リンダ・ハッチオンの『アダプテーションの理論』（晃洋書房、二〇一二年）を見るかぎり、そう思わない者もいるらしい。

12 『無名草子』輪読会（編）『無名草子 注釈と資料』和泉書院、二〇〇四年。

13 もっとも、恨みを抱くわけでもなく、ひたすらに思い出を反芻しながら過去と現在の隙間で舞うこの霊は、謡曲に登場する霊のなかでも特殊である、とする見方もある。例えば辻真理子「「夢幻能」について――「井筒」の亡霊の系譜」（『成城文芸』八四号、一九七八年、七七―九三頁）を参照。

14 鈴木日出男『伊勢物語評解』筑摩書房、二〇一三年。

15 この問題については、拙著『紀貫之――文学と文化の底流を求めて』（東京堂出版、二〇一九年）の第三章でも取り上げている。

16 「井筒」および「江口」本文は新編日本古典文学全集『謡曲集①』(小学館、一九九七年)による。庵点や注記の一部を省略した。

17 むろん、これには現代において「聖地巡礼」という言葉で表される現象と重なり合う部分も多い。とはいえ、愛好する作品の舞台をただ訪ねて満足することは地域振興にはなっても、作品の解釈の幅を広げることにはならない。

18 『土佐日記』における「書くこと」への意識については、拙著『紀貫之』第七章でも論じている。

19 拙論「イストワールからディスクールへ——平安期の歴史物語における語りの変容」(『アジア文化研究』三八号、二〇一二年、一八三—二〇一頁)を参照。

20 拙論「女のしわざ——『無名草子』の批評空間」(『アジア文化研究』三七号、二〇一一年、一二一—一三九頁)を参照。

21 拙論「「もののあはれ」再考——思想と文学を往還しながら」(『アジア文化研究』四二号、二〇一六年、二五—四四頁)を参照。

22 シテ、ワキ、地謡それぞれによる謡とその関係性については、表章「能の「同(音)」と「地(謡)」」(『国語と国文学』六二巻四号、一九八五年、一—一七頁)、および同論を批判的に発展させた藤田隆則『能の多人数合唱(コロス)』(ひつじ書房、二〇〇〇年)を参照。

23 徳川夢声はテレビ番組「こんにゃく談義」(NHK総合、一九五七年四月一三日放送分)のなかで、歩きながら商品を売る物売りは、どうしても節をつけた売り声をあげる必要があるのだと述べる。さもなければ足が止まってしまい、歩くことができないからである。

24 このような音節の繰り返しは、詩的言語の世界への扉を開く呪文のようなものかもしれない。むろん扉の役割をするのは井戸である。ちなみに森田亜紀は、複数の次元の交錯という特徴を持つ夢幻能を、リオタールがデュシャン論で用いた「蝶番《ちょうつがい》」の概念で説明する。森田亜紀「能「井筒」における蝶番」『倉敷芸術科学大学紀要』二号、一九九七年、一九

―二八頁。

25 世阿弥の謡曲「砧《きぬた》」に曰く、「思ひ出は身に残り、昔は変り跡もなし」。このような「思い出」をフロイトの言う「情動」と結びつける石澤誠一は、それを「身体に書き込まれてある記憶を担うシニフィアン」と定義し、その「受難」を描くものが夢幻能であるとする。石澤誠一「世阿弥の夢幻能とフロイト『夢解釈』――能『井筒』のシニフィアン分析」『女子大文学　外国文学篇』五〇号、一九九八年、一―一一〇頁。

26 執筆活動の後半では古典回帰をする澁澤龍彦も、この誤謬から自由ではなかった。全体的に揶揄の気運の強い書評「大江健三郎『日常生活の冒険』」のなかで澁澤はこう述べているのだ。「また、大江氏の小説を読んでいつも驚くことは、いとも簡単に、男がすすり泣くことである」（『澁澤龍彦全集』5巻、河出書房新社、一九九三年、三九一頁）。

27 道具への身体の拡張の問題については、市川浩『〈身〉の構造――身体論を超えて』（講談社学術文庫、一九九三年）などを参照。

28 だが明治時代の日本人にとっては、規則の少ないということが、和歌が西洋詩よりも未熟であることの証左となることもあった。川本皓嗣『日本詩歌の伝統――七と五の詩学』（岩波書店、一九九一年）などを参照。

29 一九六〇年にパリで結成された文学実験集団「ウリポ」は日本の伝統的な詩歌（ただし俳句である）のこの点に目をつけ、詩を強制的に一七音に変換するというパロディの形式「ハイカイザシオン」（ハイク化）を実践した。「特集　ウリポの言語遊戯」（『風の薔薇』一九九一年秋号）を参照。

30 尼ヶ崎彬『縁の美学　歌の道の詩学II』勁草書房、一九九五年。

31 田中喜美春「解説」『貫之集・躬恒集・友則集・忠岑集』和歌文学大系19、明治書院、一九九七年。

32 ラブレー『ガルガンチュアとパンタグリュエル2　パンタグリュエル』（宮下史朗訳、ちくま文庫、二〇〇六年）、二三八頁。

33 手話の歴史における修道院の役割については、島津彰「厳律シトー会修道院（北海道・北斗市・当別）における身振り

――修道院手話現状」(『北翔大学北方圏学術情報センター年報』八号、六三―七二頁)などを参照。なお日本独自の手話は、遺伝的にろう者が多く、健聴者との意思疎通が不可欠である愛媛県大島の「宮窪手話」ように、周囲と隔絶された環境に、辛うじて残るのみである。

34 例えば、宮下規久朗『しぐさで読む美術史』(ちくま文庫、二〇一五年)を参照。

35 久野昭『鏡の研究』南窓社、一九八五年。

36 ポール・ヴァレリー「一詩人の手帖」『ヴァレリー・コレクション』上巻(平凡社ライブラリー、二〇〇五年)、一八四―一八五頁。

大野ロベルト

第2章

肉体と観念の三重奏

土方巽・澁澤龍彦・三島由紀夫

1　前口上

舞台の上に、裸の男がごろりとひっくり返って、背中をまるめ、手脚をちぢめている。それは生の方向と死の方向とを同時に示した、未生の胎児の眠るすがたのようでもあり、またカフカの短篇のなかの甲虫《こうちゆう》のようでもある。やがて裸の男はむくむくと起きあがり、一本一本数えられそうな肋骨を浮き出させて、からだを屈伸させはじめる。ふいごのように胸と腹が大きくはずむ。そうかと思うと、小児麻痺のように痙攣的な、衝動的な手脚の不均整な動きを示しつつ、ぎくしゃくした足どりで舞台の上を歩き出したり、脚を棒のようにして急に立ちどまったり、意味のない短い叫び声をあげたりする。*1

土方巽《ひじかたたつみ》（一九二八―一九八六）の著書『病める舞姫』（白水社、一九八三・三）に寄せられた、澁澤龍彦《しぶさわたつひこ》（一九二八―一九八七）によるこの一文ほど、舞台上の土方の様子を単純明快に素描したものは少ない。それは舞踏という、あらゆる「型」の否定を根拠とする表現にとって、融通無碍《むげ》な肉体が結局は言葉という牢獄から自由になれないことを示唆する点で、アキレウスの踵《かかと》とも言うべき急所への一撃なのだろうか。

しかし、土方と澁澤、さらに三島由紀夫《みしまゆきお》（一九二五―一九七〇）を加えた三者の関係を舞踏を支点に掘り下げてゆくと、むしろ言葉こそが「肉体と観念の三重奏」を可能ならしめたことがわかるのである。何故なら言葉こそが観念を肉体に翻訳するのであり、返す刀で、肉体を観念に還元するからだ。

それは六〇年代という時代を舞台としたからこそ、なおさら深長に響いた三重奏であったとも言える。彼らが三〇代で迎えたその時代は、日米安全保障条約に反対する二度の大きなうねり、いわゆる六〇年安保と七〇年安保に挟まれた、戦後日本で最も政治的な季節であった。その時代背景を重視しつつ、三者の関係に正面から注目する数少ない先行研究である倉林靖の『澁澤・三島・六〇年代』によれば、六〇年代は「近代」に対する「異議申し立ての時代」であり、「観念の肥大化とその現実からの乖離が問題とされる時代」であった。[*2] だからこそなおのこと、芸術家たちは肉体を、具体を志向したのだろうか。

本人の言によれば、澁澤龍彥にとって六〇年代とは「観念こそ武器だと思」われた時代であった。[*3] この「観念」が少なからず政治的な文脈に依拠した言葉であることは言うまでもない。だが、六〇年代の澁澤の「ラディカリズム」を構成した「論理」は、決して政治的な立場を表明する場面でのみ現前したわけではないだろう。[*4] それは表現者として常に自らの進むべき方向を模索していた澁澤にとって、思惟の隅々にまでゆきわたっていたものであるはずだ。

澁澤の年少の友人であり、全集の編纂に携わるなどその業績の整理と紹介に尽力する巖谷國士《いわやくにお》（一九四三—）も指摘するように、六〇年代が去った一九七〇年、澁澤は「書斎派のイメージ」を裏切る長期にわたる海外旅行によって「観念ではない実体と出会う体験」をすることになる。[*5] 三島由紀夫の死の影に縁どられていることも繰り返し指摘されてきたそのような「体験」が可能になったのは、言うまでもなく澁澤が六〇年代を通じて観念と肉体の距離と格闘したことの一つの成果であるはずだが、その期間とは澁澤にとって「土方巽を抜きにしては語れない」ほどに、「土方巽からいかに多くの刺激を受け、いかに多くの貴重な体験を共にしてきたことであろう」と、感嘆せざるを得ない期間でもあったのである。[*6] そうであるならば、澁澤龍彥にとっての観念と肉体の均衡を考えるうえで、土方巽に触れることは避けられないだろう。土方の舞踊にとって「体験」が合言葉の一つであることも、言うまでもないことである。

むろん、これはひとり澁澤の問題ではない。そのような均衡の手探りでの希求は、理論ではなく肉体に拠って立つことを選んだはずの土方にも、あるいは論理を捨て、肉体に殉じた三島にも、等しく重要な問題として認識されていたのである。幸いなことに三人は、その希求の痕跡を言葉の形で残している。しかも少なからぬ場面で、三人の言葉は同じテクスト空間で交差しているのである。当然ながら本章でも、その交差点を中心に検討することになるだろう。

2　序曲——三人の交差

澁澤と土方の出会いは、少なくとも職業的な意味においては、一九六〇年七月の〈土方巽 DANCE EXPERIENCE の会〉の楽屋であった。[*7] だが当時の澁澤夫人であった矢川澄子《やがわすみこ》（一九三〇—二〇〇二）の記憶では、すでに前年の八月に、鎌倉の澁澤の自宅に土方が訪ねてきていたという。[*8] いずれにせよ、澁澤が土方について初めて記した文章は、一九六〇年一〇月に開催された第二回〈六人のアバンギャルド〉のパンフレットに掲載された「前衛とスキャンダル」であるから、両名は出会うなり急速に親しくなったとも言えようし、また職業的な関係を持つことが互いにとって有益であることをすぐさま了解した、とも言えるだろう。

まずは、この時点で澁澤が置かれていた状況を確認しておきたい。[*9]

澁澤龍彦、本名龍雄は、武州銀行の行員であった武と、妻の節子の長男として、東京の芝区車町《くるまちょう》（現・港区高輪）に生まれた。少年時代を過ごしたのは埼玉の川越および東京の北端、滝野川区（現・北区）中里である。武の実家は実業界の大物渋沢栄一を輩出した一族の本流であり、埼玉の血洗島《ちあらいじま》には、武の曽祖父に当たる澁澤宗助こと徳厚が、絹取引で築いた巨万の富で建てた宏壮な屋敷もあった。澁澤は少年時代、その邸内で自転車に乗って遊んだという。[*10] また、節子の父の磯部保次《いそべやすじ》も、衆議院議員を務めた実業家であった。

このような家柄に属する武と節子が、銀行の広い社宅に家政婦を雇って営んだ家庭は、紛れもなく中産階級のそれだが、裕福であったと言っては誇張になるようだ。[*11]そもそも武は三男であり、澁澤家の財産も、武の父で宗助の名を継いだ長忠の道楽によって、ほとんど蕩尽《とうじん》されていた。苦労を知らずに育った澁澤ではあったが、一九五五年に父が急死し、にわかに家長として母と三人の妹の暮らしに責任を負うことになった二七歳の青年の両肩には、相当の重圧がのしかかっていたと考えるべきである。

このとき、澁澤はジャン・コクトー(一八八九—一九六三)の『大股びらき』(白水社、一九五四・八)とサドの短篇集『恋の駈引』(河出書房、一九五五・六)の二冊を上梓して日も浅い、新人翻訳家に過ぎなかった。旧制浦和高校を卒業したのが終戦直後であったことから、実質無試験で進学できた時代は去っており、二浪して東大仏文科に入学した澁澤は「サドの現代性」と題した卒業論文を書き、いったんは修士課程に進んだものの、研究の道には早々に見切りをつけている。就職試験にも失敗しており、肺結核の予後でもあったため、岩波書店の社外校正の仕事でなんとか口を糊している状態であった。しかも、武が横浜の場外馬券売場で昏倒《こんとう》し、そのまま息を引き取った九月には結核が再発し、「ピンポン玉大の空洞がみつかり、当分の絶対安静を命じられ」、頼みの綱の「アルバイトも休職」せざるを得なくなるのである。[*12]

一〇月中旬、最も永く親交のあった友人の一人である出口裕弘《でぐちゆうこう》(一九二八—二〇一五)に澁澤が送った左の葉書には、精一杯の余裕を装った不安が滲《にじ》んでいる。

小説もいいけど、これからは翻訳でもばりばりやって、少し稼がなければならない立場になりましたよ。[*13]

一一月には、血洗島の「大澁澤」と呼ばれた先述の屋敷が売却・解体されるという象徴的な出来事もあり、ほんの駆け出しであった澁澤は、すっかり追い詰められていたと言ってよい。だが澁澤は動ずることなく、冷静に仕事の計画を立てては実行した。就職に失敗し、アカデミアも肌に合わない以上、自ら道を切り拓くほかはないのである。夙《つと》に臍《ほぞ》を固め、その精神は早くも世俗を遊離して「ドラコニア」の境に達しつつあったのだろうか。[*14]
いずれにせよ翌一九五六年は、実りある年となった。七月から、彰考書院版『マルキ・ド・サド選集』全三巻の刊行が始まったのである。何よりもサドの翻訳者として名を残すことになる澁澤にとって、それは早々に訪れた出帆のときであった。[*15] そして、その第一巻に序文を寄せた人物こそ、ほかならぬ三島由紀夫だったのである。
序文を請う澁澤からの書簡が三島のもとへ届いたのは五月であったが、出版社に勤務していた妹の幸子からも、すでに電話での打診が済んでいた。[*16] 承諾の手紙は簡にして要を得たものである。

拝復　サド選集の件、委細承りました。御成功を心より祈り上げます。舎弟と同学の御由、何かの御縁かと存じます。序文は、書かせていただきます。〆切、枚数などお知らせ下されバ幸甚です。先月末、〆切のため多忙を極め、御返事が遅れました。不悪《あしからず》。[*17]

さらにその二日後には、三島らしい過剰な勤勉ぶりで、早くも序文を送付している。[*18] 三島の弟で、外交官となった平岡千之《ひらおかちゆき》（一九三〇―一九九六）が、浦和高校から東大と、澁澤と同じ経歴をたどったことは確かに奇縁と言えようが（ちなみに千之が二歳下であるが、浪人していないため、大学へ進んだのは同年である）、もちろん三島としては、自身も強い興味を抱くサド侯爵の、同年代の「専門家」の登場に、素直に胸を躍らせたものだろう。

＊

当時の三島由紀夫（本名・平岡公威《ひらおかきみたけ》）は三一歳、同年一月から始まった『新潮』誌上の「金閣寺」連載もたけなわで、作家として円熟期を迎えつつあった。*19 いや、むしろ、すでに『仮面の告白』による戦後の再デビューから七年、『愛の渇き』や『禁色《きんじき》』第一部・第二部、『潮騒《しおさい》』などを発表していた三島にとっては、この時期が幸福な時代の終わりであった、と言ってもよいかもしれない。よく言われるように、全霊を傾けた『鏡子の家』（新潮社、一九五九・九）がおおむね不評に終わったことは、作家としての三島にかなりの打撃を与えることになるからである。*20 だがこのことが、それ以降の三島が文学よりも行動へと、あるいは言葉よりも肉体へと傾斜してゆくこととどこまで直接に結びついているのかについては、疑問の余地があると言わざるを得ない。三島の肉体への中毒は、澁澤との邂逅の時期にはすでに萌《きざ》していたからである。

幼少期に強制された祖母・なつとの病室での暮らしで生来の虚弱体質を助長させ、学習院では「アオジロ」と呼ばれた三島の身体的な劣等感は、芸術家としての成功だけで埋め合わされるにはあまりに根深かった。一九五五年、『週刊読売』（九月一八日号）で組まれたボディビル特集は一種の天啓となり、三島を肉体改造へと向かわせる。さらに一九五六年一月には後楽園ジムの鈴木智雄コーチに弟子入りし、三月になるとトレーニングの場を自由が丘のジムに移す。つまり、澁澤からサドという「肉体派」の、エロティシズムの権化たる作家について推薦文を求められたとき、三島は自身もまさに「肉体の季節」を迎えていたのである。

その三島が次いで土方とも出会っていることは、もはや必然であろう。三島は作家であると共に演劇人であり、その活動はやはり一九五六年三月、文学座に参加したことでいよいよ本格化していた。三島がこの時点で、原稿用紙の升目を埋めるだけの作家とはすでに一線を画していたことが、これまであまり意識されて来なかったように思われるのは不思議である。ともあれ、同年一一月には三島原作の《鹿鳴館《ろくめいかん》》が文学座創立二〇周年記念公演として幕を開け、かなりの成功を収めた。三島は自らも植木職人の役で、連日舞台に立っている。

この《鹿鳴館》をはじめ、文学座の公演はしばしば第一生命ホールで行われた。保険会社の新社屋として一九三八年に竣工した有楽町の第一生命館は、戦後には占領軍に接収され、連合国最高司令官総司令部（GHQ）が置かれていたが、一九五二年に返還されると、その六階に約六〇〇名収容のホールが設置されたのである。民間の貸しホールとしては戦後の最初期のものであり、オーケストラ演奏やラジオの公開録音などを中心的な用途としながらも、舞台はもちろん、演芸や邦楽なども上演された。劇団関係者としてのみならず、一観客としても、三島はこのホールを拠点の一つとしていたと言えるだろう。

したがって、一九五九年五月二四日、〈全日本芸術舞踊協会第六回新人舞踊公演〉に出場した土方巽という人物が、ジャン・ジュネ（一九一〇―一九八六）の男色《なんしょく》の世界観を、三島の小説から拝借した《禁色》という題で表現したことは、すぐに本人の耳にも入ったのである。三島が土方について初めて語る「現代の夢魔《むま》――「禁色」を踊る前衛舞踊団」は、早くも同年九月の『芸術新潮』に掲載されている。

それによれば、舞台上で《禁色》を観る機会を逸した三島は、代わりに土方が当時所属していた津田信敏《つだのぶとし》近代舞踊学校を訪れ、《禁色》や《黒点》（若松美喜振付）の再現および稽古の様子を見学したのである。津田に請われるまま即興のために「ダリの溶ける時計」や「マルキ・ド・サド」という題を出し、ダンサーたちの反応を分析的に記録する三島は、舞踊への冷静かつ厳密な理解を示す。

　一つの観念があたへられ、それから肉体の動きの諸要素が抽出され構成される。さういふ創作過程の面白味は、課題レッスンで大いに味はわれた。もちろんあらゆる舞踊はさうして作られるのであらうが、このいはゆる「現代舞踊」ほど、その過程を裸に純粋に伝へるものはないといふのが、私の与へられた感銘の一つであった。しかし、観念が行為を生み、行為が肉体に或る無目的なエネルギーを生ぜしめ、そのエネルギーがまた観念に還流して、観念を富ませ、分岐させ、発展させるといふ瞬間の、もっと深みのある、実に音楽的な面白味は、「禁色」や「黒点」の、比較的長い創作舞踊のはうで、よく味ははれた。今のところ広い東京に、私はこれ以上面白い舞台芸術はないやうな気がしている。[*21]

この文章が発表されたのはまさに650 Experienceの会主催の〈九月五日六時の会・六人のアヴァンギャルド〉公演に重なる時期であり、[*22]後援はほかならぬ『芸術新潮』であるから、末尾の一文が宣伝めくのは致し方ない。[*23]ただ、そこに至るまでの、舞踊における観念と肉体の関係性をめぐる弁証法は、三島自身のみならず澁澤が、そして土方が今後いくつかの場面で言語化してゆく一連の「舞踊観」を、包括的に先取りしたものと言わなければならない。三島はさらに考察を続ける。

その結果よくわかるのは、人間の肉体の言葉は、文字による言葉に比べて、はるかにその数が限られてゐるといふことである。現代舞踊を見てゐても、その課題レッスンを見てゐても、動きや形それ自体は、さほどわれわれを愕《おどろ》かせない。われわれを愕かすのは、肉体の突然の動き、突然の叫び声などが、われわれの日常的な期待にほとんど答へず、われわれの目的意識にたえず精妙に背くからである。[*24]

古典的な舞踊、あるいはスポーツと「現代舞踊」を区別するものとして、三島が「目的性」の欠落を挙げていることは重要である。そのような舞踊に練磨されることによって、肉体は文学における言葉以上に純粋な言葉になりうるのではないか、という期待が、三島の文章には滲んでいる。そして、この期待は、死の瞬間まで三島のもとを去らなかった。そのように考えるならば、土方とその活動が三島に与えた衝撃は、決して小さなものではなかったはずである。

*

土方巽（本名・米山《よねやま》九日生《くにお》）は澁澤と同年で、三島よりも三歳下である。もとより伝記的な資料が少ないうえ、好んで自らの来歴を韜晦《とうかい》する傾向のあった土方の歩みを詳細に描き出すことは難しいが、概観すれば以下のようになる。[*25]

秋田郡旭川村《あさひかわむら》泉（現・秋田市保戸野《ほどの》）で、土方は蕎麦農家および蕎麦屋を営む米山隆蔵と妻スガの、一一人の子供の一〇人目として生まれた。県立秋田工業学校の生徒として迎えた大戦では勤労動員され、群馬の中島飛行場で働いた。戦後、同校本科電気科を卒業、秋田製鋼に入社したが、その頃秋田市内でモダンダンス研究所を開いていた増村克子に師事し、ノイエ・タンツに分類されるダンスを習得している。

ノイエ・タンツとは、ドイツのマリー・ヴィグマン（一八八六―一九七三）によって創始された舞踊である。ヴィグマンは、身体の動きを通して音楽を学ぶ、ということの理論化を目指したエミール・ジャック＝ダルクローズ（一八六五―一九五〇）の思想に触れたことや、[*26] モダン・バレエの始祖とも言われるグレーテ・ヴィーゼンタール（一八八五―一九七〇）のソロ公演を見たことをきっかけに、自らも本格的に舞踊を志す。その後、舞踊を個人の運動空間における身体各部の移動として捉えるルドルフ・フォン・ラバン（一八七九―一九五八）の助手となりさらに学んだヴィグマンは、[*27] ついに自らの表現主義舞踊を確立し、これをノイエ・タンツと名づけた。ノイエ

（新しい）とは、バレエという伝統に対してのことであり、ヴィグマンは舞踊を誰にでも学ぶことのできるシステムと定義することで、古典的な舞踊の特権を奪い去った。またアジアやアフリカの楽器、仮面などのモチーフを積極的に取り入れ、舞踊の脱西洋化を図ったのであった。

さて土方は翌一九四七年から、東京と秋田を往き来しつつ、活動を本格化させてゆく。一九四九年には神田共立講堂で〈第一回大野《おおの》一雄《かずお》舞踊公演〉を観て大きな刺激を受けているが、二人が出会うのはまだ先であり、仲間と秋田の農村を巡回するなど、土方はしばらく放浪を続ける。

だが一九五三年になると、土方は安藤三子《あんどうみつこ》（のち哲子）舞踊研究所に入門し、テレビ放送の開始に合わせて、その一員としてダンス・ショーにも出演するなど、より大きな舞台に立つようになる。[28] そして一九五四年九月、日比谷公会堂で行われた〈安藤三子ダンシング・ヒールズ特別公演〉が、土方の舞踏家としての事実上のデビューである（当時の芸名は土方九日生であった）。土方は《鴉《からす》》《サラダ・イン・LP》《スリル・ジャンクション》の三演目に出演、《鴉》では大野一雄（一九〇六―二〇一〇）との共演もあった。

一九五七年には、すでに《禁色》へと結実する構想を抱いていたものか、土方ジュネを名乗り始めたものの、一九五八年には生涯の芸名となる土方巽が定着する。名付け親は、東京音楽学校（現・東京藝術大学）で伊福部《いふくべ》昭《あきら》（一九一四―二〇〇六）に師事し、主にテレビや演劇向けの作曲を数多くこなした今井重幸《いまいしげゆき》（一九三二―二〇一四）である。今井は舞台演出にも強い関心を持ち、「まんじ敏幸」の別名義でヨネヤマ・ママコ（一九三五―）や三《さん》条《じょう》万里子《まりこ》（一九三三―）、そして大野一雄とも活動を共にしている。土方は一二月に俳優座劇場で開催された〈劇団人間座・現代舞台芸術協会提携公演〉の演目《埴輪の舞》でソロをとったが、その演目で原案・振付・作曲を担ったのが今井であった。土方巽という芸名のみならず、舞踏という呼称も、この時期に今井が与えたものだとする意見もある。[29]

澁澤や三島といった存在感の大きな文学者との関係から見る場合、土方はどうしても〈DANCE EXPERIENCEの会〉によって突如として舞台上に這《は》い出してきた、異端の踊り手であるかのような印象が先行してしまう。だが実際には、土方にも言うまでもなく下積み時代があった。しかもそれは、必ずしも既存の価値観に「否」を突きつける「アンダーグラウンド」の舞踏家の下積み時代には似つかわしくない、むしろ、戦後の新しい時代、テレビをはじめとするマルチメディアの時代にデビューの時期が重なった、あたかも昨今の芸能人が注目を浴びるまでの道程として見たほうがしっくり来るものなのである。

ともあれ、一九六〇年七月二三日あるいは二四日、第一生命ホールで、澁澤、三島、土方の三人の軌跡は交差することになる。

3 ワルプルギスの夜――第一夜

〈土方巽DANCE EXPERIENCEの会〉開催に合わせて発行された冊子は、先行研究においても、あるいは土方の関連資料の事実上の公式アーカイヴとなっている慶応義塾大学アート・センターの土方巽アーカイヴにおいても「パンフレット」という呼び方をされてきているが、近代西洋の政治パンフレットであればまだしも、通常の日本語運用の感覚としてはこれは不適当であろう。中綴じの二四頁に、本文用紙とは異なる小判をさらに一枚綴じ込んだその冊子は「プログラム」と呼んで然るべきであり、それ以上に、表紙下部にはっきりと印字されているように、『土方巽氏におくる細江英公《ほそええいこう》写真集』なのである。

このプログラム=写真集の重要性は明らかである。そこには三島を筆頭に土方の賛同者たちによる肉体をめぐる言葉があり、もはや当夜の舞台を観ることを許されない私たちにとっては、この視覚的な書物を通して

〈DANCE EXPERIENCE〉を文字通りに体験することが、舞台に肉薄する最良の、いや唯一と言ってもよい方法であるからだ[*30]。

まず、目次に当たる「体験目録」には、《花達》《禁色》などの演目と、出演者の一覧がある。先頭は「先験者」の肩書きを持つ大野一雄、二番目が「執行人」たる土方巽であり、ベテランの大野に花を持たせている。その下に、やや小さい活字で「体験者」として、大野の息子である慶人《よしと》（一九三八―二〇二〇）から井手［井出］万治郎まで、七人が連なっている。

そして同じ頁の下半分を占めるのが、公演のいわば序文として機能する三島由紀夫の「危機の舞踊」である。その内容については後段で触れることとして、そのほかの文章をひとまず羅列すると、詩人・田村隆一《たむらりゅういち》（一九二三―一九九八）の処女詩集の表題作である「四千の日と夜」、舞台美術家・金森馨《かなもりかおる》（一九三三―一九八〇）による「TATSUMI HIJIKATA」、大野一雄による「「けいこ」の断片」が続き、富士原清一《ふじわらせいいち》（一九〇八―一九四四）の詩「成立」を経て、全体のあとがきでもある土方の「中の素材」および「素材」と題された短文に至る。

むろんこの冊子は「写真集」であるから、表紙、裏表紙はもちろん、文章の余白、そしてもとより写真のために割かれている全体の八割ほどの頁に、細江（一九三三―）が出演者たちを被写体とした作品が並んでいる。すべてモノクロームで、極端にコントラストを強調したり、露出を上げたりしてあるそれらの写真は、これ見よがしなスポンサーの広告と並ぶ瞬間にはポップ・アートに傾く向きもあるが、肉体の収縮をぎりぎりのクローズ・アップで異化したり、黒い頭巾をかぶって居並ぶ舞踊家たちの股間に花を置いてみたり、あるいはコラージュの手法で解体してみたりと、かなり徹底してシュルレアリスムを意識したものとなっている。

細江による一連の写真が、ちりばめられた文章と「振付」を合わせたものであることは明らかである。

夜の子宮のなかに
私は不眠の蝶を絞殺する

で始まる「成立」の作者、富士原清一は、戦前を代表する初期のシュルレアリスム詩人であるし、また冊子の末尾にある土方の文章も、あたかも富士原の詩を反復するようだ。

鳩尾《みぞおち》をテロリストに仕上げるには胃を高々と引揚げねばならぬ。

と挑発的に書き出されるその小さな自伝は、「肛門」や「睾丸」など、シュルレアリスムの十八番とも言える精神分析的／エロス的な用語に彩られた散文詩であるが、土方はそこに「マルドロール」「ランボウ」「トラクール《マ》」「アルプ」などシュルレアリスムの芸術家やその先駆者たち、そして作品名を織り込むことを怠っていないうえ、「隣りの部屋に住む男はたしか河原温」と日本の代表的なコンセプチュアル・アーティストである河原温《かわらおん》（一九三二―二〇一四）を自らの隣人として登場させることも忘れない。さらに意外なほど紳士的な末尾の謝辞に登場するのは、「マルキルド《マ》・サドの愛読者」で「若い写真家」たる細江や、舞台美術を担当した「日本シュールリアリズム運動の唯一の旗手」、水谷勇夫《みずたにいさお》（一九二二―二〇〇五）などである。要するに土方はシュルレアリスムを主軸とする前衛芸術の担い手として自らを位置づけ、〈DANCE EXPERIENCE〉をその宣言として観客に体験させようとする。

そのような土方の呱々《ここ》の声を、なるべく多くの観客に向けていわば拡声器のように増大することが、土方が同じ文章で「私たち世代の魔弾の射手」と呼ぶ三島由紀夫のはしがき、「危機の舞踊」に期待された役割であろう。[*31]

その文章で三島は、この公演を「邪教の儀式」と定義し、「黒い覆面や、あやしい香料や、猥褻《わいせつ》なキリストの姿が笑つてゐる十字架」を携えてゆくつもりだと述べ、土方舞踊を何やら黒ミサや魔宴《サバト》めいたものとして演出する。だが文章の内容は、すぐに前衛芸術の本質論へと切り替わる。

何よりも重要なのは、標題にもある「危機」の概念であろう。三島によればそれはこのところの土方の口癖である。例えば、「立小便をしてゐる男のうしろ姿」こそが「危機」を体現するものである、という土方の説明に、三島も納得してみせる。「大体どんな芸術でも、根本には危機の意識があることは疑ひを容れまい」というのである。

これを足がかりに、三島は二つの「危機」の段階を踏んで、土方舞踊を擁護する。第一の段階は、古典的な芸術の様式美のなかにすでに胚胎する危機である。

古典バレエといふやつがさうである。おそらくあの、トウ・シューズといふ無理な不自然な履物が、人間にバランスを失はせ、危ふく、辛うじて立つてゐるといふ危機感を与へ、かうした危機感が前提になつて、クラシック・バレエの諸技巧の、あの目も綾な各種のバランスの美が生れるのである。

だが、これは具象の、形而下《けいじか》の「危機」を説明するに過ぎない。したがって第二の段階は、必然的に「危機」そのものがいかに創出されるかという、形而上の問題に踏み込むことになる。

舞踊におけるアクチュアリテの要請が、一見、象徴的な難解な形をとることは避けられぬ。なぜならその表現手段たる人間の肉体ほど（言葉以上に）、実用的慣習的目的に覆はれてゐるものはないのだから、かうした

目的を利用してお客の目にうそいつはりの美しい夢を見せる古典バレエとはちがつて、まづそれらの概念を剝ぎ落とさないことには、アクチュアリテが現はれないからだ。

肉体から「意味されるもの」を削ぎ落とし、まっさらな「意味するもの」として再提出することが前衛舞踊の目指すところである。だが「目的を剝ぎ落とす」ということ自体が「目的」と化してしまえばそれは矛盾になる。この矛盾を呑み込んだ上で、観客の前に裸の肉体を曝《さら》け出すということの絶妙な不均衡こそが、舞踊の「危機」の正体である。三島の主張を、そのように言い換えることもできよう。

すでに「現代の夢魔」発表から一〇ヶ月、その後も土方と交流を重ねていた「魔弾の射手」こと三島の言葉は、満を侍して正鵠《せいこく》を射抜くのである。

そして、この一九六〇年七月の一夜が、土方と澁澤の初対面の夜でもあったことを、ここで再び思い出しておこう。本章の冒頭に掲げた澁澤の言葉は、その夜の舞台について四半世紀を経て述懐したものだが、それほど待たずとも、二人の出会いはすぐに果実を結ぶことになる。

4　ワルプルギスの夜——第二夜

一九六〇年一〇月二日、650 Experience の会は前年に引き続き、第一生命ホールで〈第二回六人のアバンギャルド〉公演を開催する。そのプログラムに寄せられた「前衛とスキャンダル」こそ、澁澤が初めて土方について語った文章である。

そしてまた、芸術家がアクチュアリティに関与する最も理想主義的な手段が、このテロリズム、このスキャンダルであろう。ここに実現される現実以外の現実は、すべてふやけた、生ぬるい、ぐにゃぐにゃした現実で、そんなものは最大限芸術の風土から追放した方がよいにきまっているのだ。

澁澤がテロリズム、スキャンダルという言葉で指しているのは、芸術家が自分を縛り上げている「禁欲主義」や「懐疑主義」の縄を断ち切る瞬間、つまり芸術家が創造や破壊の喜びを享受する瞬間のことである。芸術家はそのときだけ、本当の意味で現実＝アクチュアリティに触れることになる。この「アクチュアリティ」という命題を、澁澤が三島の「危機の舞踊」から引き継いだ可能性は大いにあるだろう。だが、テロリズムやスキャンダルといった攻撃的な概念は、この文章によって初めて前景化されたと言ってよい。さらに澁澤は末尾で、

孤独とは権力である、と聖侯爵《せいこうしゃく》が言った。これは現代では芸術家にのみ許された、高貴な響きをもつパラドックスである。

と述べ、芸術とスキャンダルという取り合わせの淵源《えんげん》に、サド侯爵を措定する。これはこの夜に披露された土方の作品が《聖侯爵（暗黒舞踊）》であったことを、多かれ少なかれ意識しての弁であろう。プログラムには三島由紀夫も「純粋とは」という一文を寄せているほか、瀧口修造《たきぐちしゅうぞう》（一九〇三―一九七九）も「立会人の言葉」を掲載している。シュルレアリスムへのあからさまな関心を標榜する土方にとって、戦前から日本におけるシュルレアリスムの理論的支柱であった大家に推薦文をもらうことには大きな意味があっただろう。[*32] だ

が三島や瀧口の言葉は、正面から土方の舞踏に向けられたものではない。というのも〈六人のアバンギャルド〉はその名の通り単独公演ではなく、土方（と共演の大野慶人）のほかに、音楽家の黛《まゆずみ》敏郎《としろう》（一九二九—一九九七）、同じく三《み》保《ほ》敬太郎《けいたろう》（一九三四—一九八六）、写真家の東松照明《とうまつしょうめい》（一九三〇—二〇一二）、詩人の寺山修司《てらやましゅうじ》（一九三五—一九八三）、そして美術家の金森馨による合同公演であり、三島と瀧口の文章は、いずれも芸術ジャンルとは何か、アヴァンギャルドとは何かという、より大きな問いに関わるものだからである。

そのなかにあって、澁澤の文章だけがサド侯爵をよすがに土方を焦点化し、積極的にその舞踊を擁護するように見えるのは、むろん、澁澤がサドの翻訳者であることと切り離せないであろう。澁澤は前年の九月、翻訳書以外では初の著書となる『サド復活』（弘文堂）を上梓している。そこに収められた「暗黒のユーモア　あるいは文学的テロル」、「暴力と表現　あるいは自由の塔」、「権力意思と悪　あるいは倫理の夜」などの文章は、いずれも標題から明らかなように、芸術と社会規範の危うい均衡や、権力や道徳概念の偽善とを、サドを中心とする近代西洋の文学・思想からのふんだんな引用を通して炙《あぶ》り出そうとするものである。数年来、サドの翻訳紹介に注力してきた澁澤にとって、それはサド侯爵と共に自らの文学者としての立場を世に誇示するための声明であった。

その挑発的な宣言があたかも呼び水となったかのように、澁澤は戦後日本の代表的な「文学裁判」の当事者となる。一九六〇年四月七日、警視庁保安課によって神田の現代思潮社が家宅捜索され、マルキ・ド・サド『悪徳の栄え（続）』（一九五九・一二）一六二部が押収、発禁処分となったのである。容疑は刑法一七五条への違反、すなわち「猥褻文書販売同目的所持」であった。

澁澤はすぐに「闘争」に乗り出した。発禁事件を報じる四月一一日付の『日本読書新聞』に早くもコメントを寄せ、本国フランスでサド作品が発禁になった際にはジャン・コクトーらが猛反発したことを挙げながら、自らも「断固闘うつもり」であると決意を述べている。*33 反響はすぐに広がり、『週間読書人』四月一八日号には三島が「受難のサド」を発表、「アメリカ風に民主化された筈《はず》の警察が、十八世紀の絶対主義の相貌を帯び、かくてサドが、あの不吉なサドが、今もどこかに生き永らへてゐるやうなへんな錯覚を起させる」とし、当局の過敏な反応が、少数の知識人だけを読者に持っていた澁澤訳のサド文学を、かえって生々しい、現実的なものにしたと皮肉っている。[*34] また、澁澤と同時期からサドに強い関心を寄せ、実現こそしなかったものの共著での『サド伝』出版を持ちかけていた遠藤周作《えんどうしゅうさく》（一九二三―一九九六）もこの事件に強い衝撃を受け、一九六一年八月から始まる公判では特別弁護人を務めることになる。[*35]

要するにいわゆる「サド裁判」は、澁澤にとって絶好の宣伝になったのである。『毎日新聞』や『新潮』、『週刊文春』のような部数の多い新聞・雑誌が事件への関心を煽《あお》るような記事にこぞって澁澤の談話を引用し、原稿を乞うた。しかも一九六一年八月から一九六二年一〇月まで続いた一審では、前述の遠藤に加えて、大岡昇平《おおおかしょうへい》（一九〇九―一九八八）や吉本隆明《よしもとたかあき》（一九二四―二〇一二）、大江健三郎《おおえけんざぶろう》（一九三五―）、中村光夫《なかむらみつお》（一九一一―一九八八）、埴谷雄高《はにやゆたか》（一九〇九―一九九七）など、多くの思想家や文学者が弁護側証人として法廷に立ち、猥褻とは何か、表現の自由とは何か、そしてサド文学の価値とは何かということを、これ以上なく公的な場で発言してくれたのである。裁判そのものは、一審判決が無罪となったあと、東京地検による東京高裁への控訴と一転しての有罪判決、被告側の上告、そして一九六九年一〇月の最高裁での有罪判決に至るまで、思いのほか長い経過をたどることになる。だが澁澤に対する七万円、現代思潮社代表・石川恭二《いしいきょうじ》への一〇万円という罰金は、その意味ではあまりに良心的な金額であった。[*36]

さて、時系列を戻せば、一九六〇年一〇月の土方の公演に合わせて「前衛とスキャンダル」を執筆していた澁澤の胸中には、どのような思いが巡っていたのだろうか。それについては、防禦《ぼうぎょ》と攻撃という二つの姿勢から考えることができよう。まず、防禦という見方をするならば、サド侯爵の翻訳者として、サド自身が弾圧されたように自らも弾圧されつつあるまさにそのときに、澁澤は折よく聖侯爵を名乗り舞台に立とうとする舞踊家に自らを投影し、「テロリズム」あるいは「スキャンダル」という言葉にふさわしい表現を展開する土方を称揚することで、巧みに自己弁護を行ったことになる。だがその弾圧は一方で澁澤にとって、文学者としての所信表明という攻撃態勢をとる、またとない契機でもあった。『宝石』八月号で「黒魔術の手帖」の連載を始めたばかりの澁澤は、翻訳家としてのみならず、評論家としてもいよいよ仕事の幅を広げようとしていた。魔術、悪魔、タロット、ジル・ド・レエなど、それまで一般にはまだ知名度の低かった西洋文化の領域を体系的に扱うこのエッセイは、「異端の伝道者」あるいは「デモノロギーの泰斗」というような、のちに本人も窮屈に感じることになる澁澤像を決定づけた。そこへ、自らの代名詞とも言えるサド侯爵の化身を標榜する「暗黒舞踊」の担い手が、まさに悪魔よろしく召喚されたのだから、澁澤としては土方と共闘しない手はない。

最初のリサイタルで衝撃を受け、土方巽と親交をむすぶようになった私は、それ以後、ある時には彼の黒幕（？）的な相談相手になったり、ある時には暗黒舞踏の忠実な解説者になったり、また、ある時には戦略的なアジテーターになったりしながら、六〇年代という一種の昂揚した時代を、彼とともに歩いてきたのだった。土方巽を抜きにして、私の六〇年代は考えられないのである。*37

澁澤がそのように振り返る土方との関係は、かくして本格的に始動したのであった。

5　ワルプルギスの夜——第二夜

一九六一年九月三日には、第二回の〈土方巽DANCE EXPERIENCEの会〉が開催された。会場は今回も第一生命ホールであり、これも前回に引き続き、『土方巽氏におくる細江英公写真集』がプログラムとして発行されている。

ただしこのプログラムは、写真の様式や配置、広告とのバランスなどは前回のものを踏襲する一方で、四枚の用紙を中綴じにしたそのボリュームは約半分となっている。これはひとえに、文字情報が大幅に減ったためである。以下、内容を整理する。

表紙の見返しに、「体験目録」として演目を、「体験者」として出演者を、そして下部にスタッフを示してあるのと向かい合わせに、第一頁に掲げられているのが「渋沢《マ》龍彦《マ》」による「燔祭《はんさい》の舞踊家」である。これは前回のプログラムで三島の「危機の舞踊」が刷られていた位置に相当し、全体の序文であるかのような印象を与える。

二枚めくると、路上で膝を曲げ、血飛沫《しぶき》のように見える影のなかに立った土方と、同じ場所に横たわり、ドレスを着た人形の裾に頭を突っ込んだ土方の写真が左右に配された中央に、ジョルジュ・バタイユ（一八九七―一九六二）の「詩の憎悪」から詩文が引用されている。その次の頁には、浜辺に丸まって横たわる男を低いアングルから捉え、水平線を展望する写真を見開きで載せているが、右頁の上部には谷川俊《たにかわしゅん》太郎《たろう》（一九三一―）による「詩」がある。そして、その頁の裏に刷られている三島由紀夫の「前衛舞踊と物との関係」が、プログラム最後の文字テクストである。

冊子のボリュームが減ったことに比例してテクストの分量が減っていることは当然であるが、第二回公演では、必ずしもテクストによる情報に依拠せずに「体験」を重視しようという姿勢が、第一回の公演よりも前面に出ていると思われる。そのことはそれぞれのテクストの内容からも窺えよう。

まず澁澤による「燔祭の舞踊家」は、[38] いわゆるアフォリズムの形をとっているが、このことがすでに、まとまりのある文章で読者に線条的な情報を与えるのではなく、幅広い意味作用を誘発する、隙間の多いテクストを投げかけることで、各々の観客に自由にイメージを展開させようという意識の表れであると思われる。

> ロオマ皇帝カラカラは月宮殿への巡礼旅行の途次、立小便をしている最中、刺客に刺されて死んだ。

右のように書き出されるその文章は、決して新しい暗黒舞踊／土方像を提出しようとするものではなく、むしろこれまでに蓄積されたものを巧みに組み上げている。「立小便」をする男の危うさ、というイメージは、土方のお気に入りとして三島の「危機の舞踊」で紹介されたものであった。[39] 澁澤はその「男根」と「危機」のモチーフから出発し、天使の性別を議論する「ビザンチンの神学者」、少年歌手の声変わりを阻むためにその器官を切除する「中世イタリアの専制君主」、そしてセックスの純化をもたらす半陰半陽者《アンドロギヌス》の誕生を夢想する「詩人形而上学者サアル・ジョゼフ・ペラダン」など、魔術的、異端的な面々に土方を譬えてゆく。

土方の舞踊に対する比喩に選ばれたのもまた、すでに澁澤にとって重要となっていた語彙である。「天使」は澁澤が「わたしの少年時代の『神』」とまで呼んだジャン・コクトーの十八番のモチーフであり、[40]「中世イタリア」はまさに連載中であった『黒魔術の手帖』に欠かせない舞台である。ジョゼファン・ペラダンについてはその続篇とも言える『秘密結社の手帖』（河出書房新社、一九六六・二）などで大きく取り上げることになるし、「半陰半陽」という存在は、早くも一九五五年七月、自らが主催し創刊号のみで廃刊した同人誌『ジャンル』に掲載した初めての小説「撲滅の賦」に登場している。

この単純な事実から何が言えるだろうか。結論から述べれば、澁澤は土方を論ずるに当たって、新境地を開く必要がなかったのである。だからこそ、この時期の澁澤にとって土方はなおさら重要な存在であった。

この問題については次節で詳述することにして、まずはプログラムの残り二つのテクストに目を向けよう。

「詩」と題された谷川俊太郎の一六行一聯の作品は、ひたすら「無意味」ということを強調したものとなっている。「傷ツイタ脳ヲ病院ニ預ケタ」語り手は、海辺にやって来ると、「無意味」によって解放を味わう。

海ハ青クテ無意味ダッタ
砂ハ青クテ無意味ダッタ
空ハ広クテ無意味ダッタ
スバラシイ無意味！

ところが「私」だけが、「無意味」になれない。「私」は海を、砂を、空を意味してしまい、あまつさえ「意味ヲ意味」するという牢獄に囚われてしまうのである。「ケレドソノ時……」という末尾の句だけに、わずかな希望が残される。

この詩の主題もまた「アクチュアリテ」、すなわち意味、あるいは目的の剝奪こそが土方舞踊の模索するところである、という三島の「危機の舞踊」に呼応するものであることは明らかであろう。

こうしてみると、第二回の〈DANCE EXPERIENCE〉のプログラムに寄せられたテクストが、いずれも第一回公演のプログラムの序文たる三島の文章に多くを負っていることは疑いを容れない。では、当の三島によるテクストはどうかといえば、それはやはり、「危機の舞踊」を補強するような性質のもの、と捉えるのが最も自然である。

「前衛舞踊と物との関係」という、学術論文のような題のその文章は、「物自体」の世界に閉じ込められている人間が、社会的習慣という桎梏《しっこく》から自由になり、本来の「自然な動作」を恢復《かいふく》しようとする逆説的な足掻きとして、舞踊を説明している。

なぜなら、われわれが机上の煙草やコーヒー茶碗へわけもなく手をのばしてそれをつかむのは、begreifen するのは、つまりコーヒー茶碗や煙草といふ概念（Begriff）の世界に安住してゐるからこそできるわけであり、われわれが自然の動作と考えているものは、実は、人間と物とのきびしい恐ろしい関係をひとまづごまかして、馴れ合いのヴェールをかけた上で、日常動作の一種の馴れ合ひ的儀式を行ってゐるわけだからである。ここに奇妙な倒錯がひそむわけで、あるひはわれわれの日常動作こそ儀式的であり、前衛舞踊的、小児痲痺的動作こそ、言葉の真の意味において、「自然な動作」であるかもしれないのである。*41

ここでも舞踊は「危機の舞踊」と同じく古典バレエと対置されるのだが、「物自体の世界」というカント的命題による考察は明晰であり、まだ「暗黒」の舞踊家として舞台を踏んで日の浅い土方にとって、これが得難い論理的支柱となったことは疑いを容れないであろう。

6　傀儡としての文学者

澁澤は、第二回の〈DANCE EXPERIENCE の会〉の思い出を、すぐさま別の媒体でも反芻している。雑誌『テレビドラマ』一九六一年一〇月号の「テレビとエロチシズム」特集に寄稿された、「檻のなかのエロス」がそれだ。神聖なるものとエロティックなるものとの関係や、現代のメディアにおけるエロティシズムを論ずる冒頭には、矢川澄子との繋がりで参加した同人誌『未定』の六号(一九五八・六)に小説「陽物神譚《ようぶつしんたん》」を発表し、またロベール・デスノス(一九〇〇—一九四五)の『エロチシズム』の翻訳(書肆ユリイカ、一九五八・一)を世に問うている澁澤ならではの、若いながらに余裕を感じさせる「専門家」らしさが漂う。だが、いざ筆が土方に及ぼうとすると、そこにほとんど突如として三島が登場することは興味深い事実と言ってよい。

昨日、土方巽の暗黒舞踊リサイタルが終ってから、三島由紀夫氏と次のような会話をした。「技術の進歩が総体的な人間観念を変えることがあると思いますか」とわたしが訊くと、三島氏は「そんなことは絶対ないと思う。少なくとも人間が肉体の外へ一ミリ(!)も出られない限り、心霊学のエクトプラズマみたいに流通自在にならない限り、人間観念は百万年後も今もおんなじだ」と答えた。わたしもそれに賛意を表した。肉体屋を自称する土方氏が同意見であったことはもちろんである。*42

そして右の会話の内容が、「前衛舞踊と物との関係」で展開された三島の議論の延長線上にあることも明らかである。「技術の進歩」などは社会によって押しつけられる、いわば偽善的なものでしかなく、人間にとって本来的な「自然な動作」は不変だからだ。

こうしてみると、澁澤による土方への言及の仕方は、あらためて特徴的である。つまり、澁澤はすでに自家薬籠中のものとしていたモチーフや概念、あるいは三島によって提出された観念の組み合わせを超えない範疇でのみ、土方を論じているように思われるのだ。

ここで、当時の澁澤の立場を再確認しておく。前述のサド裁判によってにわかに注目を浴びた澁澤は、「数年前には思いもよらなかった名声と経済的ゆとりをもたら」すことになる多忙な時期に、まさに突入しようとしていた。[*43] 雑誌『宝石』に連載していた「黒魔術の手帖」が桃源社から一冊にまとまった（一九六一・一〇）のに続いて、複数の媒体に発表された、いわば雑多なエッセイを集めたものとしては初めての著作である『神聖受胎』（現代思潮社、一九六二・三）の準備が進んでいた。同書には、「テロオルについて」「反社会性とは何か」「危機と死の弁証法」など、芸術と権力と社会の均衡を見つめる論考に加え、すでに知己となり、同書の装幀も担当している加納光於《かのうみつお》（一九三二―）などを題材とする美術評論も収録されることになる。

美術評論と言えば、澁澤は雑誌『みずゑ』にも「悪魔の中世」の連載を始めていたし（一九六一年三月号より）、キャリア全体で見ればめずらしいことではあるが、その直前までは『日本読書新聞』で文芸時評「推理小説月旦」も担当していた（一九六〇年一〇月一〇日号より）。つまり澁澤は、サド裁判の被告として脚光を浴びたことをむしろ足がかりとして翻訳家からの脱皮を図り、筆一本で身を立てるべく、評論家としての領分を拡大しつつあったのである。何より重要なことは、書き手として抽斗を増やすことであった。

その意味で、土方の登場は天佑であったろう。澁澤がまさに構築しつつあった世界観を身をもって引き受け、舞台でうねくり、のたうちまわる土方は、中世・近代を根城として現代とは一定の距離を保っていた澁澤の精神世界を、力技で「いま・ここ」に引きずり出してしまう。その土方を論ずることで澁澤は、自分の「安全圏」から労せずして「アクチュアリティ」を獲得することができたのである。

さらに喜ばしいことに、澁澤と土方には三島由紀夫という共通の「兄貴分」がいた。[*44] その三島がすでにお墨付きを与えていた土方を擁護することは、リスクを負わずに自らの存在感を高めることのできる、賢いやり方であったと言ってよい。だからこそ評論の内容も、多分に三島のそれをお手本にしたようなものにならざるを得ないのである。

土方・澁澤・三島の関係を図形的に捉える場合、注意すべきは「舞踊家である土方を頂点に、評論する二人の文筆家が三角形の底辺を支えていた」というような見方に陥らないようにすることであろう。むしろ頂点にいたのは、すでに肉体への関心を言語化する術に長《た》けていた三島であり、底辺で横並びに追随していたのが、観念としての肉体を言語化する訓練に励む澁澤と、自らの肉体を言語によって表象する方法を模索する土方なのであった。

彼らの関係は、決して不均衡なものでも、不公平なものでもなかった。土方は二人の才能ある文学者を傀儡《かいらい》として――あるいはより土方らしく、イタコと言ってもよいが――、言語を通して自らの肉体と舞踏とを価値化し、歴史化することに成功した。だがそれと同時に、自らの肉体を、二人の筆のまえに傀儡として捧げもしたのである。何しろ当時から今日に至るまで、土方の舞踏に触れるということは、ほとんど例外なく、三島と澁澤の言葉に触れるということを意味するのだ。

もっとも、三人の関係は決して言葉のみを憑代《よりしろ》とするものではない。また、それはこれまでに考えられてきたよりも、はるかに決定的なものであった。この点について、その三者三様の表れについて、いますこし検討を重ねてみたい。

7　オブジェ、人形、書斎――澁澤龍彥

「檻のなかのエロス」の直後に発表された「生産性の倫理をぶちこわせ」(『外語文化』五号、一九六一・一一)は一見、政治的な論考であり、そこには土方のひの字も登場しないが、生産性の名のもとに社会によって押し付けられる

「目的」の欺瞞《ぎまん》を暴くという論理構造は、まさに三島の「危機の舞踊」を踏襲するものである。ただし澁澤はそこに、自らが培ってきた審美眼を接続する。

ちなみに、シュルレアリストの「オブジェ」と呼ばれる作品は、資本制社会のただなかに存在を主張する生産のための道具を、本来の無目的な物体、いかなる生活的必要からも離れた物体に還元することによって、いわば、その疎外された美しさを回復しようとする試みであろう。[*45]

そして、これを機に土方の舞踊は、澁澤のなかでオブジェや人形という枠組みに包摂されてゆくように思われるのである。

そのことがことさら示唆されるのが、豆本詩画集『あんま』に寄せられた一文、「彼女は虚無の返事を怖れる」であろう。この豆本は一九六三年一一月に「土方巽 DANCE EXPERIENCE の会」が上演した《あんま——愛欲を支える劇場の話》のプログラムとして制作されたものである。[*46]『あんま』には三島も寄稿しており、その意味ではこの夜にもまた「ワルプルギス」の枕詞をかぶせたくなるが、三島の文章は先述の「現代の夢魔」の再掲であり、書き下ろしである澁澤の一文とは重みが異なる。

「彼女は虚無の返事を怖れる」は、序盤については「檻のなかのエロス」を思わせるところがある。

人間が、肉体という檻のなかに永遠に閉じこめられていることは、よく考えてみると、絶望的な状況である。いくら暴れても、エロスは檻のなかから脱け出すことができない。[*47]

つまりここでも澁澤は、三島との会話を想起するかのように語り出すのだが、後半になると、論調は徐々に独創性を増してゆく。

しかし、わたしたちはエロスを瞞《だま》すこともできるのである。はたして、エロスが運動と静止、連続と不連続、リズムと断絶のどちらを好むかは、誰にも断言し得ないのである。たとえば、わたしは人形というものを考える。蝋人形、紙人形、操り人形、生き人形、からくり人形。これは、いわゆるリズミカルな舞踊の対局であり、その硬直した姿勢や、ぎくしゃくした手足の動きや、じっと動かぬガラスの眼玉などが、リズミカルな運動のエロティシズムとは別種のエロティシズム、断絶のエロティシズムを生み出すところの、人間の肉体のふしぎな代替物ともいうべきものである。そして、このなかにも、やはりエロスは閉じこめられているのだ。[*48]

そして、以下の結論部分に至って、澁澤は、おそらく初めて、正面から土方を評価する。

わたしの人形哲学は、むろん、一つの比喩にすぎない。人間の肉体は苦行によって、人形のそれと等しいものになり得るのかもしれない。とまれ、エロスを解き放とうとする際の肉体の不可能を可能にせんとする、痙攣的な、苦しげな、あやうい緊張にみちた瞬間を、わたしは土方巽氏の舞台において、こよなく愛する。[*49]

かくして澁澤は、エロスと、自らの内奥に擡頭《たいとう》しつつあった「人形」という主題を架橋する存在として土方を再認識したがゆえに、土方への愛を、ためらわずに高吟し得たのである。

そのような土方の取り扱いを後押ししたのは、ハンス・ベルメール（一九〇二—一九七五）の存在でもあろう。ベルメールはパリのシュルレアリストたちと行動を共にしたドイツ出身の画家、写真家である。西洋では人形作家として取り上げられることは多くないというが、ベルメールが自ら制作した球体関節人形を撮影した作品が澁澤や瀧口修造らによって積極的に紹介されたことが、日本でのベルメール受容を決定づけた。*[50]

雑誌『新婦人』に連載していた「幻想の回廊から」の第三回として発表された「女の王国」（一九六五・三）で、澁澤はその人形を次のように形容している。

> それは幾つかの関節によって繋がった、一種の奇妙な人体模型である。胴体を中心として、上半身も下半身も脚である。その伸びあがった脚のあいだから覗いている女の首が、愛くるしい。あるいは、そこに首がなくて、少女めいた陰部の溺孔がふかく刳《えぐ》れていることもある。関節によって痙攣的に身をよじらせた人形は、おおむね裸体であるが、パンティをはいていることもあり、ストッキングや、ソックスや、短靴をはいていることもある。その生《な》ま生《な》ましい、未熟なエロティシズム。*[51]

戦後日本を代表する人形作家である四谷《よつや》シモン（一九四四—）に衝撃を与えた一文としても知られる「女の王国」であるが、右の引用からは、とくに「痙攣」という語に注目したい。それは「彼女は虚無の返事を怖れる」ですでに土方に向けられていた言葉であると共に、そもそも自身をシュルレアリスムに惹きつけたアンドレ・ブルトン（一八九六—一九六六）から借用して、澁澤が好んだ言葉でもある。*[52] つまり人形への関心に先行する土方の肉体への関心は、もとよりシュルレアリスム的なオブジェへの関心に下支えされたものだったわけである。

一九六〇年代以降に澁澤が見せた人形への関心は、確かに藤井貴志が論ずるように、早くには自作の小説「人形塚」(『推理ストーリー』一九六二・一二)や、のちにはヴィリエ・ド・リラダン『未来のイヴ』と川端康成「片腕」を比較した評論「悪魔の創造」(『文藝』一九七六・六)などのテクストに結実していると言えようが、[*53]澁澤のいわば「ベルメール的人形愛」を、土方への関心を経由せずに説明するのは危険である。金森修《かなもりおさむ》も指摘するとおり、澁澤自身の造語である「人形愛」に通底するのは、あくまで男性から女性へのまなざしだからだ。[*54]

人形に対して、ただその物質性によって主体を獲得せしめるのではなく、そこに性愛が介入してしまえば、もはや肉体は意味を獲得せざるを得なくなり、その瞬間にオブジェではなくなるはずである。その意味で土方の肉体は、人形などよりも観念としてはるかに純粋であった。舞踏は、人間の姿をほとんど人間に見えないほどに異化し、人間性を剝奪するがゆえに人間性を問うからである。

雑誌『展望』(一九六六・七)に「肉体の不安に立つ暗黒舞踊」として発表され、のちに「肉体のなかの危機」と改題された澁澤の文章は、土方との蜜月期であった六〇年代に生中継的に書かれたものとしては最後のものであり、また澁澤の土方論としても白眉である。

ちょうどシュルレアリストのオブジェが、日常的習慣的目的に奉仕すべく作られた道具や物体から、その目的性を奪い取って、いかなる生活的必要からも離れた物体にそれらを還元することにより、それらの物体の疎外された美を回復するように、土方ダンスにおける肉体も、私たちの肉体にべったり貼りついた、いわば目的性のいつわりを剝ぎ取って、肉体の疎外された美を白日のもとに発《あば》き出すことを目ざしているのである。

そして、土方ダンスにおける肉体が、エロティシズムと結びつくのも、たぶん、ここからなのだ。あらゆる目的性を剝ぎ取られた物体は、ちょうど原始人の崇拝するフェティッシュ(呪物)のように、その空っぽになった内部に、みるみるエロスを充電する。そのメカニズムは、肉体の場合も同じだ。肉体もまた、その習慣的な目的性を喪失することにより、空虚になったそれ自身の内部にエロスを充電する。[*55]

そして、白眉なものが書かれてしまえば、もう書く必要はなくなるのである。これ以降の澁澤の土方に関する文章は、多かれ少なかれ、懐古的な色彩を帯びるようになる。澁澤は生涯に発表した原稿の大部分を単行本に収録するという効率的な文筆活動を送っているが、後年に書かれた土方に関する原稿には未収録に終わったものも少なくない。つまり、澁澤は土方について書くことは吝《やぶさ》かではなかったが、それは土方のために書かれたのであって、澁澤の目下の問題意識とは切り離されていた、と見ることもできるのである。[*56]

それは両者の表現者としての軌道が、徐々に違う方向を向き始めたということなのだろうか。血の通わぬ人形への愛に到達した澁澤には、もう土方の肉体は不要と映ったのかもしれない。

そのころ、つまり一九六〇年前後の話ですが、私も土方巽もようやく三〇代に入ったばかりで、仕事の面でも互いに影響をあたえていたと思います。[*57]

土方の死の直前まで続いた交流をふりかえる右の弔辞は、葬儀の映像が残っていることもありよく知られているが、内容はあまりに抽象的である。当時、澁澤もすでに喉頭癌が亢進《こうしん》しており、声が枯れていた。弔辞のなかで、多くの共通の友人が鬼籍に入ったことに触れ、その枯れた声で「死屍累々《ししるいるい》」という言葉を発したことに旧友の出口裕弘はある種の「異様」さを感じたと言うが、[*58]全体としてはあくまで湿度の低い弔辞である。

端的に言えば、土方はある時点から、澁澤にとって共に前衛に立つ「同志」ではなくなった。そして「友人」になったのである。土方の死後、かつての稽古場であったアスベスト館に土方巽記念資料館が設立され、館報のような位置づけで『アスベスト館通信』が創刊された。その第五号（一九八七・一〇）で、澁澤は二人の初対面をふりかえっている。[*59]

このとき以後、いったい何度いっしょに酒をのみ、何度いっしょに議論をしたことであろう。私の六〇年代および七〇年代は、土方巽の影によって塗りつぶされているといっても過言ではないのである。[*60]

明らかに友人としての述懐である。しかもこれは、澁澤の絶筆なのだ。[*61] 手術の直前、あるいは死ぬかもしれないという予感のなかで書かれた文章が、友人としての慈愛に満ちていることは当然であろう。仕事上のつながりがほとんど皆無であった七〇年代についてまで「土方巽の影によって塗りつぶされてい」たと言い切れる理由も、それ以外にないはずである。著作家として見れば、七〇年代は澁澤にとって新しい時代だった。

とはいえ、七〇年代以降の澁澤は、本当にしばしば指摘されるように、観念の時代を卒業し、実体の時代へと突入したのだろうか。むしろ澁澤は生涯、「書斎派」ではなかったか。晩年の澁澤の、複数回の旅行をもってその「変化」の証拠と見る向きは多いが、ほんの何度かの、それも通訳や案内人に守られた海外旅行では、とてもではないが「実体」とは言えない。周囲も「書斎派」だからこその、ナイーヴな見方と言わざるを得まい。また澁澤はテレビ出演はおろか、講演など人前で話すことも、最後までほとんどしなかった。それは「面倒くさいから」だと本人はうそぶき、そもそもヨーロッパではテレビのような下らないものを観る人間は少数派だ、と事実無根の理屈をつけてまで自己弁護を試みるが、[*62] 肉体を誇示しつつ言葉を発するという能力が、単に澁澤には欠如していたと考えるべきであろう。サド裁判の「戦友」である石井恭二が設立した美学校で講義を担当したときでさえ、「僕が澁澤です」と名乗ってあとは黙り込んでしまったほどなのである。[*63]
そして、これは世代の問題でもあり、社会における言語の位置の問題でもあるので、徒らに重視すべきではないにしろ、偉大な翻訳家であった澁澤がフランス語を話すことがほとんどできなかった、「うんともすんとも言えないし、言わな」かったという事実も、無視することはできないだろう。[*64]
つまり澁澤は、徹頭徹尾、肉体を身体化することが不得手だった。ドラコニアとは、観念を身体化した精神の宮殿なのである。

8　肉体の余生――三島由紀夫

「土方の肉体表現と、より本質的な部分で深い関わりを持っていたのは、おそらく、三島の方であった」という倉林の推測は正しいだろう。[*65]しかし、ここに奇妙な、切実な現実がある。三島由紀夫ほど肉体という言葉と容易に結びつく作家は稀だというのに、三島にとって肉体が何であったかということを、文学的な問いとしてさえ、掘り下げた研究は少ないのである。それはもとより身体論的なアプローチの蓄積が足りていないということでもあるが、何より日本の文学研究におけるほとんど頑なまでの論証志向や文献至上主義が、研究という行為から想像力を締め出し、柔軟な論述を阻むからではないか。極論すれば、作者自身によるテクストか、同時代の評論か、さもなくば権威化された研究者が述べた言葉をなぞらない論考は、アカデミアでは黙殺されるのが普通であり、その結果、文学研究は「語り直す」ことに終始している。近年、世代交代と共に学会という集団が急速に訴求力を失っていることは当然であろう。想像力の産物でしかない文学を想像力なしに研究することのほうがよほどの軽業であることに、そろそろ気づくべきである。

それでは、例えばダンヌンツィオと対置させてみた場合、三島と肉体について何を付け加えることができるだろうか。[66]

ドビュッシー（一八六二—一九一八）が作曲した劇音楽『聖セバスチャンの殉教』のために詞を書いたガブリエーレ・ダンヌンツィオ（一八六三—一九三八）。地主の子に生まれ、一六歳で詩集を発表し神童と讃えられ、小説も、戯曲も書いた。ホーフマンスタールをして「現在のイタリアが有するもっとも独創的な芸術家」と言わしめた才人は、[67]次いで政界へ入り、さらに戦闘機で空を翔け、ウィーンでは空中から檄文を撒き、いわゆる「未回収のイタリア」であるフィウーメに武装集団を率いて進駐、レーニンお墨付きの革命家となる（三島の敬愛したトーマス・マンによれば、これは「愚かなガリバルディの猿真似で阿呆のダンヌンツィオ」の愚行だった）。[68]一九二〇年一二月、本国イタリアへの宣戦布告ののちに投降したダンヌンツィオには、もはやファシズムのほうが圧倒されてしまった。さしものムッソリーニも、公爵の称号を与えられた国民的英雄の顔色を、何かにつけて窺わないわけにはゆかなかったのである。王立アカデミー総裁の肩書で没したダンヌンツィオは、当然のことながら国葬に付された。

この破天荒で頽廃的な作家、象徴に溢れる豊饒な語彙を操った作家、そしてその（自己表現の手段としての）政治行動のために文名を翳《かげ》らせた作家に、三島との共通点を見出さずにいることは難しい。[69]例えば、一九七六年にマンディアルグ（一九〇九—一九九一）が発表した短篇「一九三三年」は三島に捧げられているが、聖セバスチャンに擬せられ、殺人衝動を抱えながらファシズム渦巻くイタリアの巷を彷徨《ほうこう》するこの奇譚の主人公は、三島であると同時にダンヌンツィオである、という印象を禁じ得ないのである。[70]

もっとも、そのような詩的連想に依拠せずとも、ダンヌンツィオの専門家から見ても、相似は明らかなのだ。

ダンヌンツィオと同様に聖セバスティアヌスに関心を寄せた同時代の著名人は数多い。作家としてはマルセ

ル・プルースト、トーマス・マン、オスカー・ワイルド（監獄からの解放後にセバスチャンという名前を名乗った）、そして写真家フレデリック・ホランド・デイらがいる。こうした人々と、のちのセバスティアヌス愛好家である三島由紀夫（その思想や生涯は多くの点でダンヌンツィオのそれを反映している）、映画作家デレク・シャーマン、写真家ピエール・エ・ジルといった人々はすべて、少なくともある程度までは、同性愛の傾向を持っていた。先駆的なドイツの性科学者でダンヌンツィオの同時代人であるマグヌス・ヒルシュフェルトは、聖セバスティアヌスの絵画を「同性愛者」が特別に好むイメージのひとつとしている。[*71]

右の系譜はそれ自体が非常に興味深いが、ここでは三島に集中しよう。

次に、三島に多大な関心を寄せていたマルグリット・ユルスナール（一九〇三―一九八七）の述べるところはこうだ。

或る種の批評家が三島というと多く思い出す二つの名前はダンヌンツィオとコクトーのそれであり、彼らがそこに非難の調子をこめない場合はまれである。二つの場合とも、或る点までは関係がある。ダンヌンツィオもコクトーも三島も大詩人である。また彼らは自己宣伝することを心得ていた。ダンヌンツィオにおける大時代めいたバロック様式の文体は、三島の文体、とくに平安時代の洗練された詩文の影響を受けた、ある種の初期作品のそれに比較することができる。ダンヌンツィオのスポーツ趣味も、少なくとも表面的には、アスレティックな訓練によってその肉体を鍛え直そうとした三島の情熱に似ているだろう。ダンヌンツィオのドン・ファン趣味とは違うが、エロティシズムも三島のもとに発見されるし、それより政治的冒険趣味は、前者をフィウメに走らせ、後者を公開の抗議と死にいたらしめたのである。[*72]

三島の死後一〇年、一九八〇年になって刊行されたフランスの著名な作家による評論は、著者の日本文化に対する無知ゆえの危うさを孕《はら》みつつも精確に三島を解剖していると言えよう。また、同書を一九八二年に和訳したのがほかならぬ澁澤であることも面白い。

いまでこそ知る人ぞ知る作家の地位に甘んじているダンヌンツィオだが、かつての存在感には大きなものがあった。まず、ある意味で近代日本文学の方向性を決定づけた上田敏（一八七四―一九一六）による訳詩集『海潮音』（本郷書院、一九〇五・一〇）にしてからが、その劈頭《へきとう》と掉尾《ちょうび》をダンヌンツィオの四編（「燕の歌」、「声曲《もののね》」、「篠懸《すずかけ》」、「海光」）で飾っているのである。

それ以降のダンヌンツィオ受容を巨細もらさず調査した平山城児も、当然ながら三島に触れている。とくに注目すべきは、短篇「岬にての物語」の成立をめぐる考察であろう。終戦を挟んで執筆されたこの小説は、一九四六年一一月になって『群像』に発表された。三島が原稿料を得るようになって二年目の、初期の作品である。房総半島の「鷺浦《さぎうら》」という海岸での若い男女の心中を、ひ弱で暗鬱な子供である〈私〉の視点で捉えたこの幻想譚がダンヌンツィオの長篇『死の勝利』の影響を受けていることは、村松剛や筒井康隆によって早くから指摘されている。[*73] 平山はそれに加えて、作中でやや「唐突」に感じられる宗教的な比喩を根拠に、この見方を補強する。[*74] また面白いのは、「鷺浦」のモデルとなった「勝浦市鵜原《うばら》」では、三島がそこに滞在していた一九三七年に実際に心中事件が起きているだけでなく、それに類する心中事件が勝浦周辺では何度も起こっており、そのなかには『死の勝利』に影響されたものさえあったらしいということ、しかも三島の学習院の先輩であり、ダンヌンツィオにかなり関心を持っていた有島生馬《ありしまいくま》（一八八二―一九七四）が、そのような事例の一つをモチーフに『嘘の果《み》』（新潮社、一九二二・二）という長篇を出版しており、三島もこれを読んでいたかもしれない、という推論である。[*75]

要するに三島は、当時の文学愛好家の多くと同じようにダンヌンツィオに触れたのだが、そこを通過することなく、骨がらみに、夢中になったのである。[*76] これこそまさに筒井康隆の「ダンヌンツィオに夢中」(『文学界』一九八九・一)の言わんとするところでもあるのだろうが、筒井一流の揶揄と茶化しを差引いても乱暴に過ぎる悪文で読みにくいのは、三島をめぐる最大のタブーとも言える同性愛の問題に踏み込んでいるがゆえの韜晦《とうかい》でもあろう。そもそも本文には三島という名さえ登場せず、全文「彼」で通されている。

いずれにせよ、三島の「ダンヌンツィオに夢中」な態度が背景にあることを理解したうえでなければ、「聖セバスチャンに夢中」な理由も充分には読み解けないであろう。どの「聖セバスチャン」でもよかったわけではないからだ。

その絵を見た刹那、私の全存在は、或る異教的な歓喜に押しゆるがされた。私の血液は奔騰し、私の器官は憤怒の色をたたへた。(中略) これが私の最初の *ejaculatio* であり、また、最初の不手際な・突発的な「悪習」だつた。[*77]

この「ゼノアのパラッツォ・ロッソに所蔵されてゐるグイド・レーニの『聖《サン》セバスチャン』」に操を捧げたときから、[*78] その殉教者は終生三島につきまとった。

人生は舞台のやうなものであるとは誰しも言ふ。しかし私のやうに、少年期のをはりごろから、人生といふものは舞台だといふ意識にとらはれつづけた人間が数多くゐるとは思はれない。[*79]

と豪語する『仮面の告白』の主人公にとって、そして三島にとって、聖セバスチャンこそ最重要のライト・モチーフであり、憑代であった。これは最後まで変わらなかったのである。少なくともそれが、三島が人生という「舞台」に施さんとした演出であったろう。

遺作である「豊饒の海」第四巻『天人五衰《てんにんごすい》』で、主人公の透はイタリア美術で好きなのは「マンテーニャです」と即答するが、[*80]このマンテーニャも、取りも直さず聖セバスチャンを意味していると考えられる。[*81]三島が池田弘太郎との共訳で世に問うた『聖セバスチァンの殉教』（美術出版社、一九六六・九）には三島の編集になる「名画集」が付属しており、そこには四九葉もの聖セバスチャン像が並んでいるが、そのうちの三点はマンテーニャによるものだ。ほとんど訳業のない三島が共訳（事実上の監訳）という手段をとってまでこの書物を世に出したのは、人生の幕切れへ向けての「答え合わせ」にほかなるまい。先述の「岬にての物語」が一九六七年一一月、牧羊社から蕗谷虹児《ふきやこうじ》の挿絵入り限定豪華本として甦《よみがえ》っていることも、これと符合するだろう。そのうえ、澁澤の責任編集で三号まで出た『血と薔薇』創刊号（一九六八・一〇）では、巻頭グラビア「男の死」の一環として、自ら聖セバスチャンに扮して矢を射られるという、ほとんど露悪的な写真を、篠山紀信に撮らせているのである。[*82]

三島の写真と言えば、また忘れてはならないのが写真集『薔薇刑《ばらけい》』（集英社、一九六三・三）である。ユルスナールはここにも「聖セバスチャン」の影響を見る。

> 三島が『聖セバスティアンの殉教』の日本語訳を監修して東京で刊行させたことを考えると、もしかしたら『薔薇刑』というタイトルも、この芝居のなかの一節からヒントを得たのではないかという気がしてくる。上演するにはあまりにも長くあまりにも叙情的な、この美しい芝居のなかで、皇帝はセバスティアンを大量の薔薇の下に押しつぶして窒息させようとするのだ。[*83]

言うまでもなく、『薔薇刑』の撮影を行ったのは細江英公である。細江による土方巽を被写体とした一連の写真を気に入った三島は、「現代の夢魔」も収録された評論集『美の襲撃』（講談社、一九六一・一一）の装幀と口絵写真の撮影を細江に依頼しており、『薔薇刑』もその延長線上にある。[*84]

土方との出会いをあたかも一つのきっかけとするかのように、三島の肉体への関心はいよいよ観念的なものから実体的なものへの変容を加速させたようである。むろんそれは、ジムでただ肉体を鍛える、あるいはボクシングに挑戦する、というようなことではない。ジョン・ネイスンによる冷徹な伝記『三島由紀夫――ある評伝』（新潮社、一九七六・六）は、同性愛者の集まる酒場に出入りする三島の姿などを伝えていることもあって二〇〇〇年まで絶版状態であったが、一九七四年刊行の原著は当然ながら市場に出回っており、そこにはボクシングで無様に打たれる三島、リズム感がなく、音楽やダンスにも不向きであった三島、そしてどんなに筋肉を鍛えても、ネイスンとの腕相撲に勝てなかった三島などが描出されている。伝記作者が主題である人物と張り合うのはそれ自体なかなかに興味深い、どこか異様な現象ではあるが、三島と肉体との関係には確かに一種のちぐはぐさがある。三島自身、それは重々承知していただろう。ちぐはぐさがなければ、そもそも肉体改造を使命にしようなどとは思い立つまい。

三島にとって「私」とは何者だったか。

「私」とは何かと考へるうちに、私はその「私」が、実に私の占める肉体の領域に、ぴったり符合してゐることを認めざるをえなかった。私は「肉体」の言葉を探してゐたのである。[*85]

一九六〇年、三島が増村保造《ますむらやすぞう》（一九二四―一九八六）監督の「からっ風野郎」に出演したことは、その模索の第一歩であったのかもしれない。黒い革のジャンパーに包まれた三島の肢体はまだ細く、晩年の筋肉の密度に至るまで、どれほどの刻苦が必要であったかを如実に物語っている。幕切れのエスカレーターでのシーン撮影時に転倒し、命に関わりかねないほどの大怪我を負ったことを冷笑するのは簡単だが、それは三島の足掻きがいかに深刻であったかの証左にほかなるまい。

それに代表作の一つとなる「憂国」（『小説中央公論』一九六一・一）を書くに当たって、映画出演は必要な準備でもあっただろう。

> 私は小説家として、「憂国」一編を書きえたことを以て、満足すべきかもしれない。かつて私は、「もし、忙しい人が、三島の小説の中から一編だけ、三島のよいところ悪いところすべてを凝縮したエキスのやうな小説を読みたいと求めたら、『憂国』の一編を読んでもらへばよい」と書いたことがあるが、この気持には今も変りはない。[*86]

晩年にもそう述べている三島は、執筆時にはすでに映画化を夢想していただろう。それは割腹の予行演習でもあった。[*87]自らの監督主演でその映画が封切られたとき（一九六六年四月）、三島の肉体はすでに完成していた。

ここで注目しておきたいのは、「憂国」の執筆中であった一九六一年一〇月に、三島が「榊山保《さかきやまたもつ》」の変名で、男性同性愛者向けの雑誌『APOLLO』に「愛の処刑」を発表していることである。[*88]愛した生徒を死に追いやった責任をとり、ヒゲの剃り跡の青々とした体育教師が美少年の教え子の監督下で切腹するというあらすじは荒唐無稽とも見えるが、なぜ死ぬかという問答を経て、切腹のための快適な空間を設《しつら》え、愛の営みと重なり合う二つの自死に至る、という構成は、「愛の処刑」のほうが幾分幻想的であるとはいえ、完全に「憂国」と同じである。

おそろしいほどの血だった。刀身を伝はって、信二の拳は血でヌルヌルし、腹一面を流れ落ちる血に、隠毛が泳いでゐた。ズボンの尻のところにもういっぱい股を伝はつた血がたまつてゐた。[*89]

教師のそんな様子を見て、

「すてきだよ、先生。先生の苦しんでる顔、なんてきれい! 僕、これを見たかつたんだ」[*90]

と接吻する教え子の狂気は実に陽気な筆遣いで活写され、「愛の処刑」は「憂国」の陰画であるよりも、むしろ陽画であるような気さえする。

また、そこには『仮面の告白』で、少年を生きたまま食べる晩餐会を主催する自分の姿を妄想する〈私〉と、何ら変わらない書き手の姿があるとも言えよう。

「ここが切りいいでしょう」

私は心臓にフォークを突き立てた。血の噴水が私の顔にまともにあたった。[*91]

優れた芸術家の多くがそうであるように、三島は一貫した人物であった。ダンヌンツィオの軍服姿を模したような楯の会の制服を着て自衛隊市ヶ谷駐屯地のバルコニーに立つ三島の顔は、四五歳とは思えぬほど少年じみている。おそらく彼は少年の頃からすでに肉体に憑《つ》かれていた。「三時間全然微動もしない」天皇に惹かれる身体感覚を、一九歳の三島はすでに持っていたのである。*92 その感覚は、晩年には等身大の銅像を作らせるという暴走に作家を駆り立て、*93 ついには文字通り致命的なところまで肥大する。三島がそれを宿命として自覚したのは、あるいは土方との交流のためであったかもしれないのだ。

9　作家は舞踏家の夢を見たか――土方巽

最後に土方巽に視点を戻そう。一九六五年一一月には、千日谷《せんにちだに》会堂で《バラ色ダンス――A LA MAISON DE M. CIVEÇAWA（澁澤さんの家の方へ）》の公演が行われたが、横尾《よこお》忠則《ただのり》（一九三六―）制作のポスターの中央には「バラ色ダンス」という主題よりもはるかに大きく、澁澤への賛辞である副題が印字されている。のちに大駱駝艦《だいらくだかん》を立ち上げることになる麿赤兒《まろあかじ》（一九四三―）が土方の拠点であるアスベスト館に出入りするようになったのも同年のことであるが、一九七三年一〇月、土方が最後に舞台に立った作品である《陽物神譚》は、ほかならぬ麿赤兒の演出による大駱駝艦公演であり、しかもその原作は、誰あろう澁澤龍彦であった。

その頃には、現在では土方と切り離せなくなっている「暗黒舞踏」の用語も定着し、共に舞台に立った仲間たちもそれぞれに活動の幅を広げていた。七〇年代に入ると舞踏は海外に進出し、土方も、芦川羊子の出演する《闇の舞姫十二態》をパリに送り込んでいる。だが土方自身は、もう決して舞台に立とうとはしなかったのである。正式な公演に限れば、後期の代表作である《疱瘡譚《ほうそうたん》》などを踊った〈土方巽燔犠《はんぎ》大踏鑑《だいとうかん》・第三回京都公演〉（一九七三・六）の舞台を除いて、東京以外の舞台に立ったことさえない土方の舞踏生活は、思いのほか短く、また意外なほど狭いものであった。

だがそれは、あまりに「肉体」というものに囚われた見方でもあろう。土方は死の前月まで演出家、振付家として舞台作りを続けていた。そして舞踏家としての自らを、『犬の静脈に嫉妬することから』（湯川書房、一九七六・二）、『病める舞姫』などに翻訳した。

三島由紀夫は前述の『血と薔薇』創刊号に「All Japanese are perverse」という一文を寄せているが、その末尾近くで、フェティシズムの正体について以下のように述べている。

> いはばフェティシズムは、冷たい抽象的普遍に熱烈な肉の味はひを添へるのだ。あるひは又、死んだ「物」の世界を、肉の香りを以て蘇らすのである。[*94]

公衆の面前で踊ることをやめた土方は、あるいはオブジェと化した自らを再び受肉するために、言葉という媒体を選んだのではないだろうか。それは土方の独特の文体の襞《ひだ》に分け入り、そこに血糊のようにべったりと残る澁澤・三島との三重奏の痕跡をたどることで、ある程度まで明らかにすることができるだろう。だがそれはもはや本章の範疇を超えている。ここでは、『血と薔薇』創刊号の巻頭グラビアに、イエスの姿で昇天する土方の写真が掲載されていることのみ確認しておこう。三島の死の二年前、文筆を生業とする者たちが肉体というものに正攻法で肉薄したこの稀有な雑誌で、三人は最後の共演を果たしたとも言えるのである。

「舞踏」という言葉の正確な出所はいまだに不明である。一九六六年七月、《性愛恩懲学指南図絵――トマト》が〈暗黒舞踏派解散公演〉と銘打たれたのが最初ともされるが、《あんま――愛欲を支える劇場の話》を製作中に三島らと相談した結果、舞踏となったという証言もある。一方では澁澤の、土方は常に「舞踊」で通していた、とする意見もある。[*95] また、大野一雄に師事したほか、土方巽の弟子とされることも多い笠井叡《かさいあきら》（一九四三―）によれば、土方より先に「舞踏」を標榜したのは笠井自身である。[*96]
その笠井は同じ談話のなかで、土方・三島・澁澤の関係について、舞踊関係者の誰よりも踏み込んだ意見を述べている。これを引いて本章も幕引きとしよう。

土方さんは、一般的にはそういう言い方をされていないですけれども、三島さんと澁澤さんとともに、あの頃日本の中でもちょっと異質な感じがあって、かなり結びつきが強かったんです。ですから、土方さんは三島さんをどこか精神的に追い詰めるようなことをしていました。三島さんにすれば、土方さんのダンスによる影響がすごく強くて、三島さんなりに体のことはずっと考えていたんでしょうけれども、やはり文学者なので、かなり土方さんという存在は三島さんのなかで大きかったと思いますよ。土方さんは当時、そう世間で認められたダンサーではなかったけれども、三島さんにとっては驚異の存在だったんです。それは澁澤さんにとっても、土方さんは同じような存在なんです。二人とも言葉の人間ですけれども、土方さんとの内的な結びつきはものすごく強くて。(中略)この三人がいなかったら、はっきり言えば舞踏も生まれなかったと思います。[*97]

——注

1 澁澤龍彦「土方巽について」『澁澤龍彦全集』20巻(河出書房新社、一九九五年)、四六〇頁。
2 倉林靖『澁澤・三島・六〇年代』(リブロポート、一九九六年)、四五頁。
3 澁澤龍彦「私の一九六九年」『澁澤龍彦全集』10巻(河出書房新社、一九九四年)、三三五頁。

4　同書、三三四頁。

5　巖谷國士『澁澤龍彥論コレクション』I巻（勉誠出版、二〇一七年）、二六四頁。

6　澁澤龍彥「土方巽について」、四五九頁、四六五頁。

7　澁澤龍彥「土方巽との初対面」、『澁澤龍彥全集』22巻（河出書房新社、一九九五年）、五四九頁。

8　矢川澄子「初対面の頃——土方巽と」『おにいちゃん——回想の澁澤龍彥』筑摩書房、一九九五年。

9　澁澤の年譜については、決定版とされることの多い「澁澤龍彥年譜」（『澁澤龍彥全集』別巻2、河出書房新社、一九九五年）に加え、広汎な資料の記述を編年体に整理した礒崎純一『龍彥親王航海記——澁澤龍彥伝』（白水社、二〇一九）を全般的に参照した。

10　種村季弘『澁澤さん家で午後五時にお茶を』学研M文庫、二〇〇三年。

11　澁澤幸子『澁澤龍彥の少年世界』集英社、一九九七年。

12　「澁澤龍彥年譜」、四七九頁。

13　出口裕弘『澁澤龍彥の手紙』（朝日新聞社、一九九七年）、七四頁。

14　念のため言い添えれば、「ドラコニア」とは澁澤が自らの名前にある「龍」の字から着想した、「龍彥の領土」というほどの造語であり、澁澤の興味関心の及ぶ範疇の総称として、主に愛読者によって用いられている。『澁澤龍彥事典』（平凡社コロナ・ブックス、一九九六年）を参照。

15　例えば澁澤の死を報じる『朝日新聞』の見出しはこうである。「渋沢竜彦氏死去　サド翻訳・異端の文学研究者」（一九八七年八月六日朝刊、二七面）。

16　澁澤幸子、『澁澤龍彥の少年世界』。

17　一九五六年六月五日付書簡。『決定版　三島由紀夫全集』38巻（新潮社、二〇〇四年）、五一五頁。

18 一九五六年六月七日付書簡。同前。

19 三島の年譜については、『決定版　三島由紀夫全集』42巻（新潮社、二〇〇五年）所収の「年譜」を全般的に参照した。

20 奥野健男『三島由紀夫伝説』新潮文庫、二〇〇〇年。

21 三島由紀夫「現代の夢魔――「禁色」を踊る前衛舞踊団」『決定版　三島由紀夫全集』31巻（新潮社、二〇〇三年）、二七三頁。

22 なおこの公演は、ポスターやチラシなどにより、「アヴアンギャルド」あるいは「アバンギャルド」と表記に揺れがある。

23 同公演のプログラムにも三島は「推薦の辞」を寄せているが、後述するようにこの公演は、異なるジャンルの出演者たちが入れ替わり立ち替わり作品を披露する形式をとるため、全体に配慮した推薦の言葉は当然ながら焦点がぼやけている。一文を挙げれば、「私は本来古典派であつて、かういふ前衛芸術とは流派がちがふのだが、どうしてかういふものに魔力的に惹かれるのか、自分でもよくわからない」という具合である。（『決定版　三島由紀夫全集』31巻、新潮社、二〇〇三年、二七五頁）。

24 三島由紀夫「現代の夢魔」、二七三頁。

25 土方の年譜については、『土方巽全集　新装版』Ⅱ巻（河出書房新社、二〇一六年）所収の「土方巽年譜」を全般的に参照した。

26 ジャック＝ダルクローズについては古後奈緒子「生の救済の試みとしての「未来の舞踊」構想――ジャック＝ダルクローズとホーフマンスタールの〝リズム〟に対するアプローチの比較」（『舞踊學』二八号、二〇〇五年、九―一七頁）などを参照。

27 ラバンについては松井智子「フォーサイスとラバン――フォーサイスの『インプロヴィゼーション・テクノロジーズ』に見られるラバンの影響と独自の展開」（『早稲田大学大学院文学研究科紀要』第三分冊、五八号、二〇一二年、二五―三九頁）などを参照。

28 例えば一九五四年二月二七日には、安藤三子舞踊団の出演したバレエ《鴉》の放送があった。

29　奥平一「第25回演奏会プログラムノート」オーケストラ・ニッポニカ、二〇一四年。http://www.nipponica.jp/archive/notes/25th_note.htm（二〇二〇年三月二九日取得）。

30　本章での同書からの引用は細江英公『土方巽 DANCE EXPERIENCE の会　1、2復刻版』（Akio Nagasawa Publishing、二〇一二年）に拠る。

31　「危機の舞踊」は、『決定版　三島由紀夫全集』第31巻（新潮社、二〇〇三年）に収録されている。

32　戦前の瀧口のシュルレアリスム受容については、平芳幸浩「瀧口修造の一九三〇年代――シュルレアリスムと日本」（『美学』六四巻二号、六一―七二頁）などを参照。

33　「澁澤龍彦氏の話」『日本読書新聞』一九六〇年四月一一日号。

34　「受難のサド」『決定版　三島由紀夫全集』31巻（新潮社、二〇〇三年）、四一七頁。

35　山根道公「評論家遠藤周作」遠藤周作『堀辰雄覚書・サド伝』講談社文芸文庫、二〇〇八年。

36　裁判については『澁澤龍彦全集』別巻2（河出書房新社、一九九五年）にも詳しい記述があるが、証言などの全文は現代思潮社編集部（編）『サド裁判』上下巻（新装版、現代思潮新社、二〇一〇年）を参照。

37　「土方巽と暗黒舞踏派について」『澁澤龍彦全集』14巻（河出書房新社、一九九四年）、四三一頁。初出は『毎日グラフ』一九七六年三月二一日号の写真記事「闇に描く異形の世界　暗黒舞踊派創作二十年」への寄稿である。

38　「燔祭の舞踏家」は、「燔祭の舞踏家・土方巽」の題で、『澁澤龍彦全集』2巻（河出書房新社、一九九三年）に収録されている。

39　後述する一九六五年の《バラ色ダンス》では、この「立小便」が振付に組み込まれている。

40　澁澤龍彦「天使のジャンよ、瞑すべし」『澁澤龍彦全集』7巻（河出書房新社、一九九三年）、二二〇頁。

41　「前衛舞踊と物との関係」は『決定版　三島由紀夫全集』31巻（新潮社、二〇〇三年）に収録されている。なお引用元のプログラムにある仮名遣の不統一は全集では修正されているが、ここではママとした。
42　澁澤龍彥「檻のなかのエロス」『澁澤龍彥全集』2巻（河出書房新社、一九九三年）、三一四頁。
43　矢川澄子「《澁澤龍彥》の成立まで」（『おにいちゃん――回想の澁澤龍彥』）、九六頁。
44　出口裕弘『澁澤龍彥の手紙』、九七頁。
45　澁澤龍彥「生産性の倫理をぶちこわせ」『澁澤龍彥全集』2巻（河出書房新社、一九九三年）、三四二頁。
46　『澁澤龍彥翻訳全集』10巻（河出書房新社、一九九七年）の「解題」などにも混乱が見られるが、この豆本『あんま』と『版画集あんま　壱阡九百六拾八年　土方巽舞踏展』はまったくの別物である。後者は一九六八年の〈土方巽と日本人――肉体の叛乱〉公演を受けて刊行された、限定五〇部の豪華大型本であった。
47　澁澤龍彥「彼女は虚無の返事を怖れる」『澁澤龍彥全集』3巻（河出書房新社、一九九三年）、三六〇頁。
48　同書、三六〇―三六一頁。
49　同書、三六一頁。
50　田中圭子「日本における球体関節人形の系譜」『社会科学』八〇号、二〇〇八年、四三―五八頁。
51　澁澤龍彥「女の王国」『澁澤龍彥全集』8巻（河出書房新社、一九九四年）、三〇六頁。
52　巖谷國士『澁澤龍彥論コレクション』Ⅲ巻（勉誠出版、二〇一八年）、一〇八頁。
53　藤井貴志「〈独身者の機械〉と〈異形の身体〉表象――「他人の顔」「片腕」「人形塚」の同時代性」『日本近代文学』九一集、二〇一四年、九五―一一〇頁。
54　金森修『人形論』（平凡社、二〇一八年）。とくに第四章を参照。
55　澁澤龍彥「肉体のなかの危機」『澁澤龍彥全集』9巻（河出書房新社、一九九四年）、三八二頁。
56　冒頭に掲げた『病める舞姫』のあとがき「土方巽について」の書き出しにしても、練り直されているとはいえ、右に引いた「肉体のなかの危機」の一節を下敷きにしているのである。当該の文章は第6章に引用されている。
57 澁澤龍彥「さようなら、土方巽」『澁澤龍彥全集』22巻（河出書房新社、一九九五年）、五〇四頁。
58 出口裕弘『澁澤龍彥の手紙』、一七一頁。
59 ここでも澁澤は、土方との初対面は第一生命ホールの楽屋で、三島を介してであった、という主張を枉げていない。
60 澁澤龍彥「土方巽との初対面」『澁澤龍彥全集』22巻（河出書房新社、一九九五年）、五四九頁。
61 「解題」『澁澤龍彥全集』22巻（河出書房新社、一九九五年）、六一六頁。なお自身が訳したクラウス『かも猟』（王国社、一九八七年）の「あとがき」も同時の執筆であるとされる。没したのは、手術を受けて二〇日ほど後の八月五日である。
62 澁澤龍彥「贅沢について」『澁澤龍彥全集』11巻（河出書房新社、一九九四年）、五五二頁。
63 石井恭二『花には香り　本には毒を』（現代思潮新社、二〇〇二年）、一八八頁。
64 出口裕弘『澁澤龍彥の手紙』、一五八頁。
65 倉林靖『澁澤・三島・六〇年代』、一三五頁。
66 とくに古い時代の文献には「ダヌンツィオ」「ダヌンチオ」など異なる表記も散見されるが、本章では引用を除いて「ダヌンツィオ」で統一する。
67 「ガブリエレ・ダヌンチオ」『フーゴー・フォン・ホーフマンスタール選集』3巻（河出書房新社、一九七二年）、三六〇頁。
68 一九二〇年九月一五日付の日記より。『トーマス・マン　日記　1918-1921』（紀伊国屋書店、二〇一六年）、三七四頁。
69 誰に影響を受けたかについて、作家がすべて正直に告白するに違いない、という思い込みはどこから来るのだろうか。ダヌンツィオだけではない。カフカからの影響についても、三島は最後まで語らなかった（安藤武『三島由紀夫「日録」』未知谷、一九九六年、四五頁）。
70 マンディアルグ、アンドレ・ピエール・ド『刃の下』（露崎俊和訳、白水社、一九九六年）所収。

71　ヒューズ＝ハレット、ルーシー『ダンヌンツィオ　誘惑のファシスト』（柴野均訳、白水社、二〇一七年）、一五五頁。

72　ユルスナール、マルグリット「三島あるいは空虚のヴィジョン」『澁澤龍彦翻訳全集』15巻（河出書房新社、一九九八年）、四〇四頁。

73　村松剛「三島由紀夫の世界（四）」（『新潮』一九八八年一一月号）、筒井康隆「ダンヌンツィオに夢中」（『文学界』一九八九年一月号）。

74　平山城児『ダヌンツィオと日本近代文学』（試論社、二〇一一年）、二一三頁。

75　同書、一九三頁。

76　視覚的な判断材料として、一九六七年に撮影された肖像写真を挙げたい。自邸の門の内側で左を向いて立つ三島は、徽章をつけたツイードの外套にネクタイを締め、同じように横を向いたダンヌンツィオの有名な肖像写真を彷彿とさせないだろうか（写真集『三島由紀夫の家』美術出版社、一九九五年、五頁）。なお同じ写真は、宮下規久朗、井上隆史『三島由紀夫の愛した美術』（新潮社とんぼの本、二〇一〇年）の扉としても採用されている。撮影クレジットは、前者ではマガジンハウス写真部だが、後者では篠山紀信となっている。

77　三島由紀夫「仮面の告白」『決定版　三島由紀夫全集』1巻（新潮社、二〇〇〇年）、二〇四頁。

78　同書、二〇三頁。

79　同書、二四九頁。

80　三島由紀夫「天人五衰」『決定版　三島由紀夫全集』14巻（新潮社、二〇〇二年）、四九一頁。

81　宮下規久朗、井上隆史『三島由紀夫の愛した美術』、七九頁。

82　もちろん、一次資料を重視するならば、これはとんでもない見方である。『仮面の告白』から『聖セバスチァンの殉教』の出版まで、三島が聖セバスチャンやダンヌンツィオに言及したことはほとんど皆無なのだ。むしろ『聖セバスチァン』

の出版は、書簡に残る三島自身の言葉によれば、ただの「思ひつき」である。山中剛史「三島由紀夫共訳『聖セバスチァンの殉教』の位置――〈帰郷〉のトリガー」『三島由紀研究』一八号、二〇一八年、鼎書房、三八―五〇頁。引用は四二頁。

83 ユルスナール「三島あるいは空虚のヴィジョン」、四〇八頁。

84 宮下規久朗、井上隆史『三島由紀夫の愛した美術』、七〇頁。

85 三島由紀夫「太陽と鉄」『決定版 三島由紀夫全集』33巻（新潮社、二〇〇三年）、五〇六頁。

86 三島由紀夫「「花ざかりの森・憂国」解説」『決定版 三島由紀夫全集』35巻（新潮社、二〇〇三年）、一七六頁。初出は『花ざかりの森・憂国』（新潮文庫、一九六八年）。

87 その意味で、まさに死の年に篠山紀信と撮影された写真集『男の死』は、本番直前のゲネであろう。端的に言えば「舞踏家の写真集」としても読める同書は、二〇二〇年になって日の目を見た。Mishima, Yukio. *The Death of a Man / Otoko no Shi*. New York, NY: Rizzoli, 2020.

88 『決定版 三島由紀夫全集』補巻（新潮社、二〇〇五年）に収録されたことでいわば公式に三島作品であることが認められたにもかかわらず、この作品に関する論評はほとんど見当たらない。ここにもまた、アカデミズムのあけすけなホモフォビアがある。

89 前掲書、五〇頁。

90 同書、五二頁。

91 三島由紀夫「仮面の告白」、二四六頁。

92 「討論三島由紀夫vs東大全共闘 美と共同体と東大闘争」『決定版 三島由紀夫全集』40巻（新潮社、二〇〇四年）、五〇〇頁。

93 この経緯については西法太郎の『死の貌 三島由紀夫の真実』（論創社、二〇一七年）、並びに『三島由紀夫は一〇代をどう生きたか』(文学通信、二〇一八年)を参照。

94 三島由紀夫「All Japanese are perverse」『決定版　三島由紀夫全集』35巻(新潮社、二〇〇三年)、二八六頁。

95 澁澤龍彥「土方巽について」。

96 笠井叡「【土方巽を語る】意識の変革を目指した舞踏家」川崎市岡本太郎美術館、慶應義塾大学アート・センター(編)『土方巽の舞踏　肉体のシュルレアリスム　身体のオントロジー』慶應義塾大学出版会、二〇〇四年。

97 同書、五八頁。

相原朋枝

第3章

舞踏の技法、舞踏の身体

大駱駝艦と野口体操

1　舞踏の方法論をめぐって

舞踏は誰にでも踊れるのだろうか。舞踏家には、いつからでもなれるのだろうか。

舞踏とは「内面性を重視する」、「情念の」、「精神性の高い」踊りであり、外見上のスタイルに拠らないというのが半ば定説化される一方、やはり舞踏に特有の姿形、舞踏「らしい」動きというものはある。郡司正勝は一九八五年に「舞踏手の、これまでの舞踊に反する姿態に、優美に対する醜悪がある」と記し、ガニ股、屈折した背、縮んだ手足を例に挙げた。[*1] この記述は創始者である土方巽《ひじかたたつみ》（一九二八―一九八六）が当時振り付けた舞踏に関するものだが、四〇年近くを経てもなお、グロテスクで醜悪な動きは舞踏の明らかな特徴の一つである。また「白塗りでくねくねした踊り」といった舞踏の印象も定着していよう。はたしてこの「くねくね」は訓練によるものだろうか。

一般に劇場舞踊は特定の技法を体得したダンサーによって演じられ、技法の習得・蓄積は表現の前提となっている。クラシック・バレエはメソッドを体得しなければセミプロのダンサーですら踊れず、二〇世紀に登場したモダンダンスにしても、多くは個人名を冠したテクニックが存在し、技法と振付家の作品世界とは分かち難い。[*2] 舞踏にはこれらに相当する技法があるのだろうか。そもそも舞踏を踊るにあたって「テクニック」は必要なのか。仮に舞踏にそのような技法がないとすれば、舞踏家はいかにして踊る身体に移行するのだろうか。

これまでのところ、舞踏の技法をめぐる議論は土方巽の方法論の検証を中心に為されている。長く秘されていた土方の稽古場での活動は、九〇年代前半に発表された三上賀代《みかみかよ》の研究によってその一端が明るみに出た。[*3] この舞踏の振付や技法に関する史上初の研究の中で、三上は土方が稽古で語った言葉それ自体を、技法あるいは「型」と位置付けている。土方は稽古において多くの言葉を弟子たちに投げかけ、彼らは土方の言語誘導によるイメージを受け入れることで身体を変容させたという。[*4] 同じく土方の弟子であった和栗由紀夫《わぐりゆきお》は、土方が舞踏の創作にあたって収集した絵画の切り抜きや、当時非公開であった稽古における土方の言葉をまとめ、「舞踏譜」と名付け発表する。[*5] その後、舞踏譜という語は主に土方のメソッドを指す言葉として定着し、二〇〇〇年以降は慶応義塾大学アート・センターの土方巽アーカイヴにて検証が進められている。アーカイヴでは、和栗と同じく土方に直接師事した山本萌《やまもともえ》が、かつて稽古の際に自ら記録していた土方の言葉に対応する動きを実演し、その映像を撮影するという方法が採られている。[*6] ほかにも、舞踏ワークショップの参与観察記録を資料とし、ドゥルーズおよびガタリのアフェクト論を用いて技法の言語化を図る研究などが発表されているが、ここでも土方に直接師事した舞踏家のみが研究対象とされている。[*7]

このように、舞踏の技法研究は土方の方法論の解明が一義とされている。一方、現在Butohとして流通している舞踏は、周知の通り土方の直系のものだけではない。また、土方巽アーカイヴを統括する森下隆《もりしたたかし》は土方の言葉について「ただし、これを『舞踏譜』として正しく認識し活用できるのは、土方巽に直接師事した舞踏家たちだけだと言っていい」と述べる。[*8] ではそれ以外の舞踏家は、いかなる方法をもって舞踏を踊るのか。実のところ土方直系の弟子以外の舞踏家については、各々の実践と、それに関する断片的な記述が見られるのみである。[*9]

とくに土方の次世代にあたる舞踏家たちは、舞踏を日本国外に広く知らしめ、現在も新たな作品を発信しているにも拘わらず——あるいは現在進行形であるがゆえに——十分にその技法が検証されていない。典型的なのが、山海塾《さんかいじゅく》およびこの章で取り上げる大駱駝艦《だいらくだかん》である。彼らは土方から直接、間接の影響を受けながらも、土方の舞踏譜とは異なる独自の技法を用いた創作を行い、またワークショップ等で方法論を公開・指導することにも積極的である。現在、この二つが舞踏を代表するカンパニーであることに鑑みれば、彼らの方法論の検証は「舞踏の技法とは何か」をめぐる議論の一助となろう。[*10]

土方以降の舞踏家や舞踏カンパニーは、気功、新体道、太極拳など、各々異なる方法論を用いているが、[*11] 彼らの多くが共通して実践しているものとして野口体操が挙げられる。野口三千三《のぐちみちぞう》（一九一四―一九九八）によって考案された野口体操は「体操」と名が付いているものの、高度な技を見せる器械体操や新体操とは異なる。無駄な力を抜くことを基本とし、猫や豹《ひょう》にも似た、しなやかな動きを特徴とする。その見た目から野口体操は「脱力体操」、「こんにゃく体操」と呼ばれ、体操の世界では長く異端であったが、野口の身体論と身体操作法は六〇、七〇年代を中心に日本の様々な舞台芸術に強い影響を与えている。大駱駝艦と山海塾はどちらも野口体操の影響を明言しており、[*12] また各国の舞踏フェスティバルや舞踏ワークショップでも頻繁に取り上げられているにも拘わらず、野口体操と舞踏との関係は十分に議論されていない。[*13]

この章では以上のような問題意識から、とくに大駱駝艦の方法論を、それに大きな影響を与えた野口体操とその背景にある野口の思想に焦点を当てながら検討することで、舞踏における技法とは何かを考える契機としたい。手がかりの一つとなるのは筆者によるインタビューによって得られた、麿をはじめとする大駱駝艦の舞踏家の証言や、ワークショップで観察された事象である。[*14] なお筆者は一九九六年から一九九七年にかけて野口自身が指導する野口体操のクラスに参加していたため、[*15] クラスの様子については当時の参与観察記録を参照している。

2　大駱駝艦と舞踏

大駱駝艦の方法論を具体的に取り上げる前に、まずは大駱駝艦の活動史の概要と、舞踏の拡大への貢献について整理しよう。[*16] 大駱駝艦とは、舞踏家であり俳優である麿赤兒《まろあかじ》（一九四三―）を中心に一九七二年に結成された、六〇年代からの暗黒舞踏の流れをくむ舞踏集団であり、舞踏を代表するカンパニーとして国内外で広く認知されている。半世紀近くの活動歴を誇り、名実ともに舞踏の中心的存在である。舞踏は今や実践、研究ともにグローバル化とも言うべき世界的な拡がりを見せているが、これに多大な貢献をなしたのが大駱駝艦と主宰の麿赤兒である。

大駱駝艦は結成以来、入れ替わりはありつつも、常時約二〇名程度のメンバーを擁し、作品の中で大群舞を展開できる極めて稀な舞踏集団である。現在、舞踏の多くはソロか小集団で踊られており、それらは舞踏家個人の身体特性や訓練経験からなる、いわば個別的な方法論に依拠したものである。一方、大駱駝艦の舞踏には群舞が頻繁に登場し、これを踊る踊り手に共通する身体的特徴および動作の特性を基盤とした振付が為されている。また主要作品の幾つかは、踊り手を入れ替えつつ再演されている。[17] 共通する身体的特徴を基盤とする群舞を含む作品の創造と、作品の再演を両立するには、メンバーによる特定の技法の習得が不可欠である。そして、そのためには、そもそも習得を目指すことのできる明確な技法が存在しなければならない。大駱駝艦のメンバーはその技法を共通言語としており、後進の育成の場面においてもこれを公開している。[18]

奈良出身の麿は演劇専門学校に学び、一九六四年に劇団「ぶどうの会」[19]に参加する。翌年には後に日本のアンダーグラウンド演劇界を牽引する演出家となる唐十郎《からじゅうろう》の劇団「状況劇場」の創立に加わり、役者としての活動を始めた。唐は存在そのもので演劇を成立させる俳優の性質を「特権的肉体」と名付けたが、これを具現する「怪優」として、麿は大いに活躍することになる。[20] 演劇評論家の扇田昭彦《せんだあきひこ》が「麿赤兒は、たんなる一人の個性的俳優でも、たんなる偉大な『肉体』だったのでもない。いわば、彼はひとつの時代精神だった」と記すように、[21] 麿はアンダーグラウンド演劇の時代を象徴する役者として圧倒的な存在感を示していた。

麿が土方巽と出会ったのも一九六五年である。すでに土方と共演していた笠井叡《かさいあきら》、石井満隆《いしいみつたか》、中嶋夏《なかじまなつ》とともに、麿は資金集めのキャバレー・ショーの稽古に加わり、そこで土方に会う。麿は土方のアスベスト館に暮らし、稽古や三年にわたるキャバレー・ショーも経験したが、土方の公演には参加せず、唐との演劇を活動の中心とした。

一九七一年になると麿は状況劇場を退団し、[22] 翌七二年に大駱駝艦を結成する。創設時の主なメンバーには天児《あまがつ》牛大《うしお》、田村哲郎《たむらてつろう》、大須賀勇《おおすかいさむ》、室伏鴻《むろぶしこう》、ビショップ山田がいた。麿自身がそうであるように、大駱駝艦においては演劇と舞踏の人材が融合している。[23] 麿は自らの様式を演劇とも舞踏とも規定せず、「天賦典式《てんぷてんしき》（この世に生まれ入ったことこそ、大いなる才能とする）」と命名する。これについて、麿は次のように述べている。

> 天賦典式ってつけたのは、ある意味、土方さんに対する礼儀もあったしね。土方さんが舞踏って言っているし、舞踏とは言えねえなって。だけど、似たような白塗りをして。かなり影響されていますからね。ただ、もうちょっと大雑把にやっていたんだな。[24]

3　大駱駝艦の分派と舞踏の拡大

結成から一年後の一九七三年、大駱駝艦は土方の客演で《陽物神譚《ようぶつしんたん》》を発表する。舞踏の第二世代にあたる麿、天児、室伏らと土方が一堂に会したこの舞台は、初期の大駱駝艦を象徴する作品であると同時に、[25] 舞踏の歴史の分岐点に位置するものでもある。土方は公式の舞台出演としてはこれを最後とし、以後は白桃房《はくとうぼう》を中心に弟子への振付を通して自身の方法論を固める、いわば「内向き」の作業に向かう。それに対して大駱駝艦の複数の創設メンバーは、室伏がその性質を「ある種の様式を作って固めていこうというのではなく、拡散的に生きようではないか、という動機があった」と述べたように、[26] 外へと向かうエネルギーを秘めていた。実際、創設時は一〇名に満たなかった大駱駝艦の団員数は、常時満席の観客動員を誇る勢いと人気により数年のうちに二、三〇名に膨れ上がる。麿は「一人一派」の思想から創設メンバーに各々のグループの立ち上げを提案し、背中を押されたメンバーたちは独自の舞踏集団を形成し始めた（表1）。

【表1　一九七〇年代に大駱駝艦から派生した舞踏グループ】

結成年	名称	主宰者
一九七四年	アリアドーネの会	カルロッタ池田（一九四一―二〇一四）
一九七五年	山海塾	天児牛大（一九四九―）
一九七五年	ダンス・ラヴ・マシーン	田村哲郎（一九五〇―一九九一） 古川あんず（一九五二―二〇〇一）
一九七五年	北方《ほっぽう》舞踏《ぶとう》派《は》	ビショップ山田（一九四八―）
一九七六年	舞踏派「背火《せび》」	室伏鴻（一九四七―二〇一五）
一九八〇年	白虎社（前身は「東方夜總會」一九七七年）	大須賀勇

大駱駝艦の創設からわずか五年の間に、後の舞踏を代表するグループが次々と結成されている。「背火」や「北方舞踏派」など地方を拠点に結成されたグループの旗揚げには、麿以下、大駱駝艦のメンバーや、時には土方も東京から駆けつけ、公演と酒宴が繰り広げられたという。麿は一九七七年の山海塾の結成公演《アマガツ頌》への客演など、これらのグループに演出や振付、あるいは出演という形で関わっている。

ほどなくして彼らの一部は活動の場を日本国外に拡大する。先陣を切ったのはアリアドーネの会と室伏鴻であり、一九七七年、パリのキャバレーにてショーを行った。大駱駝艦の制作担当でもあった室伏によれば、大所帯の大駱駝艦がいきなり国外公演を行うのではなく、その前に少人数で当地の様子を窺う意味もあったという。[*27] このショーは不発に終わったが、翌七八年にはパリにて一ヶ月の《最後の楽園——彼方への門》公演を成功させ、これが欧州で認知された最初の舞踏とされている。山海塾は八〇年にナンシー演劇祭とアヴィニョン・フェスティバルに参加し、同じく参加した大野一雄《おおのかずお》とともに欧州の現代舞踊界に舞踏の衝撃をもたらした。その後、カルロッタ池田、室伏鴻、天児牛大らは欧州を拠点に八〇年代の舞踏の興盛を担っていく。この大駱駝艦の分派の流れはすなわち舞踏が拡大する歴史でもあり、結果として麿は土方以降の主要な舞踏グループを輩出する、いわばインキュベーターとしての役割を果たしたのである。

欧州に拠点を移した舞踏家たちは、生計を立てるためにも、公演活動に加えて早い時期からワークショップ形式での舞踏の教示を始めた。[*28] 後のコンテンポラリーダンスの興盛に先駆け、七〇年代半ばから現代舞踊（ヌーヴェル・ダンス）の発展に力を入れていたフランスに目を向けると、まず一九七九年の時点で田中泯《たなかみん》が小規模なワークショップを開いている。次いで一九八〇年以降では、山海塾がワークショップによってフランスに舞踏を浸透させてゆく。

室伏鴻とカルロッタ池田も、やはり一九八〇年代初頭に教育活動を開始した。さらにカルロッタ池田は九〇年代を通じて、室伏鴻は二〇〇六年から二〇一二年にかけてアンジェの国立現代舞踊センター（CDNC）に定期的に招聘され、フランスの現代舞踊教育に継続的に関わっている。[*29] 天児牛大、室伏鴻、カルロッタ池田ら大駱駝艦での活動を経て独立した舞踏家は、当然のことながら大駱駝艦の方法論を身につけており、それに基づく、あるいは発展させた方法論をもって舞踏の指導を行った。ことフランスに関して言えば、舞踏の方法論としていち早く流通したのは土方の直系ではなく、大駱駝艦の系列のものであった。[*30] なお山海塾の一九八二年以降の作品は全てパリ市立劇場との共同プロデュースであり、カルロッタ池田はボルドーを拠点とした。

4 大駱駝艦の方法論と野口体操

では大駱駝艦の方法論とはいかなるものであるか。麿はワークショップやインタビューの中で、大駱駝艦の舞踏を構成する三つの柱を独自の言葉で示している。すなわち「日常の中からの身振りの採集」、「鋳態《ちゅうたい》」、「宇宙《うちゅう》の体《たい》」である。これらは実践的かつ具体的な作舞方法であり、身体訓練法でもある。このうち宇宙体は大駱駝艦の舞踏における基本的な身体のあり方を示すものであり、その発想の源泉は野口三千三の思想に見出すことができる。

一九一四年、群馬に生まれた野口三千三は早くより体育教員をめざし、太平洋戦争当時はいわゆる筋肉を鍛え上げる系統の体操を指導していた。その後、敗戦による虚脱、さらには自身が体を痛めたことをきっかけに、「体操による人間改革」を掲げ、野口体操を創案する。野口は東京藝術大学にて教鞭をとる傍ら、多くの劇団や演劇の専門学校で野口体操の指導を行った。その野口に麿が出会ったのは一九六四年、劇団「ぶどうの会」のレッスンの現場である。

僕は野口体操に、相当ショックを受けていますからね。ぶどうの会の時に、一年ばかり、彼［野口］の講義と実践を経験して、からだの概念が一八〇度変わりましたからね。水が入っていますよと言われれば、すぐその気になってね。素直だったんですよ。知的なやつらは、そういうことを言われると抵抗するんです。そ

んなわけねえだろうとかね。僕はバカになれるっていうかね。水が入っているとか、ぼーっと、そういうところに入っていける。それなりに褒められたりして、先生にとっては、「おっ」というようなことがあったのかもしれませんね。

唐や土方との出会いの以前、本格的に演劇活動をスタートさせた時点で、麿は野口に出会い、刺激を受けていたのである。

もともとはボクシングをやったりしていたからね。強さだけを求めて、腹筋をやったりとか。ボクシングもイメージが相当あるから、パンチを入れるときでも、力というふうなものが先行しますよね。それで野口さんに、その力を倍増させるということを教わるわけですよ。抜きどころと、緩急。弛緩と緊張の幅みたいなこと。例えば鎖を持ってきて、一つ一つの金属は硬いけど、つなげてこうやる「揺らす」と、フニャフニャに見えると。だから脊椎も同じようなもんだろうと。本当にこんにゃくだと思うと、さっきまでこう「固い状態」だったのが、急に柔らかくなったりするとかね。想念というものが、どれほどからだっていうものを否定しているかということ、もっと広がりを持てるということを教わりましたね。今でもそれをやっていますね。

野口体操のクラスは野口の講義と生徒の実技で構成され、実技では「ぶら下げ」、「腕のぶら下げ」、「おへそのまたたき」、「しりたたき」などと名付けられた一連の動きを実践し、時には難易度の高い倒立[*31]も登場した。野口は動きの原理を説明するために、鎖、天秤、むち、バネ、人形、くるみ、和紙など、様々な道具やおもちゃを使用し、それらの仕組みと人体の動きとの共通性や親和性を説く。磨が挙げたように、金属製の鎖を用いて背骨の動きの可動性を示すこともあれば、空中で鞭を振り鳴らし、その構造を解説することもあった。またある時は大判の柔らかな和紙を両手でつまんで広げ、そっと手を離してみせる。波打ちながら落ちる和紙は、重力に従う自然な動きの模範である。このように、野口は一貫して実証的に身体操作法の仕組みを説いた。[*32]

野口は一九七二年発表の自著で次のように記している。

生きている人間のからだ。それは皮膚という生きた袋の中に、液体的なものがいっぱい入っていて、その中に骨も内臓も浮かんでいるのだ。[*33]

さらに一九七七年には、同様の主題を以下のように説明している。

私がこう言うと、たいていの人はけげんな顔をします。というのは、人間のからだというと誰でもまず骨格というものから考えるからです。骨組みというコトバもあるように、まず骨がからだのもとになっていて、それに筋肉がつき、内臓があって、そのいちばん外側を皮膚がおおっている、というのがごく一般的なからだの構造に対する考え方だからです。

しかし、このような感じ方だけで、ほんとうの生きている自分のからだが分かるでしょうか。まず皮膚という薄い、柔らかい、大小無数の穴のあいている一つの生きた袋がある。そして、そのなかに液体がいっぱい入っていて、骨、内臓、もちろん脳やなんかも、そのなかに浮かんでいる……私はそれを実感としてとることができるのです。[*34]

野口はこれを「体液主体説」と名付ける。解剖学的な視点をひとまず措き、身体を液体の満ちた袋と捉える。野口がそのような視点を獲得したのは、以下のような状況であったという。

そのとき私は、寝ている人を起こそうとしていたんです。ちょうど足を持って、この人ずいぶん固いなあと思いながら、何となくゆすったんですね。そうしたら、自分が予想したよりもずっとゆれる。私はこんなことを意識的には期待していませんでしたから、これには驚きました。それで今度は意識してゆすってみたんです。するとまさに、ゆらゆらゆらゆら、実に柔らかく、まるで氷嚢のように揺れ動くじゃないですか。[35]

野口は当時体操の勉強の一環として解剖学を学んでいたが、その知識と自身の身体（あるいはその実感）との結びつきを得られずにいた。しかし偶然、水の入った「氷嚢のように」揺れ動く身体に出会い、その柔らかな動きによって、体液の存在に気づかされる。野口体操には「寝にょろ」と呼ばれる二人で行う動きがあるが、これは仰臥した一人の腕あるいは脚をもう一人が持ち上げ、静かに揺らすものである。[36] 力が抜けてさえいれば、わずかな動きのきっかけを与えるだけで、相手の身体は柔らかく揺れる。揺らされている側は液状のイメージをもつまでもなく、力を抜いているだけで「体液主体説」発見の経緯のように全身が揺れ続ける。

そして野口はこの緊張の少ない液体的な感覚を、身体のあり方の基礎感覚と定めるに至る。

生きている人間のからだは、筋肉が緊張していないときには、液体的な感じになることが多い。全身の柔らかさは、からだを構成しているすべてのものが関係するのはもちろんだが、筋肉の緊張度が決定的に支配す

るようである。そしてこのような筋肉の緊張がなるべく少ない、力を抜いて解放された液体的な状態の感覚が、生きている人間のからだのあり方（動き）の基礎感覚であるべきだと私は考えている。[*37]

では液体的な状態を身体の基礎感覚とする野口体操において、動きはいかにして生まれるのだろうか。

中身こそ自分である。からだの動きは中身の変化がその本質だ。外側から見えるのはそのあらわれ・結果にすぎない。[*38]

野口体操は身体の力を抜き、重さにまかせ、液状である身体の中身、身体の中の「水」を「揺らす」、「揺する」動きを基本とする。その最も重要な動きとして「ぶら下げ」がある。「ぶら下げ」とは、立位から前屈に至る一連の動きであり、外見上は筋収縮による立位体前屈に似ている。筋収縮による前屈の場合、身体は緊張状態にあるが、野口体操の「ぶら下げ」においては緊張を解き、脱力した状態が求められる。野口によれば、人間の立位の状態とは重力に逆らい、地球の中心から「ぶら上がって」おり、重力に任せれば身体内部の液体は垂直方向に流れ出し、そのため上体は頭部から下がっていく。[*39] 結果、稲穂が頭を垂れるように、腰部を支点として上体とその液状の中身はゆらゆらと自由に揺れる。「ぶら下げ」において重視されるのは立位体前屈における胸椎・腰椎の可動性や身体背面の柔軟性ではない。緊張が解かれた身体の中身の柔らかさと、中身の変化により上体が「動かされる」感覚を味わうことである。

　このような「体液主体説」、および動きの動機付けを身体内部の変化に求める「中身こそ自分である」という発想こそ、大駱駝艦の「宇宙体」に繋がるものである。二〇年にわたり大駱駝艦の踊り手であった我妻《あがつま》恵美子《えみこ》は、初めて参加した大駱駝艦のワークショップを次のように回想する。

大駱駝艦の、自分が最初に参加したワークショップでも、空っぽになりましょう、そこからスタートするので。ダンスの経験のある人でも、初心者の方でも、もうそんなのは関係なく、皮袋が寝ている、空っぽの皮袋にうまいも下手もない、と。逆に経験がある人は、自分から動いちゃうから、ある意味くさい芝居みたいな感じで入っちゃって、それを講師の先生が注意して。最初のスタート地点は、みんなゼロに戻すんだなって。*40

麿は「空っぽの皮袋」について次のように述べる。

空っぽって言ってもね、情念なり感覚なり、いろいろなものが詰まっているわけです。まずそういうものを一切、取り外してみようと。とにかく「ぼーっ」といようということですね。そういう「ぼーっ」といるっていうのが、基本的なことですな。

我妻の指導によるワークショップでは、冒頭、床に仰向けに寝た参加者が「空っぽのからだをつくる」ために、「からだの中に水が満たされていくのをイメージ」し、「からだの中の水を揺らす」という指示のもと、呼吸とともに静かに身体を揺らす様子が観察された。*41 この状態から我妻は次の一連の動きへと導く。

今のその水の重さ。からだの中に入っている水が右側、ずーっと移動していって、からだの右半分に水が寄ってくる感じ。水の重さを使って筋肉の力をなるべく使わずに寝返るような感じ。そのからだの水の重さの移動を感じながら、奥の水の移動によって寝返る感じをやってみます。どうぞ。自分のからだの突っ張っている部分が、なるべくないようなからだの在り方を探っていきます。水の重さで勝手にからだが置き換えられるような。本当に水の皮袋がどさっと荷物みたいに落とされているような感じ。今、もう一回、からだを戻す。水の重さを使ってからだを仰向けにさせる。

仰向けの状態から横へ向き、再び仰向けに戻る。動きとしては寝返りであるが、筋肉ではなく身体の内部の水に意識を向け、その水の移動が先行し、結果として身体全体の動きが生じるように指示されている。この一連の流れは野口の「ぶら下げ」と同質の「中身こそ自分である」の実践である。

ところで野口体操の体液主体説では、身体の中身はあくまでも水、つまり液状であり、液体が体内のさまざまな方向（多くは重力に従って垂直方向）へ移動する結果、動きが生じるとされていた。それに対し、麿は中身の水そのものの性質の変化、水の三態に目を向ける。

それ［体液主体説］はそれでものすごくショックだった。それを踊りながらやり始めると、ひねくれてきて、じゃあ今度は中にある水がどんどん凍っていったらどうなるんだ、とかね。体操としてはそういう発想はしないけれど、どこから溶けていくだろう、とか。この辺があったかくなってきたから、この辺から溶けてくるとか、どこからでもいいんですよ。それで、その踊りの形が決まってきますからね。

麿は野口による液体の状態を味わう体操から一歩推し進め、水の溶解と凝固のイメージの往復の中で新たな動きや形、踊りを生み出す。ここには野口体操の身体観に基づく実践から舞踏への移行を見ることができよう。

さらに麿は中身を水以外のものに置き換えもする。我妻はこれまでに作品の振付で登場した例として「虫」を挙げた。[*42]

自分のからだをただの空っぽの容れ物として、イメージとして水を使うのが多かったですけれど、振り付けになってくると、じゃあ虫が入ってきたらどうなるか、とか。虫が入ってきて、その虫が動くから動かされる、とか。

「中身の水に動かされる」のは初歩の段階であり、「動かされる」感覚をつかむための基礎訓練とも位置付けられる。この実感をベースに、空の袋である身体の内部に何かしらの物体が入った結果として動きが導かれ、その動きが舞踏になる。当然ながら水と虫では異なる動きの生成が企図されている。

大駱駝艦においては、何かしらのものが身体に入り込んだ状態を、「飼う」、「孕《はら》む」という言葉で表す。例えばワークショップで実施された「ボールをからだに孕み、やりとりする」ワークでは、まず数名が円になり向かい合って立つ。ボールを「飼って」いる一人が、それを特定の人にめがけて投げる。ボールの形態や大きさ、投げる速度や投げ方は、飼う当人が決定する。受け手はどのようなボールが、いかにして投げられたかを正確に判断し、受け取ることが求められる。[*43]

なお、「飼う」のは「人」である場合もある。

私、つまり我妻がなんかをやっているところではなくて、本当の空っぽの中に、四〇代の女の人が入ってくるとか。だから、この我妻とはちょっとまた隔たってて、自分だったらやらないことでも、何かを自分のからだに飼っちゃえば、私じゃないから、恥ずかしくなくできちゃう。

自らを空にし、外から入る物に明け渡す。踊る主体である「私」を空にし、そこに別な人格が入り込む。とはいえ憑依やトランスとは異なり、あくまでも意識的にその状態を作り上げ、パフォーマンスとして実現するのである。身体に飼うのは、物、生物、人など、バリエーションは様々であり、それらは作品のモチーフにもなる。例えば大駱駝艦の作品《ウイルス》(二〇一二)は、空の身体にウイルスが入り、ウイルスによって導かれる動き、ウイルスに支配される人間がテーマとなっている。

5　宇宙体という受動態

このようにして麿は野口体操の影響のもとに「空のからだ」、すなわち宇宙体を発想したわけであるが、ここで宇宙体に関する本人の言葉を整理しよう。二〇二〇年に書かれたエッセイにおいて、麿は「間」の語に着目し、「間引き」、「間が良い、悪い」、「開かずの間」、「間がさす」といった言葉を例に、「どの「間」にもすでに4次元が凝縮されて単なる空白ではない密度の存在を感じさせる」[*44]と述べる。続けて般若心経に登場する「色即是空《しきそくぜくう》」、「空即是色《くうそくぜしき》」を引き、次のように宇宙体を説明する。

色「形あるモノ」は同時に空なり、ならばこの私なる形の身体は実体としてあると同時に空っぽである。これまた同時に私の周りの「空」である空間は「色」となる。そして「空」である私を「色」である空間が変容させていく、つまり「をどら《ママ》」せるという訳である。だがそうは言っても「色」たる空間はあまりに漠としているだろう。そこで必要になるのは個々人の想像力だ。「色」たる具体的なモノを棲まわせなければならない。*45

「空」である身体を「色」が変容させる。磨の意味する「色」とは「間」に「棲む」何者（モノ）かである。それらが空である舞踏家の身体に入り込み、中身の動きが結果的に舞踏家の動きとなる。この「動かされる」状態こそが宇宙体である。

そこの「間」に何が棲んでいるかというのを想定したり、アイデアを想像したりして、それで動かされていくと。究極的には動かされているのが、一番楽ではあるんです。力を抜いてね。

モノが何であるかは舞踏家の想像力に委ねられるが、振り付けの場面ではそれらが動きの「原動力」として作用する。我妻は次のように述べる。

基礎はもう全部忘れる、ということではなくて、振り付けの中でも、何がその動きの原動力になるのかっていうヒントを自分で。テクニックはまだまだっていうところは多いんだけど、それをもう十分に補える力がイメージにあるというか、この人は何を飼っているとか、何がこの人のからだを突き動かしているのかっていうそのイメージの部分のほうが、踊りの技術的なうまい、下手じゃなくて、魅力になってくる部分があると思うんですね。

大駱駝艦の踊り手である鉾久奈緒美《むくなおみ》は、群舞に関して同様のことを述べている。

即興っていうのは、舞台では、ほとんどやらないんですけど、動きを作る時にはあるんです。振り付けされる時は、全部「ずん」って、何か入ってきて、何かに動かされて、振り付けが繋がりとしてねじりあげられてゆく。「ずん」って言っても、それは細い棒なのか太い棒なのか、そういうことを稽古していく上で、皆で共通認識として、話し合って。楽しい感情に動かされるというのもあるし、悲しくてこうなるという、そういう感情的なこととか。いろいろな要素をどう感じるかという。考えずに、全部、動かされるように稽古していくような感じだと思います。[*46]

鉾久は宇宙体を次のように捉えている。

真っ白っていう感じ。なんですかね、本当に。何も考えない。考えなくても動かされてしまうような状態。

鉾久は空の身体に入り動きを生み出すモノの例として、「棒」、あるいは「感情」を挙げ、それらの繋がりが一連の振りを生むと述べる。大駱駝艦の作品に見られる群舞は、まず複数の踊り手が振付の原動力に関する共通認識を持つことから始まり、これらに「考えなくても動かされる」ことによって成立するのである。[*47]

これまでに引用した麿、我妻、鉾久の発言には、「動く」ではなく「動かされる」という受け身の表現が頻出している。これについて、麿は以下のように述べる。

舞踏っていうのは、受け身、受けるという、そういう要素は多いと僕は思っている。非常に東洋的というか、日本的な発想というか、「私」という主語がない。ヨーロッパ的発想だと、「私が何々をする」というような、ある種のアクティビティというか、能動的なものになる。そういう意味では逆ですよね。受動態というか。だから、私というものよりも、私を存在させている何者か……。からだが存在する意味というものがあるとして、そのからだというものを意識させる何者か、私自身を意識させる何者かという、もう一人の他者がいるという考えですね。その他者というのは何だろうと。

先述の「私」を動かす「空間に棲むモノ」を、麿はここでは「私」を存在させる、あるいは「私」の身体を意識させる「他者」と呼ぶ。

ある種の言い方をすれば、舞踏っていうのはアクティブというより、むしろネガティブ。受けるという、そういう要素は多いと僕は思っているし、アクティブっていうのは、やはり狭くなるんだよな。自分の器の中からしか発想できないっていうかな。例えば歩くにしても、ただすり足でずっと歩いているというよりも、遠くの、後ろの誰かに押されているように、引っ張られているように、とか。そういうふうにすると、僕の思い込みもかなりあるかもしれないけど、スッと広がりが出るような感じがありますね。

麿はここで「器」の語を用いているが、自らの器あるいは袋を空にすれば、原理的にはあらゆるモノが受け入れ可能となる。受け身とは、モノ次第でいかようにも変幻しうる可能性を秘めた状態なのである。

最初は何をやっているか分かりませんから、だんだん理屈をつけるようになったというだけでね。ただ表現していますっていうのは、どうも僕にとっては、何だか違うなという感覚はあったと思いますね。

ここで磨が違和感を示すのは、受け身の対局にある能動的な「表現」であり、モダンダンスに代表される「表現主義」であろう。しばしば舞踏誕生の作品と言われる《禁色《きんじき》》が発表されたのは一九五九年の全日本芸術舞踊協会主催の新人公演であり、当時、この協会を中心とする日本の現代舞踊の主流はモダンダンスであった。それらはドイツ系あるいは米国系モダンダンスに影響を受けたものである。例えば米国のモダンダンス理論の祖であるジョン・マーチンは一九三〇年代に、ダンスとはダンサーが身体的な動きを観客の身体に伝播させることにより、心理的な感情の伝達を可能にする芸術であると記しているが、《禁色》の発表当時、多くのダンスはそのような発想の延長線上にあった。その後のポスト・モダンダンスや舞踏の登場により、初めて表現主義的身体とは異なる身体像が日本の現代舞踊界にもたらされる。それは《禁色》以降の、六〇年代の暗黒舞踊ないしは暗黒舞踏におけるオブジェとしての身体のような、身体それ自体の表現性の提示であった。表現主義においては特定のメッセージや感情を伝える道具あるいは媒体に過ぎなかった身体が、固有の表現性をもつと示されたのである。

我妻は次のように回想する。

私も最初にやったときに、ダンスっていうと自分から動くっていうほうの発想しかなかったので、動かされるっていうところの、アプローチの転換というか、それは非常にびっくりしたところでもあって。それだからこそ、踊りの経験もなかったけど、それでもいいんだって、ちょっと安心できたところでもあって。

「私が踊る」ことよりも「動かされる」ことが先行し、外部からの刺激や身体内部の変化に対し徹底的に反応することで生まれるダンス――つまり反作用から生まれるダンス、受動態のダンスこそが麿の目指すところである。野口には次のような言葉がある。

> 「力を強くする・鍛える」ということの実態は、自然の神の声を素直に正しく、真直ぐにズバリと「貞《き》く能力（気・感じ、感覚）を高めること、その情報によって自動制御的に（反射的）にからだの「中身が変化してしまう能力（違いをつくる能力）を高めること、自然の原理に「任せ切る能力」を高めることである。*48

体操とは、自然の原理に「任せ切る」こと、自然の原理こそが「神」であり、究極的にはその神にからだをゆだね、「貞《き》く」*49営みであるとする野口の思想と実践は、麿の宇宙体という発想をまさに「孕んで」いたのである。その宇宙体という受動態とは、舞踏家に無限の変化、変身の可能性をもたらすあり方と捉えられよう。

6 開かれる舞踏

反作用から生まれるダンス、受動態のダンスという発想自体は、実のところ土方はもちろんのこと、他の舞踏家の発言や舞踏をめぐる言説にも見られている。*50舞踏における受動性に関する記述として最も知られているのは、土方による「断頭台に向かって歩かされる死刑囚」の一節であろう。

> 歩いているのではなく、歩かされている人間、生きているのではなく、生かされている人間、死んでいるの

ではなく、死なされている人……この完全な受動性には、にもかかわらず、人間的自然の根源的なヴァイタリティが逆説的にあらわされているにちがいない。……かかる状態こそ舞踊の原型であり、かかる状態を舞台の上につくり出すことこそ、僕の仕事でなければならない。[*51]

「完全な受動性」をもつ踊りを実現するにあたり、土方は言語誘導を用い、弟子たちは彼の言葉に喚起されるイメージに身体を委ね、動かされた。[*52] 大駱駝艦の踊り手もまた、麿の言葉を「原動力」として動かされるわけであるが、麿はその前提となる踊り手の身体にまずは焦点を当て、彼らの身体および身体にまつわる意識の変容への手掛かりを、野口体操によってもたらされるからだの実感に求めた。空の状態を出発点に、身体内部の変化を丁寧に探り、反応する作業を積み上げ、受動態への意識の転換をはかる。最終的には様々なイメージとの戯れを通して宇宙体という変幻自在な状態に至る。このような一連の作業、つまり舞踏家の身体のみならず意識の変容をも含めた段階的なワークがすなわち大駱駝艦の技法であり、方法論と言えよう。

ところで、先述のように麿は土方との出会いの後、彼の稽古に数年間参加しており、麿自身も舞踏の発想や着想における土方の影響を認めている。[*53] しかしながら麿は土方の作品には出演せず、また土方が「舞踏譜の舞踏」を練り上げる時期には大駱駝艦の活動を開始している。この土方との距離こそ、麿に独自の舞踏とその方法論の開発・発展を可能ならしめたと考えられる。完全なる受動性を持ちうる身体の成立が目される舞踏において、土方と弟子という「一子相伝」の、閉ざされた関係にのみ成立し得た方法を、麿は野口体操を接合することによって、誰しも経験可能なものとして解放したのである。

——注

1 郡司正勝「舞踏と禁忌」(『現代詩手帖』一九八五年五月号)、八八頁。

2 マーサ・グラームのグラーム・テクニック、ホセ・リモンのリモン・テクニックなどを想起されたい。

3 三上賀代『増補改訂 器としての身體——土方巽・暗黒舞踏技法へのアプローチ』春風社、二〇一五年。初版は一九九三年である。これは主に三上が参加した土方の稽古の参与観察記録(稽古ノート)にもとづいている。当時、土方の稽古に参加するには全ての社会生活を捨てる覚悟が求められたという。

4 例えば土方の「歩行」の指導については次のように記されている。三上は〈寸法の歩行〉の条件として「足裏にカミソリの刃」、「頭上の水盤」、「蜘蛛の糸で関節が吊られている」、「歩きたいという願いが先行して、形が後からおいすがる」など土方の言葉を挙げ、これらにより「寸法の歩行に導かれ」、「言語によってイメージが喚起され、そのイメージによって身体知覚から身体変容が図られ、動きへ導かれるというプロセスをたどる」としている(三上賀代『器としての身體』、一〇二頁)。

5 和栗由紀夫『舞踏花伝』CD—ROM版、ジャストシステム、一九九八年。

6 三上、和栗、山本はいずれも七〇年代を中心に土方に師事しており、この時期の土方は主に弟子らを振り付けることによってメソッドの確立を企図していたとされている。よって彼らの記録、記憶にもとづく土方の舞踏アーカイヴの作成には妥当性があるだろう。森下隆「舞踏の形式について 序」『Booklet 12 芸術のロケーション』(慶応技術大学アート・センター、二〇〇四年、一〇一—一一五頁)を参照のこと。

7 コーカー、ケイトリン『暗黒舞踏の身体経験——アフェクトと生成の人類学』京都大学学術出版会、二〇一九年。

8 森下隆「舞踏譜の舞踏——土方巽の舞踏の構造あるいは作舞の方法」(山田せつ子、八角聡仁、森山直人(編)『土方巽——言葉と身体をめぐって』京都造形芸術大学舞台芸術研究センター、二〇一一年、四三—四五頁)、五〇頁。

9 Baird, Bruce, Rosemary Candelario eds. *The Routledge Companion to Butoh Performance*, Lodon: Routledge, 2018 第五章、四〇七—四八〇頁を参照。

10 國吉和子は暗黒舞踏を「一九五〇年代から六〇年代にかけて土方巽によって始められた肉体表現および肉体をめぐる思考」と定義している(「土方巽と暗黒舞踏――見出された肉体」川崎市岡本太郎美術館[編]『土方巽の舞踏――肉体のシュルレアリスム　身体のオントロジー』慶應義塾大学出版会、二〇〇三年、八頁)。既知のように、身体をめぐる意識に関する踊る側からの問題提起こそが初期の舞踏の目指したところである。そこから現在まで続く舞踏の流れをふまえれば、舞踏の方法論、技法には身体操作法のみならず、どのような身体を志向するのかといった身体をめぐる意識、思考をも含める必要がある。本章では身体をめぐる意識と思考、身体操作法、作舞法、身体訓練法をも含め、舞踏の方法論、舞踏の技法は何であるかを検討する。なお「舞踏」の語は現在広く流通している「Butoh」と同義として扱い、「暗黒舞踏」は特定の時代の活動を指す場合にのみ用いる。

11 例えば古関すまこは新体道をベースとした足腰のポジションや呼吸法、気の訓練を導入し、また大野一雄、野口三千三に師事したイムレ・トールマンは、野口体操の他にアレキサンダーテクニークを取り入れている。舞踏と自称してはいないが、土方、大野の影響を受けたエイコ＆コマはDelicious Movement Workshopと名付けた技法を考案し、各地で教えている。

12 「人が立つこと、動くことは常に重力との関わりであり、重力との対話にほかならない。身体を基としたダンスもまた、重力との対話である」と述べる天児は、後述する野口の重力の捉え方に大きな影響を受けている(天児牛大『重力との対話』岩波書店、二〇一五年、八三頁)。

13 先述の三上は土方、野口の両氏に師事した経験に基づき、自らが指導する舞踏グループについて記している。詳細は三上賀代「野口体操の社会的影響――舞踏グループを中心に」(『体育の科学』四八巻二号、一九九八年、一三四—一三八頁)

を参照のこと。

14 インタビューは次の日程で実施した。麿赤兒（二〇一六年七月九日）、大駱駝艦の踊り手、我妻恵美子［一九九九年より大駱駝艦に在籍し二〇二〇年に独立］（二〇一六年五月二六日）、同じく鉾久奈緒美［二〇〇五年より大駱駝艦に在籍］（二〇一六年六月三日）。我妻指導のワークショップの参与観察は二〇一六年五月二六日東京にて実施。我妻の他、大駱駝艦の踊り手三名が参加した。

15 野口三千三（指導）、羽鳥操（アシスタント）により新宿にて週に一度開催。二時間のクラスは板書を伴う野口による講義と参加者の実技で構成された。野口の没後は主に羽鳥操や新井英夫（体奏家）が大学を含む各所で教えており、二〇二〇年三月には動画の公開も始めている。

16 大駱駝艦の歴史と舞踏の拡大への貢献に関する記述の一部は、拙論（"Open Butoh: Dairakudakan and Maro Akaji," in *The Routledge Companion to Butoh Performance*, London: Routledge, 2018, pp. 181-191）に英文で発表したものである。

17 代表作『海印の馬』など。

18 壺中天、夏合宿、ワークショップなど。壺中天とは、麿の監修のもと、メンバーが振付家となり作品発表を行う活動であり、舞踏の後進の育成、舞踏グループの組織の維持において極めて独自性の高い活動である。拙論"Open Butoh: Dairakudakan and Akaji Maro"を参照のこと。

19 一九四七年に山本安英を中心に結成され、木下順二の作品のほぼ全てを上演した劇団。一九六四年解散。

20 アンダーグラウンド演劇の特徴のひとつに、戯曲に依存した従来の演劇への対抗としての、俳優の身体性の重視が挙げられる。状況劇場における麿は「蛮林を鉈でたたき切ってまわるような、あばれまくる役者の肉体」とも評されている（富岡多恵子『行為と芸術　十三人の作家』美術出版社、一九七〇年、四〇頁）。

21 扇田昭彦『唐十郎の劇世界』（右文書院、二〇〇七年）、四九頁。

22 麿赤兒『怪男児 麿赤兒がゆく』(朝日新聞出版、二〇一一年)によれば、唐が七〇年に国内の戯曲賞を受賞してから、状況劇場の演劇はセリフに重きを置くようになりつつあった。麿は言葉に傾斜していく唐に方向性の違いを感じ、退団を決意する。

23 天児、田村、大須賀は演劇経験者であり、室伏鴻とビショップ山田はアスベスト館の稽古に参加していた。原田広美『舞踏大全』(現代書館、二〇〇四年)参照。

24 筆者による麿赤兒インタビュー(二〇一六年七月九日)より。以下、註記のない麿の発言は全て同日のインタビューによる。

25 『陽物神譚』は澁澤龍彦の小説を原作としたローマ皇帝ヘリオガバルスの物語であり、客演した土方が皇帝を、麿は青塗りでサタンを演じた。舞踊評論家の市川雅はこの作品について、白塗りの男女による荒唐無稽な「グロテスク・ナンセンス舞踊」でありながら、「醜悪な者たちが、犠牲行為を通じて、ナンセンスから聖性へといかに飛躍できるかを、肉体そのものの形で示してくれた」と評している(『見ることの距離』新書館、二〇〇〇年、八七頁)。また出演したビショップ山田は「原色のエネルギー、大駱駝艦の一大ピークであり、暗黒舞踏史上忘れがたい舞踏シーン」の祝祭的空間が現出したと記す(山田一平『ダンサー』太田出版、一九九二年、二一八頁)。

26 相原朋枝「日本国外における舞踏家の活動を探る」(『お茶の水女子大学人文科学紀要』五五号、二〇〇二年、二三七―二四六頁)、二四〇頁。

27 相原前掲論文。

28 現在ではこれらのワークショップの参加経験を根拠に「舞踏家」を自認する者も少なくない。

29 パジェス、シルヴィアーヌ『欲望と誤解の舞踏——フランスが熱狂した日本のアヴァンギャルド』パトリック・ドゥヴォス監訳、慶應義塾大学出版会、二〇一七年

30 室伏とカルロッタは毎夏ウィーンで開催されるフェスティバル“Impulstanz”でも長く指導に当たった。フランスでは他

に古関すま子や岩名雅記らが独自のワークショップを開催し、支持を集めた。なお一九七八年にパリで開催されたフェスティバル・ドートンヌ《間展》の〈闇の舞姫十二態　ルーブル宮のための十四晩〉では芦川羊子が踊り、土方直系の舞踏はここで披露されている。

31 倒立には野口体操の特性がよく表れている。まず一般的な倒立開始時に見られる床を蹴って脚を振り上げる動作が見られない（その点では肘、膝を伸ばした伸肘倒立に近い）。直立の姿勢から倒立を開始し、下肢は伸展したまま上体をわずかにひねりつつ、野口体操の「ぶら下げ」（後述）の動きのように徐々に下げていく。両手が床に着くと同時に両脚がスッと上がる。この時、頚椎の湾曲は見られず、直立姿勢をそのまま逆転したような姿形になる。両腕で支えているものの、一見したところ力みは感じられない。

32 一九九六年から一九九七年の野口体操教室で見られた光景である。

33 野口三千三『原初生命体としての人間』（三笠書房、一九七二年）、一九頁。

34 野口三千三『野口体操　からだに貞く』（春秋社、二〇〇二年）、六―七頁。

35 同書、八頁。

36 野口体操の「寝にょろ」は「からだほぐし」の一環として日本の学校体育の現場にも取り入れられている。

37 野口三千三『原初生命体としての人間』、二〇頁。

38 同書、三四頁。クラスに参加した筆者に、野口は「君はもっと自分の中身を信じて動いた方が良い。まだ少し、外側を気にしている」と述べた（一九九六年一一月一九日）。

39 この時の動きの起点は足裏にある。足裏で床面を踏み込んだ際、床面から受ける反作用が動きを生むとする。野口の著書やクラスでは「作用」、「反作用」の語が頻出した。なお「ぶら下げ」の詳しい方法については羽鳥操『野口体操　感覚こそ力』（柏樹社、一九九七年）を参照のこと。

40 筆者による我妻恵美子へのインタビュー（二〇一六年五月二六日）より。以下註記のない我妻の発言は全て同様。

41 ワークショップにおける我妻の発言（二〇一六年五月二六日）より。以下同様。

42 土方巽の舞踏譜にも虫とそのバリエーションは頻出している。

43 我妻の説明によると、ボールの受け渡しは相手が送るエネルギーを正確に身体で受け別な対象に送るというエネルギーのやり取りでもあるという。

44 麿赤兒「距離と「間」」『日本経済新聞』二〇二〇年一〇月一日夕刊、一〇面。なお、「をどる」は麿独自の表記である。

45 同前。

46 鉾久奈緒美インタビュー（二〇一六年六月三日）。以下鉾久の発言は全て同日のインタビューによる。

47 ワークショップでは二〇一六年の作品《パラダイス》に登場する「波」の群舞の練習として次のような様子が観察された。踊り手各々は、直立で静止している。足底から下半身、上半身にかけ全身を波打つように一度ゆっくりと揺らし、その揺れに従い足が一歩前に出る。これを繰り返し、前進する。最終的には複数が一列に並び、踊り手全体が一つの大きな波となる。その大きな波が舞台空間を前方へと移動していくことがねらいとされていた。この稽古において我妻が強調したのは、各々が自身の体の中の水を感じ「体の中心に波が通っている」感覚をもとに、全身を貫く波の流れに乗り、その反応として足が「出る」こと、各々の体内の水が波打つ流れにより、体が運ばれる感覚であった。このように、外見上の動きを統一するのではなく、あくまで踊り手個人の身体内部の変化、中身の変化から生まれる動きを積み上げることで群舞が組み立てられている。

48 野口三千三『野口体操　からだに貞く』、二四六頁。

49 野口は「神に訊ねる」という意味を含み「貞く」を多用した。

50 例えば天児は「他動」という語でこれを表している。天児前掲書を参照のこと。

51 『新装版　土方巽全集Ⅰ』(河出書房新社、二〇一六年)、二〇〇―二〇一頁。

52 土方の弟子、小林嵯峨は次のように記している。「踊り手には「表現などという、下品なことはするな、お前達はただあるだけで神様にすでにもう表現されているのだから、それ以上は何もする必要はないのだ」というのが口癖で、踊り手たちが自分自身の理解でこうしてやろう、ああしてやろうという意図やたくらみを持つことは厳しく律せられ、完全な受動態になることが要求された。その点で土方の稽古は非常に厳しかったといえる」(小林嵯峨『うめの砂草――舞踏の言葉』アトリエサード、二〇〇五年、八一頁)。

53 土方からの影響の一端は、筆者のインタビューにて麿が回想した土方との稽古の一場面から窺うことができる。土方は「歩行」の稽古の場面で、歩こうとする麿に対し「なぜ、左足を出して歩くんだって。なぜ右足で歩くんだと。それしかないのか」という言葉を投げかけた。結果、麿は歩けなくなったと語る。疑いもなく動く麿に対し、土方は言葉によって揺さぶりをかける。土方のこのような発言から、麿は「はぐれた体」を発想したと語っている。また大駱駝艦の三つの柱の一つ「日常の中からの身振りの採集」にも土方の舞踏との共通性が見られる。拙論“Open Butoh: Dairakudakan and Maro Akaji”を参照されたい。

カニングハムと土方巽——アンチモダニズムの心身

酒向治子

　マース・カニングハム（Merce Cunningham、一九一九―二〇〇九）は、二〇世紀半ばに主題や内面の表現を重視するモダンダンスからのパラダイム・シフトを起こし、ポスト・モダンダンスの道を切り拓いた現代舞踊の巨匠である。本稿では、舞踏がモダニズムとの決別によって獲得した新たな身体性に着目し、アンチモダニズムという視点から、カニングハム舞踊の身体性を照射してみたい。その際に要となるのが土方巽《ひじかたたつみ》（一九二八―一九八六）との比較である。

　もっとも、重心を低く落とし、がに股の姿勢を特性とする土方舞踏の身体と、バレエと共通のアン・ドゥオール［脚の付け根の関節脚全体を外向きに開く姿勢］を身体語彙にすえるカニングハムのそれとを同一線上に並べて語ることには、違和感を覚える向きもあるかもしれない。事実、彼らが自ら求める心身像を外在化するためのアプローチは大きく異なるという印象を受ける。しかし、ここで注目するのは、そうした外観的差異とは対置的な、外側から見えにくい、両者の根底的な表現観、心身観における類似点である。

　舞踏と西洋の舞踊文化史におけるポスト・モダンダンスの派生を重ねて論じること自体は、評論家の市川雅《いちかわみやび》を皮切りに、これまでにも断続的に行われてきている。例えば稲田は、舞踏に見られる反社会性・反道徳性・祭儀性・原始性という特徴をカニングハム舞踊との相違点としておさえつつ、土方とカニングハムがモダニズムへのアンチテーゼとして採った舞踊スタイルには共鳴する部分があったと論じる。[*1] しかしながら、過去の議論では論点が拡散しており、結論も断片的なものにとどまっている。そこで、本稿ではカニングハムと土方の舞踊活動を明確に区分した上で、アンチモダニンズム舞

Column

踊の生成期（一九五〇年代―六〇年代）に焦点を絞り、彼らが切り拓いた身体性の特性について踏み込んで論じてみたい。

カニングハム舞踊については、日本で本格的に紹介されたのが一九七〇年代以降であったことから、一九七〇年代以降の作品のイメージによって語られる傾向にある。カニングハム舞踊について、その活動を明確に区分した上で分析が加えられることは極めて少なく、このことが、時には誤解ともいえる解釈を生むことに繋がっている。だが、実はカニングハム自身が、自らの活動を四つに区分しているのである。*2 これを整理すると以下のようになる。

第1期（一九四〇年代後半―）グラハム舞踊団を脱退し、自らの舞踊団を結成。音楽家のジョン・ケージをパートナーに、「リズム構造（rhythmic structure）」と呼ばれる、時間上の特定のポイントでのみ音楽と舞踊を結びつけるという共同制作法を試みた時期。

第2期（一九五〇年代―六〇年代）リズム、タイミング、ダンサーの位置や方向性、動きの順序など、偶然性を用いて創作を遂行する「チャンス・オペレーション」や、あらかじめ与えられた動きやリズム、方向などを舞台上でダンサーに選択させる「不確定性（indeterminacy）」の実践を試みた時期。

第3期（一九七〇年代―八〇年代）ビデオやフィルムダンス作品に取り組んだ時期。

第4期（一九九〇年代）コンピューターに着目した時期。

以上のうち、カニンガムの振付スタイルが大きく変化したとされるのは第2期以降であるが、本稿では核となる創作技法の模索と確立を行った第1期と第2期を【前期】、ビデオやコンピューターというメディア・テクノロジーの活用へと関心が移った第3期と第4期を【後期】とする。もちろん、カニングハムの舞踊の本質は【前期】に形成されたといってよい。
一方の土方巽はカニングハムより九歳年下であり、また舞踊人生も短い。カニングハムが長い時間をかけて実験的模索ができたのに対し、土方はダンサーであった期間も、独自の世界の構築に至るまでの期間も比較的短く、凝縮した舞踊家人生を駆け抜けていったといえる。だが彼らは若い時期にモダンダンス舞踊家として活動し、そこからモダンダンスと決別した点や、先駆者ゆえに受けたバッシングとその直後の革命者としての熱烈な歓迎、そして舞踊界を背負うスターとして位置付けられた点などにおいて非常に似通っている。また、一九六八年に奇しくも両者ともが活動の区切りとなる作品を発表しているのである。土方は《土方巽と日本人——肉体の叛乱》、カニングハムは《Walkaround Time》を発表し、それ以降ダンサーとして一線を退き、舞踊団の統括者としての側面を強めていく。

さらに注目すべきは、一九七〇年以降の作風に注目が集まる傾向であろう。土方の舞踏については七〇年前後の技法完成期以降が着目されやすい。カニングハムについてもまた、ジャドソン・チャーチ派の源流となった歴史的意義が強調されることが多く、シーゲル曰く「わたし達はしばしばカニングハムが何を始めたかに焦点を当て〝ポスト——カニングハムダンス〟の先駆者としての重要性ばかりを強調する。そして彼自身の作品が持つ力強さを見過ごしてしまう」のである。[*3] 筆者はこれまで【前期】と【後期】ではダンサーの身体性が劇的に変化したことを挙げ、【前期】に見られた個性溢れるカニングハム舞踊団のダンサーのあり方について論じてきた。[*4]

土方やカニングハムが意図したのは、西洋舞踊界の支柱であるバレエの様式美や、二〇世紀前半に全盛期を迎えた表現主義的舞踊の枠組みの改革である。それは同時に、物語や自己の内面を伝える手段としての、二元論的な心身の関係性からの脱却を意味していた。

カニングハムにとって、ダンサーの〈自分という意識に執着した自己の状態、自我の克服〉は生涯を通した重要なテーマであった。自我とは「演者を拘束し限定づける不必要な癖」[*5]、または「華麗に見せるためにポーズを長めに行うこと」など[*6]、舞台の前面に出ようとする自己の在り方であり、舞踊の真の表現性を妨げるものに他ならない。舞踊団の結成前の一九五一年の時点でカニングハムはすでにダンサーの理想的な状態として、余計なものを削ぎ落とした「あるがまま」の身体、「透明な身体」に至ることの重要性に言及している。[*7] また、次のようにも語る。

一度でいいから自分自身から脱け出すことができればいいのですが……いいですか、これはダンサーにとってとりわけ難しいことなのです。彼らのいちばんの気がかりはまさに彼ら自身なのですから。しかし、彼らはそれをしなくてはならないのです。[*8]

カニングハムは、身体に基づく舞踊の表現性は演者が意図的に「押し出す」ものではなく、逆に表現しようという意図を失うことによって「自然に現われる」と見なしている。[*9] これは、「表現しよう」とする自我が消失することによって逆に表現的な身体が表れるとした土方の考え方と極めてよく似ている。二人が目指すダンサーの状態とは、通常経験されるような心もしくは精神が客体としての身体を支配するという心身二元論的内部感覚が消失した、ただ「動いている」という心身の融合状態、すなわち客体としての身体が完全に主体化された、「無心」の、「心身一如」の状態といえる。

それでは、自我意識を克服した「無心」「無我」の状態に演者を誘うべく、彼らはどのようなアプローチを採ったのだろうか。後期の土方は、演者に対して言語によるイメージを投げかけ続けることで、形態を模倣するのではなくイメージそのものに関わり続けることを促すという方法によって、演者の自我の芽生えを退けたことが三上によって指摘されている。[*10]

しかし前期においても、その萌芽はすでに見られるのだ。例えば、一九六四年の厚木《あつぎ》凡人《ぼんじん》ダンスリサイタルにおけるエピソードが挙げられよう。ここで土方は、《他人の作品》という作品を厚木に振り付けている。厚木は、「椅子を持ち出してきて、ボクサーがコーナーで休むのと全く同じ動作をさせられたり、「オイッ！　扇子！」と言われて、扇子をもつ約束なんかなかったのにそれで踊らなければならなかったり」と、土方がダンサーに考える時間を与えずに動作を行わせるのが上手であったと語っている。[*11] 注目すべきは、土方は演者にただ言語によるイメージを伝えたのではなく、予期せぬタイミングで身体記憶にないイメージを投げかけたり、また演者に考える時間を与えないほど言葉を投げかけ続けることで、演者の意識による統御を不可能な状態にしたという点である。厚木の体験を考慮すると、土方は一九六〇年代半ばには、演者の無我を追求しつつ、それを創作プロセスの要にしていたと思われる。

　一方でカニングハムはどうか。彼の創作手法の一つに、あらかじめ与えられた動きやリズム、方向などを舞台上でダンサーに選ばせるという、演者に選択の幅が与えられる「不確定性」というものがある。しかし、一九六〇年代半ばまで積極的に試みられたこの手法は、《Story》（一九六四）を最後に行われなくなった。この理由については様々な解釈がなされているが、[*12] カニングハム舞踊団の主要ダンサーであったブラウンの証言は傾聴に値しよう。ブラウンによれば、《Story》に出演したあるダンサーがフレーズを行うのに時間をかけすぎた際、カニングハムは不快感を示し、そのダンサーを抱きかかえて退場したのである。[*13] 同じく元ダンサーのロイドは「不確定性」を経験する中で、「正確さよりも、もっともっと自分のやりたいように行いたいという気持ちが起こってくる。正確なステップよりも筋感覚的な感情の赴くままに即興をしたくなる」という感覚について述べている。[*14] カニングハムはダンサーに選択の幅を与えることによって、ロイドの発言に見られるような、自己自身に対する集中が削がれることを危惧したのではないだろうか。つまりカニングハムが「不確定性」の手法を放逐したのは、それが無我の状態を導く演者のストイックな姿勢を崩しかねない性質を孕《はら》んでいたからではないか、と思われるのである。そして、もしそうであるならば、カニングハムにとってダンサーの自我の克服とは、創作技法の根幹をなすほどに重要な課題であったということになる。

無我の状態とは、型のある舞踊においても究極の理想とされるものでもあろう。しかしながら、土方とカニングハムの革新性は、アプローチこそ異なれど、絶えず演者の自我を揺さぶる創作法の中で、演者の無我を導きだそうとした点にある。言い換えれば、彼らの心身観は、創作法を形成する上で軸になるものであり、さらにそれぞれの舞踊の生成期にすでに育まれていたものといえる。

自らがモダンダンスのダンサーであった両者の、モダンダンスへの身体を通した「違和感」こそ、二〇世紀舞踊を新たなる位相へと展開させる出発点だったのかもしれない。彼らが起こした、音楽や物語性に従属しない心身の脱二元論的なあり方をもたらした革命は、現在のコンテンポラリーに至るまでの礎《いしずえ》を拓き、今後もさらに外延を広げていくだろう。

——注

1 稲田奈緒美「土方巽の舞踏と文章——形式と文体による舞踏解読の試み」『早稲田大学大学院文学研究科紀要』第四六号、二〇〇〇年、一九頁。

2 Cunningham, Merce. "Four Events That Have Led to Large Discoveries," *Art Performs Life: Merce Cunningham/Meredith Monk/Bill T. Jones*. Minneapolis: Walker Art Center, 1998, pp. 20-21.

3 Siegel, Mercia B. *Watching the Dance Go By*. Boston: Houghton Mifflin Company, 1977(1972), p. 293.

4 酒向治子「M・カニングハムの舞踊における演者の自由性について」『美学』第五一巻四号、二〇〇一年、四九—五九頁。酒向治子「マース・カニングハムの舞踊における静

(stillness) の展開」お茶の水女子大学、博士論文、二〇〇一年。

5 "Cunningham." *The Christian Science Monitor*, 15 Mar.1962, n.p.

6 Cunningham, Merce."Impermanent Dance." 1952. Rpt. in *Merce Cunningham: Fifty Years*. Melissa Harris ed., New York: Aperture, 1997, p. 87.

7 Cunningham, Merce. "The Function of a Technique for Dance." Rpt. in *Merce Cunningham: Fifty Years*, p. 60.

8 Lesschaeve, Jacqueline. *Dancer and the Dance: Merce Cunningham in Conversation with Jacqueline Lesschaeve*. New York: Marion Boyars, 1999(1983), p. 165.

9 Cunningham,"Impermanent Dance," p. 86.

10 三上賀代『器としての身體——土方巽・暗黒舞踏技法へのアプローチ』ANZ堂、一九九三年。

11 国吉和子「土方巽をめぐる二つのシンポジウム——'50年代から'60年代の作品を中心に」『舞踊学』第一〇号、一九八七年、三七頁。

12 例えば、ポスト・モダンダンスを分析した*Terpsichore In Sneakers*(1977)の著者として知られるバーンズは、一九八九年の第一二回 Society of Dance History Scholars会議において、カニングハムが「不確定性」を退けた事実を、彼の権力的意志に基づく政治的選択(political choice)であったと述べ、演者が自由にふるまうことに対する危機感、演者に対する支配力が弱まるのを恐れた結果であるという解釈を提示している。Banes, Sally. "Merce Cunningham's Story," Society of Dance History Scholars, *Proc. of Society of Dance History Scholars 12th Annual Conference*, 1989, p. 107.

13 Vaughan, Rhonda. "Cunningham and His Dancers," *Ballet Review* 15. 3(Fall 1987), p. 24.

14 Banes, "Merce Cunningham's Story," p. 99.

ブルース・ベアード（大野ロベルト訳）

第4章

西洋的欲望の迷宮に踊る

日本国外での土方巽

1　舞踏史の興味深い一面

ある夜、東京でのワークショップを終えたあとの酒席で、土方巽に師事した舞踏家である和栗由紀夫《わぐりゆきお》（一九五二—二〇一七）が、私たちに話してくれたことがある。ヨーロッパで同様のワークショップを開催した際、参加者たちから自信たっぷりに、「いま見せてもらったものは舞踏ではない」と断言されたことが、一再ならずあったというのである。言うまでもなく和栗は、舞踏の創始者である土方巽《ひじかたたつみ》（一九二八—一九八六）と、一九七二年から一九七九年まで共に踊り、《疱瘡譚《ほうそうたん》》をはじめとする重要な作品に出演している。だから、その和栗に向かって「あなたのやっていることは舞踏ではない」と西洋人が言い放つことは、ほとんど馬鹿げているようにも思われる。とは言うものの、確かに和栗のワークショップが提供する体験は、参加者たちがそれまでに参加したであろうワークショップのそれとは、ほぼ完全に異なるのだ。それはなぜか。

日本国内では周知の事実だが、舞踏というものが創始されて以来、その不動の中心は土方巽であった。その状態は、土方が一九八六年に時ならず没するまで続いた。ところが、奇妙なことと言わざるを得ないが、土方はかなり最近まで、日本国外では無名に近い存在だったのである。そう、和栗に向けられた言葉の正体もここにあるのだ。だが、いったいなぜこのような事態が起こったのだろうか。このような盲点が生じたことで、舞踏の歴史にはどのような影響が生じたのだろうか。舞踏や土方をめぐる理解は、どのような変遷をたどったのだろうか。そして未来へ向かって、どのような展望が開けているのだろうか。本章ではこれらの問いに答えることを目的としたい。

まず最初に確認しておかなければならないが、土方が率いた小さな舞踊家集団は、ほとんどの作品について、「舞踏」を標榜してはいないのである。ドイツ表現主義の流れを汲むモダンダンスをはじめとする同時代の様々な新しいダンスの試みや、バレエのような古典的なものから自分たちの活動を区別するために彼らが選んだのは、むしろ「DANCE EXPERIENCE」などの言葉であった。多くの「アングラ」の表現者たち同様、彼らは新劇風の社会主義リアリズムに反抗し、《あんま》や《バラ色ダンス》、《トマト》など、シュルレアリスム、ダダイスム、そしてハプニングを取り込んだ作品を創出した。政治的意図は概してさりげなく暗示されるだけであったが、それでもダンスの重要な部分を占めていた。例えば《あんま》では、軍服を着たダンサーたちが別のダンサーたちによって荷車に乗せられ、舞台から追い出される場面があるが、これは戦争から帰った傷痍《しょうい》軍人に対する待遇を表現したものである。[*1] また《バラ色ダンス》にはホモエロティックなダンスが二つ挿入されるが、一九六〇年代の演劇において、同性愛がまだまだ禁忌であったことは言うまでもないだろう。

ところが一九六〇年代の半ば、あるいは後半になると、一つの塊のように見えた集団が分節化し、いくつものグループや流派に分かれていった。土方は、イメージの力を通してダンサーたちに自らの心と身体を見つめ直させることで、表現を変容、あるいは深化させるという、より生成的な方法に注力するようになる（この方法を指して「舞踏譜」と呼ぶことがあるが不正確である）。従前のパフォーマンス同様、これらの作品も同程度には（ただし、より暗示的に）政治参画の意図を持っていたと言えるだろう。例えば合田成男《ごうだなりお》は、《疱瘡譚》という字義的には天然痘などを示唆する標題が、ハンセン病の巧みな言い換えであることを指摘し、土方が「癩者《らいしゃ》の苦痛にわれわれを立ち戻らせる」と述べる。[*2] ハンセン病が治る病気となったあとも強制隔離の問題は続き、これが違法な措置という決定が下ったのは一九九六年のことであったから、[*3] 一九七二年の時点でハンセン病に関わる作品を舞台に乗せることは、紛れもなく政治的な行為だったのである。一方、ほかの多くのダンサーは、即興に注力し、常にではないが、しばしば屋外で、自然のなかで、創作に励んでいた。これらの即興舞踊のなかには、内向的な、個人的な救済を主題としたものもあり、またより大がかりな、スペクタクル的なものもあった。あるグループでは、舞踏とは特定の技術の総称ではなく、演劇的な用語であると考え、したがって舞踏という言葉を使いはじめた共同体とは無関係の、何ら訓練を受けていない者であっても、まったく独学で舞踏を体得することは可能であるとした。七〇年代の半ばから後半にかけて、包括的な用語としての「舞踏」が定着していったが、それぞれに異なる思いつきを、異なった方法で形にする様々な人たちが、自分たちのやっていることは舞踏である、とそれぞれに主張していたのである。

2　世界に拡散する舞踏（土方は抜きで）

七〇年代の後半になると、アーティストたちはそれぞれの作品をひっさげて世界を回るようになった。先陣を切ったのは石井《いしい》満隆《みつたか》（一九七一年）やエイコ＆コマ（一九七二年）である。この三名は、数年間は無名の状態で創作を続けていたが、エイコとコマは一九七六年にニューヨークへ移り、その都市の前衛舞踊シーンに欠かせない存在となってゆく。これに続いたのが室伏鴻《むろぶしこう》とカルロッタ池田で、彼らがパリへ渡ったのは一九七七年の後半であった。室伏はしばらく土方に師事していたが、それと同時期に、池田と共に大駱駝艦《だいらくだかん》の麿赤兒《まろあかじ》とも活動していた。麿の信条は「一人一派」であり、実際に大駱駝艦からは七人ものダンサーが、各々の舞踏を背負って世界へ飛び出している。七人とはすなわち、ビショップ山田、室伏鴻とカルロッタ池田、大須賀《おおすか》勇《いさむ》、天児《あまがつ》牛大《うしお》、そして田村《たむら》哲郎《てつろう》と古川《ふるかわ》あんずである。

室伏と池田の公演《最後の楽園——彼方《かなた》の門》は一月続いたが、ヨーロッパで話題になった舞踏は、事実上これが最初のものである。その一九七八年の後半には、土方もフェスティバル・ドートンヌに招かれたものの、自ら赴くことはせず、代わりにトップ・ダンサーの芦川《あしかわ》羊子《ようこ》を送り込んでいる。芦川は現地でテレビにも出演し、また演目そのものも観客に非常に強い印象を与えた。結果として二週間の公演の後半には、一日に五度も舞台に立つことになった。また田中泯《たなかみん》も、フェスティバルで土方の不在を埋め合わせた一人である。田中は当時、舞踏のコミュニティに属していたわけではなかったが、フランスの観客はそうと思い込んでしまったのだ。ともあれこれらの公演のおかげで、フランスにおける舞踏はごく短期間に、知られざる芸術から、パフォーミング・アーツの関係者なら知っているべきものへと変容したのである。

一九八〇年に北フランスのナンシーで開催されたワールド・シアター・フェスティバルを準備するに当たって、主催者が大野《おおの》一雄《かずお》（一九〇六―二〇一〇）、山海塾《さんかいじゅく》、田中泯、笠井《かさい》叡《あきら》を招待したのも、そのような経緯を踏まえてのことであった。大野一雄と山海塾はとくに脚光を浴び、山海塾はそれを機に、パリ市立劇場と長期にわたる関係を築くことになった。新作を用意し、まずは市立劇場で公演すると、翌年にはその作品をひっさげてフランス各地方やヨーロッパ各国、そして後年には南北アメリカ大陸にまで巡回公演を打つ、という体制をとるようになったのである。

ナンシーのフェスティバル当時、ヨーロッパ中から集まってきた観客は当然ながら舞踏の歴史に疎かった。それどころか、日本の舞踊全般について、知識を持たなかった。しかも会場では、どういうわけか大野一雄が「日本のモダンダンスの開祖」として紹介されたのである。[*4] 大野もまた、山海塾同様、ヨーロッパのパフォーマンスの世界の常連となってゆく。田中泯はと言えば、一九八三年から自らも舞踏という看板を掲げるようになり、二〇〇〇年頃まで海外公演を続けていた。

だが土方は、一九八三年に再びヨーロッパ公演の機会が訪れた際にも、芦川羊子と小林《こばやし》嵯峨《さが》を送り込んでいる。土方は「波」に乗ろうとせず、生涯、日本から出なかった。その決意についてはいろいろな憶測がある。飛行機が怖いから、という説もあった。エキゾチックなものを観たがっているにすぎない西洋人と関わっても、舞踏が傷つくだけだと考えたのだろう、という意見もある。一九八六年に土方が没すると、芦川は自分の舞踏団である白桃房《はくとうぼう》の主宰としての地位を、フリージャズ演奏家の友惠《ともえ》しづねに譲渡した（奪われた、と言ってもよいかもしれない）。当初は振付家として芦川の名が残っていたが、すぐにあらゆる工程が友惠ひとりの名で進められるようになった。芦川ほどの名声も（おそらくは技術も）持たない友惠を指導者に据えた白桃房は、舞踏の世界で頭角を現すには至らなかった。

海外進出という大きな変化の結果として、エイコ＆コマ、山海塾、そして大野一雄が、欧米で最も有名な舞踏家の地位にのぼった（エイコ＆コマの場合、自分たちの踊りを「舞踏」ではなく、「ホワイト・ダンス」や「デリシャス・ムーブメント」と呼んでいたにもかかわらず、である）。ここで、欧米における舞踏理解の一端を日本のそれと比較する一助として、複数のデータベースでそれぞれの舞踏家がヒットする件数を参照してみよう。

日本国内のデータベース（二〇〇七年以前[*5]）

土方巽	五九一
大野一雄	五三七
田中泯	三六八
山海塾	三五二
大駱駝艦	二三五
天児牛大	二〇二
笠井叡	一六八

麿赤兒　一〇〇

欧米のデータベース（二〇〇六年以前）[*6]

エイコ＆コマ　六五〇（内「舞踏」の語を含む結果、一二八）
山海塾　六四五（内「舞踏」の語を含む結果、二八四）
大野一雄　三〇三
天児牛大　二四三
土方巽　一八二
田中泯　一二七
カルロッタ池田　一二五
大駱駝艦　六〇

一瞥してわかるように、土方と大野が日本国内では最も名前の挙がる舞踏家であるのに対して、欧米ではエイコ＆コマと山海塾への言及が圧倒的に多いのである。また欧米の報道記事などで最も明確に「舞踏」という語と結びついているのは山海塾であり、六四五件のうち二八四件で「舞踏」という語が併記されていた。それに対してエイコ＆コマに関する記事では、「舞踏」が引き合いに出されるのは一二八件に留まっている。

まとめておこう。土方自身は海外公演を打つために日本を出ることはなく、一九八六年に没するまでに二度、自分の指導したダンサーを送り込んだだけである。海外で成功したダンサーたちの多くは、土方の直接の弟子ではない。エイコ＆コマは目立つデュオであるが、彼らは独自の舞踊観を持ち、土方の方法論と長く向き合うことはなかった（それに二人は、土方が権威主義的であるとも感じていたのである）。大野一雄は土方と何度も舞台を共にしているが、ソロの踊り手としても名声を確立している。一方、室伏鴻、カルロッタ池田、天児牛大など重要なダンサーを世に送り出したのは麿赤兒であった。また田中泯のように、欧米の観客から誤って「舞踏」のレッテルを貼られたり、あるいは自分たちの活動に合わせて「舞踏」を定義し直したりする場合もあった。土方巽という名は、どこか謎めいた舞踏の創始者のそれとして言及されることがないわけではなかったが、相対的に見た場合、さほど注目されて来なかったと言ってよいだろう。

3　西洋における当初の舞踏理解

西洋人の舞踏に対する理解の背後には、以上のような事情があるのだ。室伏や池田のズタズタに引き裂かれたような衣装を見たことも手伝って、フランス人が舞踏には原爆と深い関係があるという、やや飛躍した結論に飛びついてしまったことはよく知られていよう。[*7] 西洋人はまた禅や能、歌舞伎を経由して舞踏を理解しようとした。

また、こんなこともあった。室伏と池田が一九七八年の舞台で、三島由紀夫が自衛官を相手に行った演説の録音を流したのだ。それがどのような効果を狙っての選択だったのかは詳《つまび》らかにされていないが、日本の歴史やアイデンティティに対する何らかの問いを投げかけるものであったことは想像に難くない。だが、観客は当然ながら三島の演説の内容を理解できないので、その舞台を七〇年代の政治的雰囲気のなかに置いてみることもしなかった。

後年、大野や天児は自身の舞踏を宇宙論のような形で語ることが多くなった。六〇年代から七〇年代にかけて公開された作品には多分に政治的側面があったにもかかわらず、こと原爆に向けられる批判的まなざしを別にすれば、舞踏は非政治的なものと考えられるようになっていったのである。

技術的な側面について述べるならば、例えば大野はヨーロッパで舞台に立ったとき、すでに半世紀近いダンス経験を持っており、当然ながら幅広いテクニックに習熟していた。*8 大野の振付は土方よりも即興的であることを原則とするが、執拗にイメージ操作を行うことも特徴である。天児の方法は部分的に野口体操を下敷きにしている。天児もまたイメージ操作を重視することは、土方や麿とも共通している。とくに土方の舞踏の生成法が、天児の踊りの所作のなかに見出されることは少なくない。また海外進出の初期には、山海塾や大野の抑制された動作に賛辞が向けられることも多かった。だが大野も天児も、創作の技術についてあまり口を開くことはなかったのである。それどころか大野の場合には、技術をなくもがなのものとし、内なる状態の表現としてダンスを捉える向きも強かった。だからこそ西洋でも、舞踏は即興を旨とし、特段の技術を必要としない、誰にでも参加可能なダンスである、という考えが波及したのである。*9

人々の舞踏に対する理解に影響を与えたもう一つの要素は、一連の写真集や、舞台を撮影したフィルムの存在であった。その基本的な姿勢は、パフォーマンスの異様さを際立たせるものである。Heardter and Kawai, *Die Rebellion des Körpers*（一九八五）、Marc Holborn, *Butoh: Dance of the Dark Soul*（一九八七）、Viala and Masson-Sekine, *Butoh: Shades of Darkness*（一九八八）などの写真集は、度肝を抜くような写真と、その背景を綴った評論や、関係者へのインタビューなどで構成されており、踊り手たちの創造の過程はあまり焦点化されていない。同様に Edin Velez, *Dance of Darkness*（一九八九）*10、Michael Blackwood, *Body on the Edge of Crisis*（一九九〇）、Chris Bollard and Richard Moore; *Butoh: Piercing the Mask*（一九九一）などの記録映像も、見る者を不安にさせるような凄烈な舞台映像に、ダンサーや評論家へのインタビューを組み合わせたものであり、肝心の作品がどのように創られたのかという点はほとんどわからない。つまりここには、既存の「舞踏像」を覆すようなものは何もないのである。このような資料の登場によって、舞踏の学術的な研究も行われるようになったが、そこにも問題はあった。論文を書いていたのは多くが舞踏の熱心な観客たちであって、彼らは必ずしも日本の歴史について知識を持っていたわけではないから、舞踏に明確な文脈を与えることができなかったのである。*11

舞踏と土方が東西でどのように異なる受け取り方をされるのかについては、こんな逸話もある。遠藤公義《えんどうただし》は舞踏家ではなかったものの、大野がヨーロッパでインタビューを受ける際に通訳を依頼されると、これを引き受けた。ところが大野の答え方が奇妙なので、記者はみるみる不機嫌になった。見兼ねた遠藤は、正直に通訳することをやめ、大野が言わんとしていることを解釈し、感じ取って、それを記者に伝えることにした。すると記者は満足の表情を浮かべたのである。温厚な大野は、何が起こったのかを理解しても、遠藤を叱りはしなかった。そして一方の遠藤はこの経験を機に、自身も舞踏家になることを決意したのである。この逸話が本章にとって重要なのは、記者は大野の言葉を理解しようと努めるのではなしに（なるほどそれは簡単なことではないが）、第三者の平易な説明のほうに飛びつき、それこそが舞踏である、と判断したからである。しかも遠藤自身が独学の舞踏家として身を立てるようになったことは、ヨーロッパにおける舞踏理解を考えるうえで示唆的であろう。

4　舞踏史に土方をさしもどす

土方に対する見方に変化が出てくるきっかけの一つとなったのが、若い世代の弟子である三上賀代《みかみかよ》が『器としての身體――土方巽暗黒舞踏技法へのアプローチ』（ANZ堂、一九九三）を出版したことである。*12 土方の振付の方法をつぶさに分析したこの書物のなかで、三上はそれぞれの所作を分類し、それらが一連の動作のなかでどのように接続されるのかを説明した。また同書の後半には、土方との稽古の様子を綴った三上自身のノートを、さらに同門のダンサーたちのノートで補完したものが収められている。たしかに、ここにはいくつかのスケッチも含まれているものの、実際に動きの図解があるわけではなく、また土方が特定の語句を紡ぎながら動きを創造したり更新したりする方法を、土方自身がどのように整理していたのかを明かすものではないので、三上のノートを見ただけでは動作の意味を理解することは難しいだろう。ただこの著作によって、土方やその影響を受けた多くの舞踏家たちがどのように舞台上で望ましい効果を追求していたのかということが、欧米の研究者や観客には初めて呑み込めたのである。同書はその後も時間をかけて、人々の舞踏に対する意識に、徐々に染み込んでいった。

一九九八年は、土方に対する理解が大きく深まった年である。その背景には三つの出来事があった（しかもそのうちの二つは、一月二一日と二三日に集中している）。一つは土方の『全集』発刊である。この二巻組の書物には土方の書いたものがほとんど網羅されており、一二〇頁におよぶ未公刊の原稿、さらには九五頁ほどの「舞踏譜」も入っている。舞踏譜をさらに分類すると、最初の一四頁は翻刻されたノートであり（三上著にあるものに近い）、そこから四〇頁にわたり、手書きのノートの複製が続く（図やスケッチもあり、この点も三上のそれに近い）。そして最後の四四頁分が、スクラップ・ブックの写真による複製である。[*13] スクラップ・ブックには、土方が美術雑誌などから切り抜き、糊で貼りつけた絵画の写真のまわりに文字が書き込まれており（代筆のときもある）、人物の所作や特徴、あるいは衣装の参考となる点などが記されている。[*14] こうして一般の人々も、土方がどのように作品に向き合ったのかを考えるうえでヒントになる資料に、容易に触れることができるようになったのである。

しかも全集刊行の二日後には、和栗由紀夫のCD―ROM「舞踏花伝」が出ている。[*15] 和栗は一九七二年から一九七九年まで土方に師事したのち、好善社《こうぜんしゃ》を旗揚げした。このCD―ROMには『舞踏譜』と銘打ったブックレットが付属している。収められた動作やイメージを用いた稽古の課題は八八種類で、これは三上著や土方の『全集』よりも少ないが、和栗や団員による実演映像が見られるため、それらの動きが実際に舞台上のどのような動きにつながるのかということが理解しやすくなっている。一つ一つの所作が一連の動きのなかでどのような意味を持つのか、という点について三上著のように踏み込むことはないが、土方の問題意識を主題別に分類し、掘り下げようという意図はしっかりと感じられる。動作と画像がハイパーリンクで関連づけられているので、順を追って見ることも容易である。なお和栗は、土方の弟子はそれぞれにノートをとっており、自分の解釈もむろん決定版ではなく、数ある解釈のうちの一つに過ぎないのだと述べている。[*16]

先にも一言したように、土方の『全集』や和栗のCD―ROMで用いられている「舞踏譜」という呼称は、語法として誤っていると筆者は考える。土方自身や代筆者、あるいは団員たちによって書き溜められたノートやスケッチは、あるシーンの説明であったり、複数の所作のあいだの関連であったり、あるいは動作の図解などの集積である。またスクラップ・ブックには、絵画作品の切り抜きや、イメージを用いた稽古の方法、衣装やポーズに関する思いつきなどが並んでいる。例えば、「なだれ飴」と題されたスクラップ・ブックを見ると、クリムト作「花嫁」（一九一七―一九一八年）の切り抜きの横に、土方の代筆者の筆跡で、「ドテラの中に顔がいくつもあってそれを捕獲するもう一つの肉化……をたどる動き」と書かれている、という具合である。[*17] 和栗も指摘しているように、これでは楽譜や、あるいはラバンの舞踊記譜法のように、それにしたがって動作を再現することは不可能である。部分的にではあれそれが可能なのは、実際に土方に稽古をつけてもらったことのある者だけだろう。[*18] 土方の書き込みはむしろ、土方自身のための、備忘のメモなのである。あるいは、土方はこれらの切り抜きを踊り手に示し、その仕草や顔の表情を真似するよう指示したり、作品の雰囲気をイメージとして利用し、動作に活かすよう助言したりといった用い方をしたのだ。団員たちの作ったノートも、稽古場での言葉とイメージの洪水から何を学んだのかを忘れまいとするための覚書、という要素が強い。

つまり、土方の振付がどのように生成されたかを明らかな形で整理したノートは存在しないのだ。このことは明言しておく必要があろう。土方は、ステップや、ポーズや、あるいは単純なエチュードで、ある日の稽古を始める。そして、ある動きをしながら、どのようなイメージを思い浮かべるべきか、団員たちに指示する。美術雑誌の切り抜きを示し、その姿を真似たり、その様子や質感を再現するよう促す。異なる場面で、異なる行為に臨んでいる登場人物になりきるように指示する。様々な擬音語や、香りに対して、動作で反応するよう提案したりもする。あるいは団員たちにシュルレアリストの役回りを与え、胸のなかで咲き誇る花とか、ガラスに変質して砕け散る肩とか、自分の胃のなかに暮らす姿とかいった、奇妙な想像をめぐらせるよう命じることもあるだろう。土方は視覚、聴覚、触覚、味覚、嗅覚のすべてにわたる、眩暈《めまい》のするようなイメージの投げかけを行った。それは文字情報として残されることもあったが、ほとんどは、踊り手たちの精神のなかにのみ残留しているのだ。私はこれらを総称するのであれば「舞踏譜」ではなく、「土方メソッド」とか「舞踏生成法」と呼ぶべきであると思うが、それも誤解を招きかねない表現であることに変わりはない。「メソッド」や「法」という言葉はあまりに公式で、秩序的な方法論を想起させるからである。

5　アーカイヴのなかの土方

慶應義塾大学アート・センターが土方夫人の元藤燁子《もとふじあきこ》から土方に関連する資料の寄託を受けたのも、ようやく一九九八年になってからのことであった。[*19] たまたま知人であった同大教授が、元藤の手に余るようになっていた大量の資料を寄託するよう、勧めたことがきっかけであった。むろんアート・センターの所員たちは舞踏にも関心を持っていたに違いないが、当初はおそらくそれ以上に、デジタル・アーカイヴの構築という新しい運営戦略の推進のほうに関心を持っていたと思われる（アート・センターはそのための大きな予算を、日本政府から獲得していた）。[*20]

今日ではThe Keio University Arts Centerという英語名称になっているアート・センターだが、当時はまだResearch Center for Arts and Arts Administration, Keio Universityという表記になっていた。すなわち「芸術作品とその管理運営を研究する施設」である。大学内にアーカイヴを設置し、そこを拠点に知識の収集や拡散を行うということが、当然ながらその主目的であろう。研究所を名乗る以上、第三者に利用させる目的で資料を収蔵するだけでなく、内外で進捗する研究の動向を把握しつつ、収蔵品を素材とする研究を、センター主導で積極的に行うことになる。*21 さらに「管理運営」という言葉が入っていることは、アート・センターにとって芸術というものが、様々な博物館や美術館の網目のなかで管理運営されてゆくべきものであり、同所にはその網目のなかで果たすべき役割がある、ということを意味するのだろう。

なるほど土方のすべての関連資料がコーパスのような形でデジタル・アーカイヴ化され、あらゆる形で検索可能になることが、研究全体の利便性向上に資するはずだというアーキビストの発想は理解できる。例えばインターネットや図書館で「犬」や「飴」といったキーワードで検索をかけた際に土方に関する情報がヒットすることにはあまり意味がなく、ほとんどの利用者にとってそれはノイズと判断されてしまうだろう。だが土方は、自分は踊り手として子供たちに虐《いじ》められている犬に嫉妬したことがある、と告白した人物であったし、*22 スクラップ・ブックには「なだれ飴」という題をつけている。したがって、もしアーカイヴ上で土方のノートや写真、映像やエッセイがすべてデジタル化され、「犬」や「飴」と関連するすべての写真や映像にそのようなタグをつけることができれば、利用者は土方のあらゆるアウトプットのなかから「犬」と「飴」に関わるものを容易に抜き出すことができ、そこから比較検討を重ねて、土方が足を引きずる犬や、なだれてゆく飴の話をしていたときに何を考えていたのか、より深く理解することができるようになるはずなのである*23（全文検索が可能なジョイスの「フィネガンズ・ウェイク」をひもときながら、ジョイスの全アウトプットにおける特定のキーワードについて調査するのと同じように）。*24

もちろん写真や映像に関しては、（書かれた資料とは違い）最初からすべてのキーワードが明らかになっているわけではないので、アート・センターでは外部の研究者とも協力しながら、コレクションの収蔵品ひとつひとつにタグをつける作業を進めた。経済的な事情や著作権の問題もあり、当初の目論見ほどの進捗が見られない領域もあるが、それでもアート・センターは、土方や舞踏に対する研究者の理解のあり方に影響を与え続けている。

アート・センターは危機に直面したこともあった。土方のノートや「舞踏譜」ばかりが焦点化されすぎているという批判が、一部の舞踏関係者から持ち上がったのである。例えば、舞踏は即興を旨とする、と考える田中泯は、舞踏譜を前景化してしまえば、すべての動作を流動的、実験的なものと考えていた土方の踊りがコード化されてしまう、と主張した。[*25] この言葉は、アーカイヴというものがどうしても文字情報や視覚資料に意識を傾けがちであることを、改めて指摘していよう。土方は聴覚的にも、触覚的にも、嗅覚的にも舞踏を伝達しようとしたのに、アーカイヴでの研究は「舞踏譜」に集中し、あたかも譜面化された舞踏として土方の活動を演出してしまう結果になった。

そのような批判への応答か、あるいは過去の研究が抱える限界（三上著では書かれたイメージだけが取り上げられ、和栗のCD—ROMでは土方の稽古はわずかしか登場しない）を意識してか、アーカイヴはその後、収蔵された資料と踊りそのものとの隙間を埋めるための努力を始めた。和栗に加え、小林嵯峨、山本萌《やまもともえ》などの舞踏家を招き、動作のデモンストレーションと、その動作の背景にあるイメージ操作などについて解説を行ってもらったのである。その成果のとりまとめと公表は、予算的な限界もあってか充分には進んでいないが、二〇〇八年には、土方の稽古の手法の解説と、実際の舞踏家による実演映像をまとめた『土方巽　舞踏譜の舞踏』と題した非売品のＤＶＤが完成している。[*26]

6　研究と実践における土方への新たな理解

　このような資料の蓄積や組織的な研究の進捗によって、国内外の舞踏に対する理解は徐々に変化したと言えよう。ルシア・シュウェリンガーは、日本語を読み、話すことのできる海外の研究者として初めて舞踏の研究書を上梓した[*27]。その著書『舞踏誕生　土方巽と大野一雄の動作生成における原理と技術』は、一章をまるごと土方の手法に割いている。「土方の（肉体）イメージとその動作への変換」というその章の下敷きになっているのは三上著であり、同書への言及は二六回にも及ぶ。また二〇〇〇年には栗原奈々子《くりはらななこ》が、土方の文章を選別・翻訳したものを、演劇雑誌『TDR』に発表した。土方の書いたものに欧米の演劇関係者がまとまった形で触れることができたのは、このときが最初である。

　我田引水ではあるが、私自身も、西洋での土方理解の変化に一役買っているつもりである。私は二〇〇〇年から二〇〇二年にかけてアーカイヴを拠点に調査を行い、二〇〇五年に博士論文をまとめたが、それをもとに書き上げたのが二〇一二年の著書 *Hijikata Tatsumi and Butō: Dancing in a Pool of Gray Grits*［土方巽と舞踏——銀砂の海に舞う］である。同書の目的は、舞踏をめぐる欧米の言説の中心に土方を据えることであった。土方は本来、そこに位置しているべき存在だからである。また土方を、戦後日本の文脈のなかで正しく理解してもらうことも私の狙いであった。土方は決して原爆の落とし子などではなく、三島由紀夫や瀧口修造《たきぐちしゅうぞう》、そして澁澤龍彦と熱心な対話を繰り広げた論客である。土方は当時の差し迫った問題、すなわち肉体文学や、オリンピックを目前に焦点化されたスポーツや、生産社会における生産性の追求といった問題に対して、はっきりと意識を持ち、反応を示したというのが私の考えである。一言にしていえば、情報化時代への叛逆こそ、土方の活動の総体ではなかったか。

　そして同年には、ブラジルの研究者クリスティン・グライナー監修のもと、宇野邦一《うのくにいち》の文章を集めた『未知なる身体の創生』が、英語とポルトガル語のバイリンガル版として出版された。[*28] 宇野はここで土方と田中を、個人の肉体と体験というものの独自性に忠実であろうとした芸術家／思想家として捉えている。

欧米の学界における舞踏研究は、いまや瞠目すべき勢いで増殖していると言えよう。例えば二〇一五年には、国際パフォーマンス研究会（ＰＳＩ）が特別会議「汚染を超えて　日本北部の身体性、精神性、そして巡礼」を開催し、土方巽や寺山《てらやま》修司《しゅうじ》など、東北出身の芸術家に焦点を当てた。舞踏に関する報告は実に一九本にのぼり、発表者の出身地も六つの国にまたがっていた。このような国際的な関心の高まりのなかで、エイコ＆コマを専門とするローズマリー・キャンデラリオと私自身が編者となって刊行したのが、二〇一八年の *The Routledge Companion to Butô Performance*［ラウトレッジ舞踏必携］である。[*29] 同書への寄稿者は実に五五人で、その出身地は六大陸、一四カ国にのぼる。土方を直接に取り上げた章は六つで、さらに五つの章が、土方の創造行為を様々な角度から分析している。またフランス、イタリア、ドイツ、メキシコ、ブラジル各国における舞踏の受容を分析する章や、サンフランシスコおよびニューヨークの舞踏フェスティバルを取り上げる章もある。本書をきっかけに開催された二〇一九年一一月の「舞踏ネクスト」と題したシンポジウムでは、新たに三〇本の報告がなされた。[*30]

ところで近年の活動を見ると、慶應義塾大学アート・センターもまた変貌を遂げつつあり、それに伴って土方に対する欧米の理解も、驚くほど変化していることがよくわかるのである。まず二〇一五年には、土方の作品《正面の衣裳》の脚本がバイリンガル版で出版された。[*31] 同書は山本萌が記した動作のためのノートで構成されており、土方舞踏の「脚本」というものがあるとすれば、これが最も近い書籍である（ただし森下隆は序文のなかで、このノートが作られてから実際の公演までにはいくつかの改変が施されたこと、そして本書にあるすべての動作を、山本が完璧にこなせていたわけではないことを指摘している）。[*32] さらに同年、この脚本は幸いにもニューヨークを拠点に活動するビッグ・ダンス・シアターのダンサー、ポール・ラザーとアニー＝B・パーソンによって活用され、そこから創作ダンス《Resplendent Shimmering Topaz Waterfall》が誕生している。ラザーとパーソンは土方舞踏の知識を一切持たない状態で、初演の数時間前になって断片的な映像を観ただけで舞台に上がっている。つまり本作の大部分は、土方の（山本によって記録された）言葉からの連想だけで成り立っているのである。

また、アーカイヴの存在がかえって土方の活動の解釈を固定してしまうのではないか、という批判に応えるかのように、アート・センターでは土方の人生の様々な場面で関わりを持ったダンサーたちによる座談会も行われた。正朔《せいさく》やイシデタクヤを招いての座談会では、時代ごとの土方の活動の、より生々しい側面が窺われた。

アーカイヴというものにどれほど限界やリスクがあるにしても、ビッグ・ダンス・シアターのようにアーカイヴを興味深い方法で利用するアーティストは現実として登場してきており、土方の創造した舞踏は、より豊かな形で理解され、再訪されつつあるのだ。例えばビジュアル・アーティストのリチャード・ホーキンズは「暗黒シリーズ」（二〇一二年）という一連のコラージュ作品を発表しているが、これもそれ自体がコラージュの形をとる土方のスクラップ・ブックから、主題やレイアウトの着想を得たものである。[*33]

土方の「なだれ飴」のスクラップ・ブックの一頁には、左上の隅にウィレム・デ・クーニングの「女I」（一九五〇―一九五二年、これもまたコラージュの手法で作られている）の白黒写真の切り抜きがある。土方（あるいは代筆者）はそこに腕と上半身とおぼしいもののスケッチを書き込んだうえで、頁の余白に、

大きなカンゴフサンのボウシ
ゆげの女から
芸者の芸者女やってからキュピットの夜

怒れる老婆にこの表情をつけて
アヒルヒクク
コノカミの毛重要
何度も下に降りる腕（バサバサと）
ベーコンの坐れるヒゲの
トンボ・マヤ六甲
ラスト
ピンク――重要[*34]

などのコメントをつけている。

たいての場合、コメントからは線や矢印が伸び、絵画の一箇所や他のコメントに結びついている。「大きなカンゴフサンのボウシ」というのは舞踏の衣装か登場人物のことを指すのだろうと推測できるし、「怒れる老婆にこの表情をつけて」という指示は、舞踏家がある場面で、このデ・クーニングの描く女の表情を真似る必要があるということなのだろう。

「暗黒64（女――前に付いているおしり）」という作品のなかでホーキンズは、デ・クーニングの絵画を用紙のほぼ同じ位置にフルカラーで貼り付け、右下には手書きの文字（すべて大文字）で以下のように記している（原文英語）。

彼女の顔には風が吹きつけ、歯はカチカチ、顎《あご》はブルブル震えている。老婆は薄汚れた牛用の毛布を丸めた肩にかけ、さまよっている。疲れて、川岸にうずくまる。乞食。ブヨブヨの大きなケツは、意思を持っているみたいに起き上がると、ヨロヨロと動き出し、トボトボ歩いて、彼女の乳房のあった場所にようやく落ち着く。[*35]

一読して明らかなように、ホーキンズによる詩的なテクストは土方のノートに代わるものであるが、その内容も元のテクストと無関係ではない。また同シリーズの「暗黒65（女——前に付いているおしり）」では、別のパターンで彩色されたデ・クーニングの絵に加え、さらにデ・クーニングの「女II」までもが配され、上方に拙《つたな》い習字で「ゆげの女」の句が大書され、その片隅にA WOMAN MADE OF STEAMの英文が書き込まれている。[*36] 要するに、「暗黒64」では肉体の一部を異なるものと取り替えるという土方の関心が再現され、「暗黒65」では、何かに絡みつき、隠し、混ぜ返してしまうような「ゆげ」への土方の関心が翻案されているわけである。

慶應義塾大学アート・センターは、石本華江《いしもとかえ》とローザ・ヴァン・ヘンスバーゲンによるPOHRC（Perspectives on Hijikata Research Collective、「土方研究展望共同体」の意）の設立にも協力している。石本は何年も和栗と踊った経験を持ち、ヴァン・ヘンスバーゲンはアート・センターの客員研究員であった。二〇一三年より、POHRCは国内外のダンサーが集まる一週間のワークショップを毎年行っている。土方と稽古をしたことのあるダンサーはそこで、土方の舞踏の生成法を、可能な限り再現するよう努めるのである。このようなワークショップは、舞踏家が世界中をまわりワークショップを行ったり、ダンサーたちが世界中から日本へと「舞踏巡礼」の旅にやってくるという、より大きなうねりの一部とも見做すことができるだろう。[*37] これまでPOHRCで講師を務めたのは、和栗由紀夫、三上賀代、正朔と長岡ゆり、山本萌、小林嵯峨、中嶋夏《なかじまなつ》、そして玉野黄市《たまのこういち》と玉野弘子などである。また、研究者が招かれ、舞踏についての講義を行うこともある。私自身、これまでに三度ワークショップに参加しているが、一部の西洋人ダンサーには土方流の厳しい稽古に抵抗する向きもあるものの、少なくとも土方の弟子たちに向かって「あなたたちのやっているものは舞踏ではない」と言い放つ者はおらず、それだけ土方舞踏が欧米にも浸透していることが感じられる。一週間が過ぎる頃には、想像力を刺激して舞踏を生成するという土方の方法が、参加者たちの肉体にもすっかり染み付いているようだ。

7　未来へと向かう土方

アメリカのモダンダンサーであるトラジャル・ハレルもまた、土方の手法を応用した一〇年がかりのプロジェクト In One Step are a Thousand Animals（翻訳するなら、「一歩裡千獣」とでもなろうか）に取り組んでいる。ハレルは常にジャンルの横断に関心を持ち、近年にもジャドソン・ダンス・シアターとハーレム・ヴォーギングの接点を掘り下げるプロジェクトなどを実践している。アート・センターを訪れたハレルは、土方が一九八五年に発表した《東北歌舞伎計画四》（それはファッション・ランウェイの方法論に美的な影響を受けた公演である）の映像を観て、大きな感銘を受けた。そして土方のノートやスクラップ・ブックにも目を通し、古今東西の芸術家を縦横無尽に参考に供するそのやり方にもすっかり感心してしまったのである。そしてついに、土方が踊り手たちに一つ一つの動きを喚起する言葉をいくつも投げかけて表現を向上させてゆくその様式をも、吸収するに至った（プロジェクトの「一歩裡千獣」というタイトルにもそれはよく表れている）。その成果はこれまでのところ《Used, Abused and Hung out to Dry》（土方舞踏をヴォーギングするという試みで、舞台に登場したダンサーの一人は拙著を携えていた）[*38]、《In the Mood for Frankie》（芦川羊子とモダンダンサーのキャサリン・ダナムに関する考察）[*39]、それに《The Ghost of Montpellier Meets the Samurai》（ラ・ママ実験劇場のエレン・スチュアートが、土方巽とヌーヴェル・ダンスの振付家ドミニク・バグエに、マンハッタンのハンバーガー・ショップで一緒に舞踊を創作させるという内容）[*40]などの作品に結実している。

一つのステップのうちに千もの獣の姿を見る、というハレルによる土方の認識は、刺激的な語句によって日々新たな動作を生成し、稽古に臨むダンサーたちの技術の向上にそれを役立てようとしていた土方の姿勢を率直に理解したものと言えるだろう。土方は自らの動作を磨き上げ、観客を魅了するように弟子たちをも魅了したいと思ったに違いないし、また同じように人々を魅了することに成功している世の舞踊家たちの技術をわがものにしたいと願っただろう。彼のそのような芸術的意図と実践が世界的に理解されるには若干の年月を要したし、舞踏はときに単なる衝撃的イメージ（文脈も技術もない、原爆の申し子としての踊り）に還元されてしまうこともあったし、単なる「舞踏譜」の再現に矮小化されてしまうこともあったが、いまでは土方の行っていた「実験」は、その視覚的、聴覚的、触覚的な側面まで含めて全容を明らかにしつつある。それが実現したのは、確かに視覚イメージや書かれた言葉というものが、踊りそのもの、技術そのものよりも明確な形で保存され得るからにほかならない。だが同時に、本章で述べてきたような西洋における舞踏に対する理解、かつて土方の存在を拭い去ってしまったことさえある理解の変遷があったからこそ、現在の状況もまたもたらされたのだ。近年、ある西洋の演劇研究者がこんなことを述べている。「日本の演劇界の世界に対する最大の貢献は、間違いなく舞踏である」[*41]。今後も舞踏に対する理解が深まり、研究がさらに進めば、自信を持ってこのように言える日もやって来るかもしれない。「日本の演劇界の世界に対する最大の貢献は、間違いなく土方巽の舞踏である」と。

——注

1 大野慶人から著者宛の書簡、二〇〇九年九月一五日付。

2　合田成男「凝固を体現した肉体」川崎市岡本太郎美術館、慶應義塾大学アート・センター（編）『土方巽の舞踏　肉体のシュルレアリスム　身体のオントロジー』（慶應義塾大学出版会、二〇〇四年）、一四八頁。

3　Kitano Ryuichi, "The End of Isolation: Hansen's Disease in Japan," *Harvard Asia Quarterly* 6, no. 3, Summer 2002, pp. 40, 43.

4　Maria Pia D'Orazi, "The Concept of Butoh in Italy," in Bruce Baird and Rosemary Candelario eds. *The Routledge Companion to Butoh Performance*, London: Routledge, 2018, p. 262.

5　読売新聞紙面記事検索、朝日新聞記事データベース聞蔵、毎日ＮＥＷＳパック、日外アソシエーツ magazineplus を用いたこの検索結果は、当然不完全なものである。二〇〇七年の時点では、これらのデータベースから漏れていた記事も多いものと推測できる。ただ、それぞれの舞踊家やグループに対する関心の度合いは、ある程度まで反映されていると見ることができよう。

6　ここでの検索には英字新聞データベースである LexisNexis Academic Search、ニューヨーク公共図書館の New York Performing Arts Library Database CATNYP、仏 Le Monde 紙のデータベースを利用した。

7　Sylviane Pagès, *Le Butô en France: Malentendus et Fascination*, Pantin: CND, 2015, pp. 113-140.

8　Maria Pia D'Orazi, "The Concept of Butoh in Italy," in Bruce Baird and Rosemary Candelario eds. *The Routledge Companion to Butoh Performance*, p. 264.

9　同前。

10　Edin Velez の映像作品については、以下の拙論で論じている。Bruce Baird, "Opposites Attract and then Alter Each Other: Edin Vélez's *Dance of Darkness* and Butô," in Jorge Daniel Veneciano ed. *A Processive Turn: The Video Aesthetics of Edin Vélez*, Rutgers, NJ: Paul Robison Galleries, 2007, pp. 50-67.

11　一例として Sondra Horton Fraleigh, *Dancing into Darkness: Butoh, Zen, and Japan*, Pitsburgh: University of Pittsburgh Press, 1999

が挙げられよう。この書物のなかで著者のフレイリーは、日本で舞踏のワークショップに参加した後、浮世絵を鑑賞し、座禅を体験し、俳句をひねり、神社をめぐり、カラオケに立ち寄り、茶を点て、それらを総合する形で舞踏の印象記を綴るのである。

12 英訳版は以下である。Kayo Mikami, *The Body as a Vessel*, Birchington: Ozaru Books, 2016.

13 『土方巽全集　新装版』II巻（河出書房新社、二〇一六年）一五九―二五四頁。

14 スクラップ・ブックの詳細な分析を行う英文の論考としては、アート・センターでのレジデント経験もある著者による以下のものがある。Kurt Wurmli, "The power of image: Hijikata Tatsumi's scrapbooks and the art of butô," Ph.D. Diss., University of Hawai'i at Manoa, 2008.

15 「舞踏花伝」はブックレット付きのCD―ROM版（ジャストシステム、一九九八年）として発売されたのち、現在はDVD―ROM版でも入手可能である。またウェブサイト（https://butoh-kaden.com/ja/）があるほか、かつてはアプリも存在した。

16 和栗由紀夫「舞踏花伝」ディスクA、「舞踏譜解析」を参照。

17 『土方巽全集　新装版』II巻、二二八頁。

18 舞踏譜とその他の表記体系の違いについては、和栗由紀夫、和栗ヨハナ、國吉和子による記述（「舞踏花伝」付属ブックレット『舞踏譜』、一八頁）を参照。

19 アート・センターについては、以下の拙論でも詳しく取り上げている。Bruce Baird, "Dancing in an Archive of (Digital) Evocation," *Teatro e Storia* (Nuova Serie) 37, 2016, pp. 69-86.

20 鷲見洋一「ジェネティック・アーカイヴ構築のための歴史的概観」（『ジェネティック・アーカイヴ・エンジン――デジタルの森で踊る土方巽』慶應義塾大学アート・センター、二〇〇〇年、三―一〇頁）を参照。だがアート・センターは、七〇年代前半より土方の助手を永年にわたって務め、そのノートやスクラップ・ブックの作成にも協力した森下隆を雇用している。森下には元藤と協力して、一九八七年に土方巽記念資料館を創設したという実績もある。

21 大規模な大学という組織における「研究資料館」の役割については、前田富士男「芸術的制作行為の再構築——「土方巽アーカイヴ」と研究アーカイヴ・システム」（『〈バラ色ダンス〉のイコノロジー——土方巽を再構築する』慶應義塾大学アート・センター、二〇〇〇年、三四—四五頁）を参照。

22 「犬の静脈に嫉妬することから」（『土方巽全集　新装版』I巻、河出書房新社、二〇一六年）、一七一頁。この文章については、以下の拙著でも分析している。Bruce Baird, *Hijikata Tatsumi and Butoh: Dancing in a Pool of Gray Grits*. New York: Palgrave Macmillan Press, 2012, pp. 131-134.

23 前田富士男「芸術的制作行為の再構築」、四二—四四頁。

24 以下のウェブサイトを参照。"Index to Finnegans Wake" http://caitlain.com/index.php?option=com_content&view=article&id=66&Itemid=5

25 田中泯との個人的な会話にて。

26 「土方巽　舞踏譜の舞踏」ＤＶＤ—ＲＯＭ、慶應義塾大学アート・センター／慶應義塾大学デジタルメディア・コンテンツ統合研究センター、二〇〇八年。

27 Lucia Schwellinger, *Die Entstehung des Butoh: Voraussetzungen und Techniken der Bewegungsgestaltung bei Hijikata Tatsumi und Ono Kazuo*, Munchen: Iudicium Verlag 1998.

28 *The Genesis of an Unknown Body/A Gênese de Um Corpo Desconhecido* (São Paulo: N-1 Editions).

29 Bruce Baird and Rosemary Candelario, eds. *The Routledge Companion to Butoh Performance*. London: Routledge, 2018.

30 同シンポジウムの記録は https://blogs.umass.edu/baird/butoh-next/butoh-conference/ を参照。

31 Moe Yamamoto and Hijikata Tatsumi, *Costume en Face: A Primer of Darkness for Young Boys and Girls*, Sawako Nakayasu trans. Brooklyn, NY: Ugly Duckling Press, 2015. だが同文は、慶應義塾大学アート・センターが既刊を増補し英訳した以下にも収録されている。Morishita Takashi, *Hijikata Tatsumi's Notional Butô: An Innovational Method for Butoh Creation*, Tokyo: Keio University Arts Center, 2015, pp. 49-60.

32 Morishita Takashi, "Introduction," in Yamamoto, *Costume en Face*, p. 9.

33 ジョン・アーサー・ピーツおよびアグネシュカ・グラツァによるホーキンズ のインタビューを参照。"Richard Hawkins," *ArtForum*, Feb. 29, 2012. http://artforum.com/words/id=30413; "Richard Hawkins: Tate Liverpool," ArtForum nd. http://artforum.com/picks/id=45678

34 『土方巽全集　新装版』II巻、二三一頁。資料の解読には、吉村由紀ならびにホーキンズの通訳者である山本貴洋の両氏のご協力を得た。記して感謝する。以下の未刊行の口頭発表も参照した。Richard Hawkins, "Richard Hawkins: A Talk as Part of Theory of Achievement," Yale Union, Portland, Oregon, Aug. 2, 2015 [unpublished presentation].

35 Richard Hawkins, "Ankoku 64 (Woman – ass in front)," Collage, 2012, Green Naftali Gallary, http://www.greenenaftaligallery.com/exhibitions/richard-hawkins3#11

36 Richard Hawkins, "Ankoku 65 (Woman – ass in front)," Collage, 2012, Green Naftali Gallary, http://www.greenenaftaligallery.com/exhibitions/richard-hawkins3#16

37 Rosemary Candelario, "Now We Have a Passport: Global and Local Butoh," in Baird and Candelario eds. *The Routledge Companion to Butoh Performance*, pp. 245-253, especially pp. 250-252.

38 Brian Siebert, "Glimpses of a Rave; Spasms of Distress: Trajal Harrell at the Museum of Modern Art," *New York Times* Feb. 14, 2013, p. C16.

39 "Trajal Harrell: In One Step are a Thousand Animals," Museum of Modern Art (MOMA). http://www.moma.org/calendar/performance/1451?locale=en

40 Sheila Regan, "Review: Harrell's 'Ghost' pays tribute to three giants of contemporary dance," *Star Tribune,* March 12, 2016. http://www.startribune.com/harrell-s-ghost-pays-tribute-to-3-giants-of-contemporary-dance/371882211/

41 Poulton, M. Cody. 2014. "The 1960s and Underground Theater [Introduction]." In *The Columbia Anthology of Modern Japanese Drama*, edited by J. Thomas Rimer, Mitsuya Mori, and M. Cody Poulton, New York: Columbia University Press, pp. 315-325, p. 320.

ローズマリー・キャンデラリオ（大野ロベルト訳）

第5章

舞踏百景

グローバルでローカルなダンス

一九五〇年代後半から一九六〇年代前半にかけて日本のアヴァン・ギャルドの一端として発展した舞踏は、明確に都会的な営為であった。それはバーレスク・クラブや前衛びいきの劇場など、いわば東京の下腹部の凹みや茂みのなかで産声をあげたのだ。土方巽《ひじかたたつみ》（一九二八―一九八六）と初期の共演者たち――大野一雄《おおのかずお》（一九〇六―二〇一〇）、大野慶人《おおのよしと》、笠井叡《かさいあきら》、石井満隆《いしいみつたか》、そして中嶋夏《なかじまなつ》らは、政府や企業が礼賛してやまない衛生的で洗練された都会生活という概念をひっくり返すような、観客を不安にさせる作品を提供することに関心を払っていた。だが、舞踏とは都会的で前衛的な芸術である、という傾向（これは日本に限らず、世界中で言えることだが）を前提としてみるならば、一九六五年から三年間にわたり土方が写真家の細江英公《ほそええいこう》と共に東北で練り上げ、一九六八年に発表、次いで出版した『鎌鼬《かまいたち》』は、そこに一石を投じるものであったと言わざるを得ない。写真の舞台となった、土方の故郷にほど近い、寒さ厳しい農村は、すぐさま「東北回帰」という言葉に結実し、観客はもちろん土方自身も、一九八六年に死を迎えるまで積極的に「東北」を振付に生かし、また創作のための語彙として多用したのである。なるほど土方は踊る肉体というものを捉える新たな手法として、確かに概念としての「東北」を探求した。だが作品のなかで具体的に東北を表現することにはあまり興味を持たなかったし、もとより活動の拠点は東京であり続けた。それにも拘わらず、舞踏と東北との結びつきは、日本国内はもちろん、それ以上に海外で、今日まで確固として揺らがないのである。

それというのも、舞踏とは本来的にローカルな風景――隠喩的にであれ、身体的にであれ、あるいはいっそ、換喩的にであれ――と結びついたものなのではないか、という発想こそ、筆者が「舞踏のディアスポラ《故郷喪失》」と呼ぶものの一環として「新たなローカル舞踏」が登場し、舞踏という前衛舞踏がグローバルなものとなってゆくうえで、欠かせないものであったと考えられるからだ。[*1]「舞踏のディアスポラ」を、私は以下のように定義する。

舞踏の訓練を受けた二世代目、三世代目の日本人ダンサーが、舞踏を自称するにしろ、しないにしろ、何らかの形で実行する、国境を越える動き。これはツアーや、レッスンや、レジデンシーによる海外滞在などを含む。また、日本で生まれ、訓練を受けたダンサーが、一時的に、あるいは恒常的に海外に滞在しているという物理的な条件だけでなく、現に海外にいるダンサーが、その作品で具体的に、あるいは想像的に日本とのつながりを表現し、それがレッスンを受ける生徒や観客に波及する状態も、舞踏のディアスポラの発露と言える。[*2]

一方、いわば対概念である「新たなローカル舞踏」とは、

日本の舞踏家と共に稽古をしたのち、その成果を自らの文化的背景を活かしながら形にし、ローカルで個人的な課題に向き合うパフォーマンスを作り上げる振付家について検討する際に有益な枠組である。この用語は、現代の舞踏家が継続的に実践している革新やアダプテーションのみならず、究極的には、舞踏そのものの力強さを説明するものでもあろう。[*3]

日本国外へと舞踏が浸透していった時期に、日本人の舞踏家と外国人の舞踏家がやっていたことに、大きな違いはない。誰もが、土方巽の土着性を意識した振付や、あるいは大野一雄の信奉した、踊りの普遍的な側面などに霊感を得ながら、それぞれの風景や風土を活かした作品を構想したからだ。だが、そうだとすると、いくつかの疑問も生ずる。なぜ海外では、自然という概念を基礎に置いた作品が急増したのだろうか。それはどこまで舞踏の歴史と関係するのだろうか。そもそも、それらの作品はまだ舞踏であると言えるのだろうか。それとも舞踏

の意味するところを、本質的に変えてしまうようなものなのだろうか。

このように、ローカルな風景を焦点化した舞踏実践の普及という問題について、あるいは舞踏と自然の対話的な関係について考えを重ねてゆけば、舞踏が世界的な現象となった理由を知ることができる、というのが筆者の主張である。それは時系列に沿った伝記的な研究や、振付の分析から見えてくる理由とは、自ずから違ったものになるだろう。

特定の場所に紐づけられた舞踏ワークショップやパフォーマンスが世界的にこれほど普及していることには、何か重要な理由があるはずだ。その場所とはしばしば田園風景とか、自然が豊かとか形容されるものであり、ダンサーは舞踏を通して、自らをその環境の一部として知覚するのである。そのための訓練として彼らは様々な方法で環境と交信しようとするが、ここでの「環境」の定義は多くの舞踏家にとって共通しているようだ。つまり、それは踊りのための背景ではないし、また風景画のように自律する芸術品でもないし、かつ、舞踏に主題を与えるものでもない、ということである。そうではなくて、このような場所で追及されるのは一種の環境的な方法論《メソッド》であって、踊り手たちやワークショップの参加者たちは、自らが周囲と一つであることを学び、自然のなかで踊るのではなくて、自然と共に踊ることを目指す。その意味で、ローカルな風景を探求するという現代舞踏の潮流は、メインストリームにおける身体性の概念に抵抗した一九六〇年代の動向と、姿勢の点で重なる部分が多いのである。

本章ではまず、土方巽の舞踏と東北の空想的な結びつきに端を発し、その土方に直接的な刺激を受けて北方の風土と向き合ったビショップ山田や雪雄子《ゆきゆうこ》の活動を経由して、遍在する自然という思想を携えて日本から飛び出した大野一雄や、稽古として農業を取り入れた田中泯《たなかみん》らに至るまでの放物線を描き出してみたい。そしてこれら先駆者たちの思想や行動をよりどころに、現在では広く受け入れられ、それどころか一般的なものとなっている国際的な舞踏の潮流として、屋外での様々な舞踏の形を取り上げることにする。言及するのは、フランク・ファンデフェンがバスクで行っているボディ《肉体》／ランドスケープ《風景》、ロサンゼルス在住のオグリや、オーストラリアのセントラル・デザートで暮らすテス・ド・クインシーによるいわゆる身体気象《ボディ・ウェザー》、スーエン舞踏カンパニーがスウェーデンの農村で行う舞踏キャンプ、ディエゴ・ピニョンがメキシコのミチョアカンで開催する「舞踏儀式・メキシカーノ」（現在は「ボディ《身体》、リチュアル《儀式》、ムーブメント《動作》」という名称で知られている）、アンナ・ハルプリンやタマルパ研究所の活動に大きな影響を受けたモーリーン・フリーヒルとメリンダ・ハリソンがコロラド州ボルダーで行うエッセンシャル・エンボディード・アーツ・トレーニング、竹之内淳志《たけのうちあつし》によるイタリア、トスカーナ地方を拠点とする「じねん舞踏」の夏期集中稽古、そして筆者が南アフリカのヨハネスブルグでクレア・ルーセルと共に行ったワークショップやパフォーマンスである。これらの様々な活動における都市と農村をめぐる言説は、舞踏と自然の関係をめぐるそれとも重なり合うが、同時に身体と環境の関係を検討する過程とも結びついている。

1　舞踏と自然――基礎を築いたダンサーたちの活動

土方、鎌鼬、東北歌舞伎――美的源泉としての農村

東京の下腹部の凹みや茂みを謳歌していた前衛舞踏が異なる風景を志向したのは、一九六五年から一九六八年にかけて土方が写真家の細江英公と東北をめぐった『鎌鼬』の撮影が最初である。[*4] 確かに、ジョナサン・マーシャルが指摘する通り、『鎌鼬』冒頭の写真は東京下町の路地裏にいる土方を捉えている。土方はそこから、子供時代を過ごした東北へと向かう（帰る）のである。[*5] 細江にも東北の親族のもとに疎開した経験があり、この地域で撮影に臨むことを勧めたのも細江であった。郷愁を誘うような旅ではなかった。二人とも東北に複雑な思いを抱

いていたのだ。展覧会と写真集のために二人が制作した写真は神話的、かつ横紙破りである。土方は田んぼで浮かれ騒ぎ、半裸の女たちを路地裏に引っ張り込み、笑い興じる子供たちのまえで天狗のように跳躍する。農閑期の田んぼを狂ったように縫い、攫《さら》ってきた子供を抱いて疾走するその姿は、あたかも鎌鼬そのものである。

東北の農村地帯で撮影されたこれらの写真は、土方の舞踏をそれまでのハプニング式の、実験的なものから引き離し、より洗練された語彙と、幾重にも折り重なった振付の創作過程を内包せしめるようになる。その最初の結晶は《土方巽と日本人——肉体の叛乱《はんらん》》（一九六八年）であり、それが完成の域に達したのが《四季のための二十七晩》（一九七二年）であろう。また晩年の土方は、自分の作品を指して「東北歌舞伎」という言い方をしながら、「私はそこに、東北のイメージを何もかも突っ込んでいる。田んぼ、空、風、しょっぱい食べ物。古典バレエが天空に伸び上がるなら、私は地面にしがみついて自分の体の内側に帰る」と述べている。[*6]「イメージ」の語に傍点がついていることは重要である。土方と東北とのつながりは物質的なものというよりも、概念的な、哲学的なものであった。細江との共同作業を終えた土方は、舞踏の舞台を東北に移すことに特段の関心を抱いたわけではない。むしろ東北のイデアを踊ることに挑戦したいと思ったのである。

この「イメージ」が、東北の風景を表面的に指すわけでないことは言明しておかなければならない。風景は地域の人々や、風習をも含んでいる。それは植物相と動物相、あるいは空間としての大文字の自然というよりも、そこに暮らす人々や、東北の気候が彼らの身体や活動に与える影響に関わるものなのだ。当時の見方に従えば、東北こそは農村や、地域性あるいは固有性といった概念の権化であった。小菅隼人《こすげはやと》によれば、都市が現代、文明、西洋などの概念を表象する一方で、その反対に日本固有のものや前近代を担ったのが農村なのである。[*7]つまり東北に寄り添うということは、急速な都市化や工業化によってもたらされる新たな社会で居場所を失ってゆく人間性や身体性、習慣などを擁護することを意味したのである。それは同時に、ほんの数十年前まで続いていた帝国主義を超えて、さらに古い歴史へと目を向ける動機ともなった。近代性への反発と過去への憧憬は、戦後日本の前衛芸術では一般的であった。だが風景はもちろん、気候や人々、文化などからなる東北の表象は複雑であり、何かのきっかけがなければ外国のダンサーの舞踏に舞台を提供するには至らなかったはずである。ある地方に暮らす人々の生活や文化などは、より普遍的な「自然」などの概念の影に隠れて、ただでさえ黙殺されがちなのだ。*8

土方のいわゆる東北「イメージ」でもう一つ重要な点は、東北地方をロマンチックに演出するような側面の欠如である。そこは骨身を削ってなんとかその日の糧を得る人々の、疲弊した肉体の世界なのだ。ところが当時の日本で隆盛していたのは、国鉄主導の「ディスカバー・ジャパン」のキャンペーンに代表されるような、都市の喧騒を抜け出し、美しい農村で自分探しをすることの素晴らしさを謳《うた》う言説であった。*9 つまり、工業化によって農村地帯の環境破壊が深刻化の一途をたどり（水俣病のような副産物を伴いながら）、経済第一の政策により農村の共同体にも亀裂が入り始めていたまさにその時期に、農村を「時代遅れ」の脱出すべき場所とする見方（土方の見方でもある）を改め、人々が個人として、それどころか国民として自らのアイデンティティを見つめ直すために訪れるべき「ふるさと」として、農村を礼讃する見方が奨励されていたのである。

しかし右のような事情は、同時代の日本の批評においてはしばしば黙殺されたし、舞踏が海外に紹介される際にも、翻訳の過程でとりこぼされてしまうことが普通だった。それは土方の書いた文章の受容を見ても明らかである。土方が自らの少年時代と東北について書いたものは、土方の創作物として、いわば言葉による舞踏として受け取られることよりも、事実を羅列した自伝として受け取られることのほうがずっと多いのだ。このような潮流をよしとしないミリアム・サスは、土方が故郷という概念を言葉の世界で弄《もてあそ》びつつ、それを複雑な、矛盾に満ちたものとして描いたことを指摘している。「身体と言語を絡め合わせる土方の方法をまえにしては、もはや少年時代とか、過去とか、起源とか、故郷とかの概念を、額面通りに受け取ることはできまい」[10]。一例を挙げるなら、《土方巽と日本人——肉体の叛乱》は確かに日本人であることの意味を問う作品であり、土方が肉体を通してこれらの問いに対峙する最初の作品でもあるのだが、この作品は同時に、東北の田んぼとは何の関係もないアントナン・アルトーの作品の、圧倒的な影響下に創造されたものでもあるのだ。

しかしながら実際にはダンサーや批評家を含め、土方の発言を文字通りに、伝記的に受け取ってしまう例があとを絶たなかった。とくに注意すべきは、東北と結びついた振付をめぐる発言が、本質主義的な、ナショナリズム的な解釈をされることが多かった点である。小菅が指摘するように、「それからというもの、舞踏は東北というコンテクストで論じられるようになった。土方は、東北に固有の身体の動きを再発見することで、反権力を実践した舞踏家と評されるようになったのである」[11]。だからこそ多くの研究者は、土方の振付や文章のなかに現れている農村神話を自然なものとして受け入れ、いつの間にかそれらを根拠に、土方舞踏から前衛の要素を剝ぎ取り、その空白を本質的な「日本らしさ」で埋めてしまったのである。例えば武智鉄二《たけちてつじ》は土方の歩法を、正真正銘の「ナンバ」と呼ぶ[12]。ナンバとは手足の左右おなじ側を前に出す歩き方のことであるが、武智はこれを東北の水稲栽培と結びつけた。ここでいう農村やローカルとは、すなわち「民俗」や「固有性」に結びついたそれであり、これらはさらに拡張され、真に「日本的」なものを構成するに至るのである。これとはやや異なる見方ではあるが、郡司正勝《ぐんじまさかつ》が土方のガニ股や、猫背や、手を固く握りしめる身振りを歌舞伎に結びつけたのも、論法としては重なるだろう[13]。違うのは、農村とローカルを経由しながらも、郡司がそれをいわゆるハイ・カルチャーに帰着させていることである。このような批評家に姿勢に対するサスの以下の指摘は、やや長く引用する価値があると思われる。

> 「日本的な身体」——例えば土方の《東北歌舞伎》におけるガニ股のようなもの——に固執することで、舞踏のレトリックがどうしても特定の連想を産んでしまう、という見方もあるだろう。だが土方はいくつかの「型」を引用しながらも（中略）、それを踊りとして再構成することで、予定調和に陥らない枠組みを設けることに成功している。土方が表現する身体は、常に思想と肉体のあいだの奇妙な関係性から脱出を試みる。大変な苦労のなかでその身体が歩くとき、進むべき方向は、永い動揺と躊躇の果てにようやく見出されるのだ。探し求められる故郷（そこは向かってゆく場所ではあるが、必ずしもたどり着く場所ではない）は歪《いびつ》な時空のなかにある。土方の言語では、肉体は故郷という概念のまわりを踊りながら、柔軟にその本質を再解釈し続けるのであって、決して発見せりと宣言するようなことはないのだ。[*14]

ここでサスが言わんとしていることは、土方は日本人であるとはどういうことか、という問いに参加はしたものの、それに明確な答えを出すよりも、浮かび上がる様々な概念を流動させ、漂わせることを選んだ、ということである。なるほど土方は確かに東北のコメ農家のガニ股から霊感を得たのだが、それはナショナリズムや本質主義、あるいは伝統への回帰などという思想に裏打ちされたものというよりも、周縁化されたそのような動作を前景化したいという欲望に根ざした霊感だったのである。複数の源泉からイメージを集め、幾重にも層を構成してゆくという土方の方法は、ダンサーの動きを解釈しようとする観客の視線を故意に韜晦《とうかい》するものであると言えよう。[*15]

それでも土方の振付に特定の風景を結びつけるような見方は、むしろ時代を経て舞踏の全体へと拡散していった。一九七〇年代のはじめには水面下で、そして一九八〇年代からは大々的に、舞踏は海外に進出している。そのとき、舞踏にはそれまで以上に本質主義的な連想がついてまわった。だがシルヴィアーヌ・パジェスがフランスの場合について指摘しているように、その「本質」の内容には一貫性がなかった。[16] 日本国外での舞踏は、伝統とか、禅とか、自然（枯山水など）とか、あるいはポスト原爆の世界とかいったものを表象したのである。しかもそれは、必ずしもダンサーたちの踊りの内容を反映しているわけではなく、すでに各国で日本について囁かれていた言説の影響を受けた解釈に過ぎないのだ。

　事態をさらに複雑にしているのは、当の土方が日本国外で舞台を踏んだことがなく、海外のダンサーや批評家が土方の意見を直接耳にする機会がなかった、という事実である。確かに土方の弟子筋のダンサーたち――すなわち芦川羊子《あしかわようこ》、大駱駝艦《だいらくだかん》の室伏鴻《むろぶしこう》とカルロッタ池田、それに両者が創設に関わったアリアドーネの会の吉岡由美子《よしおかゆみこ》など――はヨーロッパ公演を実現し、舞踏ディアスポラの中核となっているが、最初に国際的に舞踏の「創始者」と呼ばれるようになったのは大野一雄だったのである。[17] 大野の舞踏へのアプローチについては、また後段で論ずることにしよう。いずれにせよ日本国外を拠点とするダンサーにとって、土方の作品や東北をめぐる言説は、あくまで舞踏ディアスポラが進行するなかで、土方に親炙《しんしゃ》したダンサーによる舞台やワークショップを通じて、間接的にしか触れることのできないものだったのである。

　加えて、翻訳の問題もついてまわった。すでに述べたように、土方本人が海外へ出ない以上、土方の言葉や動作を外国のダンサーに伝える役目は第二世代以降の舞踏家に託されたわけである。翻訳によって土方自身の文章がまとまった形で手に取れるようになったのは、一九八六年の土方の死去よりさらにずっとあと、栗原奈々子《くりはらななこ》が二〇〇〇年に『TDR』に記事を発表してからである。これが英語圏の舞踏研究者やダンサーたちにとってきわめて貴重な資料となったことは言うまでもないが、歴史的、文化的な文脈から切り離された土方の言葉が、線条的に、伝記的事実として受け取られ、反対に芸術創造の過程を示すものとしては受け取られない、という危険性は常にある。事実として、国外で舞踏の基礎的な理解として共有されているのは、それが「土方が子供時代を過ごした東北の農村」から生まれたものであり、したがって「風景と自然こそが舞踏の根源だ」というような、歴史的な深みやニュアンスを欠いたものなのである。本章ではその誤謬を指摘するだけでなく、誤った理解によってどのような歪《ひず》みが生まれたか、ということにも注目する必要があるだろう。

大野一雄——普遍としての自然

土方同様、大野一雄も、自然から動作の着想を得た。例えば、立ち上がるという過程は、花が開く姿としてイメージされた（これは死体が立ち上がろうとする姿を喚起する土方の方法と対照的と言ってよいだろう）。また大野は農場や浜辺、港、あるいは花畑など、特定の空間で舞うこともあった。一九六九年から一九七六年にかけて長野千秋との協働で作られた三本の映像は、神奈川、群馬、支笏湖《しこつこ》と、それぞれ屋外で撮影されている。また後半生の大野の作品には、お気に入りの主題である花から直截に着想されたものが多い。《睡蓮》（一九八七年）、《花鳥風月》（一九九〇年）、《白蓮》（一九九二年）、《花》（二〇〇〇年）、そして《花狂《はなぐるい》》（二〇〇一年）である。これらの作品で重視されているのは、自然界に咲いている花との身体的な出会いというよりも、花のイデアや、芸術に媒介される花という事象のほうである。*18 例えば《睡蓮》はモネの絵画に登場するそれらに結びついているし、《白蓮》には仏教的な雰囲気がある。《花鳥風月》がただ自然を描写するのではなく、伝統的な美学を表現する作品であることは標題からして明らかであろう。要するに追及されているのは個々の自然の要素ではなく、美という概念そのものなのである。《花》のように直截的に響く作品にしても、花自体というより、花が咲くということの意味が焦点化されている。また《花狂》は、花に取り憑かれたさまを想像させる言葉だが、「狂花《きようか》」とすれば季節外れに咲いた花の意味になる。この作品では大野はいけばな作家の中川幸夫《なかがわゆきお》と共演している。

これらの作品は、海外公演を行うようになる前、ほとんど舞台に立たず、稽古場での指導に注力していた七〇年代の大野が、独自に築きあげた宇宙観のうちに胚胎したものである。支笏湖を舞台に長野で映像を撮影しようと考えるきっかけになった絵葉書や絵画などは、ルシア・シュウェリンガーの言葉を借りれば「ヴィジョンをもたらす引き金か、映像を投影するためのスクリーンのようなもの」であり、踊りの主題に影響を与えはするが、それ自体が踊りに霊感を与えるものというわけではないのである。また大野の関心は、徐々に「生まれ、生き、死ぬ」という円環に向かってゆき、ついには理想の境地である「肉体と魂の融合」を目指すようになった。[19]大野に言わせれば、肉体の動作を統べるのは魂であり、真の舞踊とは、魂に導かれたものである。

一九八〇年代初頭以降、ソロの踊り手としての大野は、パフォーマンスのみならずインタビューなどでも自身の宇宙論を展開するようになった。これは人々が舞踏を解釈するうえで重要な証言となった。また最初はヨーロッパに、次いでアメリカに出現した舞踏家を目指す若者たちにとっては、これ以上ない刺激ともなったのである。そして、おそらくそれ以上に重要なことだが、大野は評論家や観客たちにとって、舞踏に対する自らの理解や印象を自由に当てはめることのできる存在となったのである。例えば『ル・モンド』紙の評論家コレット・ゴダールは、ナンシー・フェスティバルでの大野の《ラ・アルヘンチーナ頌》について、大野は「極度に入念な、他の踊り手たちが模倣してやまないその技術の基礎となるものを、自然の奥深くに見出した」のであろう、と書いている。[20]ここでゴダールは、大野が舞踏の創始者、あるいは舞踏家全般にとっての師であると示唆しているのみならず、その大野の活動の中心には「自然」という概念があるということを、これといった証拠もなしに断言しているのである。またマリア・ピア・ドラーツィが述懐しているように、イタリアの観客は大野が高齢であったために、斯道《しどう》の名人であるに違いないという印象を受けた。そして土方の文章や舞踏についての文献が翻訳されていなかったことや、土方が海外公演を一切行わなかったことが禍《わざわい》して、この誤解は永く残ったのである。もっとも、大野の舞踏がヨーロッパの観客に強烈な印象を与えた理由はほかにもある。

その動作は「普通」と言うべきものではなかったが、それでも日常的な動きを思い起こさせるものではあった。それに踊り全体の力学も、私たちが慣れ親しんでいるダンスという概念からさほど遠いものではなかったのである。彼の踊りは遅すぎるということもなかったし、静止しすぎる、ということもなかった。肉体は歪められていたが、それも一般的な美的感覚の限界を超えるようなものではなかった。つまり、大野は舞踏というもの（あるいは一部の踊り手たちの作品）につきものの気味の悪さを、より親しみやすいものに変容させ、それにより、さらに多くの観客を惹きつけたのである。*21

老齢であること、奇妙な――だが奇妙すぎるというほどではない――動き、そして批評によって自然に結びつけられてしまった主題などによって、大野のパフォーマンスはヨーロッパで耳目を集め、結果的に舞踏の歴史や形式、実践などをめぐる神話的な物語が生まれることになった。観客も、舞踏家も、永くその物語を信じたのである。

土方と同じように、大野も自然を意識したことは事実である。しかし土方が東北という特定の場所や人々、生活に関心を持ったのに対して、大野はより普遍的な「自然」を問題とし、人間の魂や、生まれ、生き、死ぬという円環を追求したのである。さらに大野は土方と違い、海外公演を行っただけでなく、日本国内でも世界各国から生徒を募るようになっていったため、いわば海外からもアクセス可能な舞踏の一次資料として存在したのである。大野の実践には「自然のなかで踊る」、あるいは「自然と共に踊る」いう姿勢は自明な形では存在しないが、それでも世界中にそのような活動の種を蒔くことにはなった。以下で取り上げる竹之内淳志、ディエゴ・ピニョン、そしてモーリーン・〝モモ〟・フリーヒルなどは、いずれも大野の宇宙論を引き継ぎつつ、特定の風景に根付いたローカルな舞踏を展開している。

田中泯と身体気象農場——舞踏の稽古としての農業

田中泯の身体気象という発想、並びに山梨の白州で何年にもわたって行われた稽古は、地域性のある舞踏や野外での舞踏活動に関心を持つ実践家（筆者も含めて）に大きな影響を与えているが、田中自身は身体気象と舞踏とを明確に区別している（それどころか田中は近年、身体気象という概念からも離れてしまっている）。事実、田中のダンスは舞踏とは別の軸に沿って発展しているので、それが彼を特殊な例にしているとも言えよう。モダンダンスの訓練を一〇年ほど積んだのち、田中は一九七四年にその流派を離れ、屋外での実験的な即興を模索しはじめたが、その舞台となったのは公園や街路やゴミ捨場など、実に様々であった。一連の作品により、ダンスと「場」との結びつきは明確になっていった。批評家や研究者はしばしば田中が日本のポスト・モダンダンスを牽引したと考えるが、田中が実際にアンナ・ハルプリンら海外のポストモダンのダンサーと関わりを持つのは後年になってからである。そしてようやく一九八〇年代に入ってから、主に二つの経緯で、田中は舞踏と連絡を持つようになる。まず第一に、一九八〇年代前半、田中はヨーロッパや北米のダンス・フェスティバルに登場した「日本組」の一人として、大野や大駱駝艦、山海塾《さんかいじゅく》と並んで舞台に登場するようになった。そして第二に、田中は土方の死の前年に土方と共演しており、その際にこの先達から多くの影響を受けたことを述べ、敬意を表しているのである。このとき田中はすでに独自の道を切り拓いた一人前のダンサーであったにもかかわらず、とくに海外では、「舞踏」という大きなカテゴリーが、田中の作品や人格にまで浸食しがちであった。

自然を礎《いしずえ》とする舞踏という発想や、広く舞踏の稽古というものの捉え方に影響を与えた田中の活動の中心にあったのは、「身体気象」という農業に根ざした舞踏である。一九八五年から二〇一〇年まで、山梨県白州《はくしゅう》の身体気象農場には、田中のほかにも多くのダンサーやアーティストが入れ替わり立ち替わりに訪れた。そのなかには田中が率いる舞塾《まいじゅく》のダンサーもいた。田中らは農場で汗を流し、農産物を売却することで生活を支えた。これはサステナブルな芸術という観点からも興味深い事例ではあるが、田中はそのような共同体を維持するという動機で活動を開始したわけではない。あくまで重要なことは、ダンサーが、パフォーマーが、アーティストが、自らの生活する土地で労働するなかで、自らの身体について学ぶ機会を得る、ということであった。つまり、農業は踊るための稽古なのである。[*22]

身体気象は、ダンスが自らの生活する土地、あるいはその時点で居合わせた場所との関わりから生まれてくる個人的な実践であることを示唆する。「身体とは固定されたものではなく、身体の内外で起こる様々なプロセスからなる無限に複雑な機構のなかで、気象と同じように常に変化を続けている」という考えのもと、身体気象はこの関係性を掘り下げるのだ。[*23] 言い換えれば、スタジオ内であれ野外であれ、身体気象の稽古の中心となるのは、身体という風景を、自然という遥かに広大な風景の文脈に置いて探求することである。風や土といった自然のイメージに加えて、場所の志向性（都会の街路なのか、郊外の公園なのか、ダンス・スタジオなのか、田舎の森なのか）も、稽古やパフォーマンスにおいて重要な発想の源となる。

農場が運営されていた時期には、田中が海外での公演やワークショップを続けるあいだも、世界中のダンサーが日本を訪れ、農場で暮らし、野菜を育て、踊った。舞塾の中心にいたメンバーたちはメルボルン、アムステルダム、ロサンゼルス、バルセロナ、フランスの地方などにも身体気象の拠点を作り、公演やワークショップを繰り返したが、これがさらに多くのダンサーたちを日本に惹きつけることにつながった。こうして、田中自身と舞踏との関係には保留の必要な部分があるにもかかわらず、田中や身体気象に関わったダンサーたちによって舞踏のディアスポラが進み、日本への「巡礼」が加速されただけでなく、踊る身体と環境を接続するという稽古のあり方までが普及したのである。

2　野外の舞踏、場所の舞踏、舞踏のようなもの——「新たなローカル舞踏」の浸透

如上のような経緯によって、舞踏はその周辺の風景と本来的なつながりを持つものだ、という考え方が定着しはじめた。見落としてはならないのは、野外での舞踏、あるいは自然を舞台とした舞踏などの作品にインスピレーションを与えた先達として名が挙がるのは、結局のところ、舞踏全体について指導的役割を果たした著名なダンサーだということである。以下では、「舞踏のディアスポラ」と「新たなローカル舞踏」という視点から、国内外のダンサーによって、それら大御所の舞踏がどのように引き継がれ、発展を遂げたのかを論じたい。

土方の言葉を実践する

土方のシュルレアリスムに対する多層的で複雑をきわめる見方と、ナショナリスト的であるとさえ評される本質主義的な東北へのまなざしが矛盾を孕《はら》んだものであることは言うまでもない。後者については、舞踏と東北の結びつきを強調する土方の言葉を、実地に確かめようとする者たちが現れている。若き日のビショップ山田もその一人であった。山田は一九六九年から一九七一年までアスベスト館に暮らしたのち、麿赤兒《まろあかじ》の主宰する大駱駝艦で二年間、舞台を踏んだ。一方、雪雄子は一九七〇年に土方に出会い、大駱駝艦創設時の唯一の女性メンバーとなった。そして山田と雪は一九七三年、北方舞踏派を立ち上げるべく、東北へと旅立つ。二人が土方のいわば個人的な神話に大きな影響を受けたことは言うまでもないが、旅立ちの背景には、前段で論じた地方をめぐる言説への意識もあっただろう。山田と雪は北方舞踏派に次いで鈴蘭党《すずらんとう》を立ち上げ、北海道にも進出した。そこでの

彼らの作品は風景のみならず、同地の圧倒的な寒さにも輪郭を与えられている。また山田が一九七五年に発表した「塩首」という作品名にも表れているように、東北の人々の塩辛いものへの嗜好なども活かされた。だが青森と北海道で活動を持続することは容易ではなく、山田と雪は一九八四年に東京へ戻ると、晩年の土方と再び活動を共にした。

この北方舞踏派での経験は、山田と雪にそれぞれ異なる変化をもたらしたようである。まず山田は、土方の「東北」が実際の土地ではなく、あくまでも「演じられた場所」であったことを認識する。例えば東急文化会館で目の当たりにした「最後の瞽女《ごぜ》」こと杉本キクエと比較したとき、土方の存在感は突如として軽薄になるという。「瞽女が出てくると、もうね、単なるオモチャ。プラスチックですよ。それだけ本物の身体と、要するに舞踏はやっぱ虚体ですからね。うそだから。ただその虚体でもいいんですよ[*24]」。一方、雪はやがて東北へ戻り、現在まで同地で生活と舞踏を続けている。近年注目しているのは、青森とシベリアを往復する白鳥の飛来などである。

私がここで注目したいのも、山田と雪の振付そのものというよりも、彼らの作品のどのような部分に、「野外の舞踏」や「場所の舞踏」というものが世界中に広まってゆくことを後押しする要素があったのか、という点である。なるほど野外で行われる舞踏の背景には今日でも土方と東北の結びつきが影を落としているのだが、実際に特定の土地に移り住み、その風景から刺激を受けて（土地の名前まで冠した）舞踏を作るということを実行したのは、山田と雪が最初であった。つまりこれこそが「新たなローカル舞踏」第一号なのである。もとより筆者がこの用語を作ったのは、一九九〇年代に地元で創作に励む外国人舞踏家の活動を表現するためであったが、それは土方と麿赤兒の薫陶を受けたのち、東北の特質——極端な寒さ、塩辛い食物など——に依拠した創作に臨んだ山田と雪の場合にも、当然ながら当てはまるのだ。ところが北方舞踏派に対するこのような見方は、これまで意外なほどなされて来なかったし、それどころか活動の知名度も低いのである。

舞踏の発信という問題に関してもう一つ興味深いのがスーエン舞踏カンパニーの事例だ。この集団にも土方とのつながりがある。スーエンは一九八〇年代後半から一九九〇年代前半にかけて、土方にとって最重要のダンサーであり続けた芦川羊子と活動を共にした。一九八八年の芦川の公演を観るなり入門したスーエンは、芦川の主宰する白桃房《はくとうぼう》やグノームで四年間にわたって稽古や衣装制作、そしてもちろんダンスを実践したのち、師の許しを得てスウェーデンで独立した。スーエンのカンパニーは、外国人によって創始された最初の舞踏カンパニーの一つである。土方の没後まだ日の浅い時期に東京の白桃房で過ごしたスーエンは、当時の生活を振り返って、二四時間続く集団生活と稽古がいかに強烈で起伏に富んだものであったかを語っている。そこでは稽古場と日常は峻別されず、一本の線上にあったのだ。

現在のスーエンの本拠地はスウェーデンの田舎にある廃校の校舎であり、その自然との関わり方は土方の場合よりも直截である（そこで生活しているのだから）。しかし地方の特性を利用して動作のボキャブラリーを発展させるという土方の手法は、スーエンにとっても重要である。スウェーデンの田園での生活にはある種の不愉快さ――蚊に食われること、腐敗する植物、ひび割れる岩石など――があり、スーエンにとってはそれこそが舞踏に不可欠なものだからだ。ままならぬ自然を体験するということが、そのまま舞踏に素材（スーエンはそれを「ボディ《身体》・マテリアル《素材》」と呼ぶ）を提供してくれるのである。土方が、水田で背を丸め、ガニ股で汗を流す農夫に霊感を得たように、スーエンはスウェーデンの風景、ゴム製造業を中心とする産業、それに切り立った岩山や、腐敗や、虫たちを連想させる短い夏の季節などから刺激を受け、稽古の方法や作品の構成を練る。「ボディ・マテリアル」は、土方の場合における「舞踏譜」に近いものがあるだろう。山田と雪が東北で舞踏を追求したのは、土方の神話を踏襲したからに過ぎない。だがスーエンの場合は、彼女にとっての舞踏の淵源である「日常生活を乱すもの」を探し求めた結果、たまたまそれを田園風景のなかに見出したのである。

舞踏から引き出す——土方と大野

筆者を含む多くの者にとって、エイコ＆コマが野外で展開してきた自然を主題とするダンス——《River》（一九九五年）、《Tree》（一九八八年）など——は、自然を舞台とする舞踏の一つの模範となっている。エイコとコマは土方のアスベスト館で一九七一年に出会い、三ヶ月ほど共に踊ったあとで土方のもとを離れ、次いで大野に師事してから、独自の作品を練りあげた。そして一九七二年から二年間ヨーロッパに滞在した二人は、一九七六年に渡米し、いったん帰国するが、翌一九七七年からはアメリカで暮らしている。エイコ＆コマは自分たちの活動を「舞踏」と呼んだことはないものの、舞踏の系譜と強いつながりを持っていることは事実である。言うまでもなく二人は、記憶のなかの風景であるとか、自然の概念であるとかに合わせて振付を組み立てる、土方や大野の方法を熟知しているのだ。

それでも彼らの作品は、異なる視点から生まれてきたものである。彼らは最初に発表した二つのダンス、《ホワイト・ダンス》（一九七六年）と《オットセイ》（一九七七年）ですでに自然の主題を取り入れているが、その手法は著名な詩人である金子《かねこ》光晴《みつはる》（一八九五—一九七五）の作品、「蛾《が》」と「おっとせい」をそれぞれのプログラムに刷る、というものであった。これにより舞台上の動作が人間以外のそれであるという含みが生まれるのだが、観客が目の前の動きと詩のなかのそれをどこまで結びつけるかは、もちろん自由である。

振付のなかでより一貫して自然が意識されるようになったのは一九八一年、五年間をニューヨークで暮らした彼らがキャッツキル産地の農場で暮らしはじめてからである。二人はその後ニューヨークへ戻ってからも、アート・アウェアネスのレジデンシーを利用して、夏期をキャッツキル産地のレキシントン・ハウスで過ごすようになる。自然に浸るというこの習慣は、活動の最初の一〇年に見られた様々な実験的な試みが、今日の彼らの特徴的なスタイルへと発展してゆくうえで重要な役割を果たしている。彼らの作品の多くは舞台となる場所によって成形され、劇場やギャラリー、スクリーン上、野外ステージなどに合わせて柔軟に姿を変えるのだが、踊る場所がどこであれ自然というイメージは共通しており、それは作品の題名や舞台装置、あるいは音響などに見出すことができるのである。

拙著 *Flowers Cracking Concrete: Eiko & Koma's Asian/American Choreographies*［コンクリート突き破る花――エイコ＆コマによるアジア／アメリカでの制作］で論じたように、[*25] エイコ＆コマにとって自然とは「人間がそこへ分け入ってゆく純粋な風景」というようなものではない。彼らの作品を見ていると、「自然との出会い」とは常に、自然と、人間と、技術（流木を使った彫刻のような単純なものから、ビデオ・カメラとスクリーンといった複雑なものまで）の三者が「共に踊る」ことで同化してゆく過程なのである。そのような出会いにおいては、すべてのものが一つに合わさってしまうために、何かが「独立したそれ自身」であり続けることは不可能だ。すべてのものが、必ず変化を体験するのだ。

竹之内淳志（じねん舞踏）も、土方および大野と関わりを持っていた点ではエイコ＆コマと同様だが、その師事の経験を自らの人生経験とより密接に結びつけるという手法によって、エイコ＆コマとは大きく異なる作品を生み出している。現在ではイタリアに拠点を置く竹之内だが、出身は北海道であり、青年時代は北方舞踏派のメンバーであった。その活動のなかで、晩年の土方に親炙したのである。常に野外での活動に関心を持っていた竹之内は、子供向けの自然キャンプを引率するなど、舞踏以外の手段によっても自然に対する情熱と知識を培ってきた。一方、「魂」や「自然と人間の普遍的な結びつき」という意識はいまでこそ竹之内の作品の基礎となっているが、大野からそのような視点を学びとったのは後年になってからである。「じねん」とはもちろん「自然」であり、自然、人間、そして神的なものとのあいだの紐帯を表す。竹之内は「じねんとは宇宙の根源と、その自然な成り行き」を指す言葉だ、と語る。[*26]

じねん舞踏のワークショップはヨーロッパで開催されることが多い。純粋に自然のなかで開催する場合と、豊かな自然とその近郊のダンス・スタジオを併用する場合がある。期間は一日のみのこともあるが、長期では丸一年に及び、「季節」や「元素」といったイメージを駆使しつつ、自然の刺激のなかでソロ作品を創りあげ、自らの内に深く潜行しながら、万物とつながることを目標とする。例えば筆者が参加した二〇一八年七月のワークショップは、イタリアはトスカーナ州ポンテデーラで開催された。最初の八日間を町のダンス・スタジオで過ごしたのち、北へ移動し、アッペンニーノ・トスコ＝エミリアーノ国立公園で九日間にわたって自然に浸りながら、キャンプを張り、山中で踊り、練り上げたソロ作品を参加者同士で披露し合ったのである。竹之内のように屋外でのワークショップを提供する日本人舞踏家は現在わずかであり、まして長期のものとなると竹之内ひとりである（多くのワークショップは五日間か一週間で終わる）。竹之内の活動は、大野の説く普遍主義を、風景との身体的な結びつきによって体現する試みと言えるだろう。

大野の普遍主義を融合させる

野外での活動に重点を置く舞踏家には大野の弟子筋に当たる者が多いが、彼らが自然と個人の実践や体験を結びつける方法にはそれぞれの個性がある。当然ながら、それは彼らが大野の思想を、それぞれに異なるものと融合させた結果なのである。ディエゴ・ピニョンはメキシコで、中嶋夏のもとで舞踏を学び、来日した際には大野の薫陶も受けている。ピニョンはこの経験を基礎に、自らの祖先の地であるメキシコのミチョアカンに根ざした舞踏を創りあげた。当初「舞踏儀式・メキシカーノ」と呼ばれたその活動は現在では「ボディ《身体》、リチュアル《儀式》、ムーブメント《動作》」として知られるが、その要素となっているのはシャーマニズムであり、テメスカル（蒸し風呂）

のような土着の習慣であり、果物や野菜、石や花、そして廃坑《はいこう》なども含む大地との結びつきでもある。ワークショップの参加者は、自らが抱える世界との断絶に直面し、これを乗り越えるために、先祖や、両親や、あるいはかつての恋人とも踊る。ピニョンの作品に大野の思想が与えた影響は大きく、そこでは魂や宇宙との結びつきという大野の哲学に、メキシコの風土や先祖崇拝が組み合わされている。「無垢、謙虚、無抵抗——そういった状態で魂をさらけ出すような儀式的な行為を通じて、たとえ短い時間でも、純粋な再生の瞬間というものに触れてみたいのです。それは生の（そしてもちろん死の）神秘を解く重要な鍵ですから」とピニョンは述べる。[*27] 身体と魂を結びつけるというきっかけをピニョンに与えたのは、紛れもなく大野との出会いであった。

触覚的で、官能的で、体力を払底させることもあるピニョンの稽古は、ダンサーを個人のいわば臨界点へと連れ出し、過去や、先祖や、大地と対峙させる。それは心理学的というよりも、広く深い意味での治療のような作業である。ピニョンが強調するのは、ダンスとは個人的な行為ではなく、世界を変えるための第一歩である、ということである。作品が完成すると、参加者たちは招かれた客人たちをまえに儀式としてこれを共有する。作品はしばしば、舞台となった土地と関連性を持っている。発表の後には、食事を共にする。ピニョンの方法の要は、稽古を通して儀式的な空間を出現させることである。居合わせた人々はその空間に入り込み、人間同士の新たな結びつきを踊る。そこで喪に服すこともあれば、感謝することもあるのだ。

モーリーン・〝モモ〟・フリーヒルは、大野家で一〇年ほど暮らした経験がある。[*28] 竹之内やピニョンと同じように、フリーヒルの作品も大野の宇宙論で満たされている（フリーヒルと竹之内は、それぞれの稽古で大野の「花」のテーマに着想を得たエクササイズを指導している）。フリーヒルは自然のなかで行われる自身の活動を、近年では「舞踏ランドスケープ」と呼んでいるが、その表現に共に取り組むパートナーのメリンダ・ハリソンは、アンナ・ハルプリンと踊りながら育ち、一九六〇年代にはそのカンパニーにも所属していたという経歴の持ち主である。とくにアメリカの場合、舞踏や身体気象に関わるダンサーはハルプリンの影響を受けていることも多い。有名な本拠地であるマウンテン・ホーム・スタジオのダンス・デッキで踊る彼女は、夫である景観デザイナーのローレンス・ハルプリンが設計に携わったコミュニティ、シー・ランチとの繋がりもあり、アメリカにおけるダンスと自然の結びつきを代表する存在である。フリーヒルとハリソンはコロラド州ボルダーでネイチャー・ムーブズ［自然の動き、自然は動く］という団体を運営しており、「エッセンシャル・エンボディード・アーツ・トレーニング」［本質を体現する稽古］や「ワイルダーダンス・リトリート」［荒野の舞踊合宿］といったワークショップを毎年開催しつつ、「ソルスティス・ギャザリング」［夏至の集い］のような地域活動や、始まったばかりの講師育成プログラム「ダンシング・オン・ザ・エッジ」の運営も行っている。なお、最後のプログラムの参加者第一号は、実は筆者である。

長い経験を持つフリーヒルとハリソンは、それぞれに舞踏やハルプリンの活動から学んだことを活かしつつ、参加者が身体で自然を感じ取ることのできる空間を提供し、大地との「動作の対話」の創造を後押しする。空間における身体の位置づけや、動作に方向性を与えるには舞踏のノウハウが有効である。一方、ハルプリンが構築した「インターモーダル・アーツ・モデル」や、「サイコキネティック・イメジャリー・プロセス」などの方法も応用されている。これは、自然のなかでの体験や、講師の投げかける言葉、あるいは個人の記憶などから、身体を動かしたり、絵を描いたり、言葉を紡いだりする手法である。フリーヒルとハリソンが「大地の旅路」と呼ぶネイチャー・ムーブズの複数日にわたるプログラムでは、参加者は訪れた風景に刺激を受けながら、ソロを中心に創作に臨む。プログラムに枠組みを与えているのはハルプリンが「ＲＳＶＰサイクル」と呼んだ、評価とパフォーマンスを繰り返すやり方で、これに従うことで、ベテランも初心者も公平な形で、観客にも理解しやすい作品を創作し、発表することができるのである。「大地の旅路」と言ったときの大地（land）とは、比喩でもあり、容れ物でもあり、創作への刺激でもあり、癒しを与えるものでもある。

そして筆者自身の作品にも、これまでに受けた様々な影響のなかに、大野によるそれがある。南アフリカのアーティストであり、食料主権を訴える活動家でもあるクレア・ルーセルとの共作では、大野の思想と、環境哲学者ジョアンナ・メイシーの思想から多くを引用した。筆者はルーセルとの作業のために、二〇一六年七月から三ヶ月間をヨハネスブルグで過ごしたが、ルーセルとの出会いはその前年、スウェーデンで行われたスーエンの舞踏サマー・キャンプでのことであった。私たちは環境に対する互いの意識がよく似ているだけでなく、互いの居住地の状況にも重なり合う部分が多いことに驚いた。ヨハネスブルグも、私の暮らすテキサス州デントンも、人種差別や植民地主義に支えられた鉱山の運営によって今日の経済基盤を築くに至ったのである。作品には、ルーセルが所属するヴィジュアル・アーツ集団「グルルル」も加わった。筆者は彼らと共に民話を題材とするパフォーマンスの準備に携わり、ヨハネスブルグの市立図書館で舞台に立った。またこれを下敷きにして、ジョアンナ・メイシーの著作を軸に展開される四回のワークショップを、図書館のほか、ウィットウォーターズランド大学の美術学科と、就職支援団体スキルズ・ヴィレッジの近くの野原にあるレインボー・クレーシュでも開催した。折りよく地元の住民たちが、その共同スペースの活用方法を模索していたのである。

ワークショップは主に屋内で行われたが、都市空間やヨハネスブルグの歴史は常に深く意識されていた。参加者は互いの連帯はもちろん、大地や、祖先や、都市の過去や未来について想いを馳せるよう促された。具体的には、メイシーの言葉を借りて、参加者たちに「すべての存在とあなたを結びつける空気を吸い込んでください。この世界に生きる人間は、誰もがあなたと同じように呼吸しています。そうして、惑星と、海と、植物と、莫大なエネルギーを交換しているのです」と呼びかけたり、メイシーの考案した「祖先からの贈り物を収穫する」というプログラムを応用して、個人や集団の結びつき、惑星の過去とありうべき未来、という主題でダンスを創作してもらったりしたのである。[*29] 言うまでもなくこの活動の背後には土地の歴史や神話という景観が広がっているが、その意味では土方による東北舞踏に近いものがある。また参加者同士が人類として繋がり合い、互いに責任を負うという発想は、魂を重視する大野の普遍主義と近しい。このワークショップのように、舞踏を環境への意識や保護活動と結びつける手法は、世界中で実践されつつある。台湾には秦《はた》かのこがおり、[*30] ロサンゼルスやサンパウロで活動するカルラ・メロは、「新たなローカル舞踏」に潜在する政治的な可能性を探求している。[*31]

身体気象（など）

フランク・ファンデフェンがヨーロッパのあちらこちらで行っているボディ／ランドスケープのワークショップは田中の身体気象の概念と直接につながっており、稽古ではM／Bという組み合わせが重要になる。これは筋肉（muscle）／骨（bone）、精神（mind）／肉体（body）、動作（movement）／バランス（balance）などの頭文字で、主に持久力を鍛えるものである。ほかに、二人一組で行うストレッチや、目前の風景を素材としたイメージやスピードを意識したエクササイズもあるが、むろん身体気象らしい「風」や「土」のイメージも重視される。ファンデフェンは田中の主宰する舞塾のメンバーとして数年にわたり農場で暮らしていた。身体気象は舞台を選ばない活動ではあるが、ファンデフェンはもっぱらヨーロッパおよび北米の、自然豊かな田園風景に結びつけてボディ／ランドスケープという言葉を用いている。育てる野菜ごとに鍛えられる部分が異なる、と考えた田中の発想に似て、風景ごとにダンサーが受ける刺激は異なっており、肉体も異なる反応を通してその風景に順応してゆくので、様々なダンスの創造が可能になるのだ。ファンデフェンが二〇一三年にバスク地方のイチャスーで行うワークショップに先んじて配布したチラシにはこうある。「自然環境の複雑さ、予測不可能な性質、直截さ、そして自律性に、身体を使ってどのように対峙すべきかを考えます。偉大な風景に囲まれた私たちの身体も、変わり続ける一個の風景であるということを理解し、身体を探求することが、このワークショップの目的です。」ファンデフェンの活動では、様々な風景を前に踊ることで、様々な刺激に身体を反応させる訓練を積むが、それと同時に、毎日繰り返される基本的な稽古を通して、反応しやすい身体を鍛えることも行う。スタジオ、森、平原など外的な環境はもちろん、体内の状態も変数に含まれる。ワークショップを入口にして、参加者は自身の身体と、その内外との結びつきを探求するのである。[*32]

ロサンゼルスでは、南カリフォルニアの自然を感じられるヴェニスのスタジオで、舞塾の古参であるオグリが、「身体気象ラボ」と銘打った稽古場で週二回のセッションを開催している。二人一組で行う稽古はときに稽古場を飛び出し、周辺の舗道や路地が舞台となることもある。ラボの稽古はファンデフェンのワークショップと共通点が多く、やはりM／Bを意識したメニューのあとに、イメージ操作を用いた課題が続く。オグリ自身のパフォーマンスは、一九八〇年代後半からパートナーのロクサンヌ・スタインバーグと暮らしてきた南カリフォルニアに根づいたものである。これがとくに明らかなのはモーリー・スタインバーグ監督によるダンス映画「ハイト・オブ・スカイ［空の高さ］」（二〇〇四）においてだろう。二年間にわたる創作活動のドキュメンタリーであり、カメラを前にしたパフォーマンスでもあるこの映画では、南カリフォルニアのモハーヴェ砂漠やコロラド砂漠で身体気象のメソッドを実践するオグリの姿が捉えられている。街の中心から車で数時間のところにあるこれらの砂漠でオグリは二年にわたり日中の時間を過ごした。まずは砂漠を歩き、身体を通してその場所を覚えるところから始めた。そして経験が豊かになるにつれて、「砂漠から得られる刺激を、三つの方法で処理するようになったようだ。砂漠の性質を体現するという方法、開けた空間を活かすという方法、そして周囲と自分を対比するという方法」である。オグリは一人で、あるいはダンサーたちと共に、何度も砂漠を訪れ、またすこしずつ長い時間を過ごすようになった。彼らは「それぞれに砂漠とのつながりを見出し、刺激を素直に受け止め、空間と身体の結びつきを、長い時間の探求のなかで踊る」という成果を得た。[*33] つまり空間を知る手段としてのダンスが、そのまま作品となるわけである。[*34]

やはり舞塾の出身であるテス・ド・クインシーは、地元のオーストラリアに身体気象を伝えている（彼女はBody Weatherではなく、BodyWeatherと一語のように綴る）。オグリがしたように、ド・クインシーはオーストラリアのセントラル・デザートで数年にわたるプロジェクトに取り組んだが、その一端はゲイ・マコーレーによる「豪州セントラル・デザートにおける身体気象――パフォーマンスのエコロジーに向けて」（二〇〇〇）と題した記事に詳細に記録されている。M／Bの手法やイメージ操作を用いて参加者をその土地へと順応させてゆくワークショップのあり方も、ファンデフェンやオグリと共通していると言えるだろう。マコーレーによれば、四〇名の参加者がいた一九九九年度のワークショップはとくに過酷なものであったという。気候は厳しく、稽古は容赦なく、向き合うべきオーストラリアの歴史も、決して平穏なものではない。「私たちが体験したものはパフォーマンスではなく場所であった。その場所を、身体的に解体するということであった」とマコーレーは述懐している。[*35] つまりこの場合、身体気象とはその土地の気候のみならず、その風土を構成する歴史や国家のアイデンティティの問題とも対峙することを意味しているのである。このような側面は、すべての身体気象の活動に見られるものではないが、土方と東北との関係には近いものがあろう。身体は土地の地理や気候を超越して、歴史やイメージに直面するのだ。

3　結論

本章では舞踏の影響を受けつつ、その枠組みを乗り越える要素を孕んで、土地の風景との関連のなかで「新たなローカル舞踏」を創造するダンサーたちの活動を取り上げた。むろんここで紹介できたのは一握りに過ぎない。野外の、特定の土地に根ざした活動を繰り広げる実践家は数多くいる。例えば関《せき》みな子はマヨルカ島で毎年ワークショップを開催している。ココロダンスはバンクーバーのレック・ビーチで、裸形でのパフォーマンスを行っている。インクボートは二年に一度、北カリフォルニアで「ダンス・オン・ランド」と題したワークショップを開催している。彼らは異なる舞踏家に師事し、異なる影響を受け、それぞれの形で稽古やパフォーマンスを続けているが、風景という概念を重視し、ダンスを通して人間と自然の結びつきを表現するという点では一致している。彼らはそのような行為のうちにこそ、舞踏の本質があると信じているのである。土方や大野の提唱した自然観は物質的なものではなく、どちらかと言えば神秘的なもの、比喩的なものであった。だが特定の土地に舞踏の淵源を求めようとする姿勢や、あらゆる生命と普遍的なつながりを見出そうとする願望は、過去半世紀にわたって、舞踏を日本の都市部から世界の隅々へと拡散させたのである。こうして舞踏は、一九六〇年代日本のアヴァンギャルドという出発点を遠く離れて、今日も重要な心身の鍛錬法として、パフォーマンスの手段として、そして日常生活における哲学として、生き続けているのだ。

——注

1　Candelario, Rosemary. 2018. "'Now We Have a Passport': Global and Local Butoh." In *The Routledge Companion to Butoh Performance*, edited by Bruce Baird and Rosemary Candelario, London: Routledge, pp. 245-253.

2　同書、二四八頁。

3　同書、二五〇頁。

4 ただし、自然のイメージ、とくに水のそれを多用する野口体操が、舞踏と自然との出会いをもたらしたとする見方もある。舞踏の最初期に盛んであった野口体操は、近年、再び国内外で注目を集めている。第3章も参照。

5 Marshall, Jonathan. 2018. "Bodies at the Threshold of the Visible: Photographic Butoh." In *The Routledge Companion to Butoh Performance*, pp. 158-170.

6 Jansen, Sara. 2018. "Returns and Repetitions: Hijikata Tatsumi's choreographic practice as a critical gesture of temporalization." In *The Routledge Companion to Butoh Performance*, pp. 99-112, p. 103. 傍点原著者。

7 Kosuge, Hayato. 2019. "Urbanism and Ruralism in Butoh: the Significance of Yuki Yuko and Her Dance Company, Suzuran-toh." Paper presented at the International Federation for Theatre Research Annual Conference, Shanghai.

8 例外と言えるのはミキ・サイフェルトがニュージーランドのアオテアロアで行っている「批判的舞踏」であろう。ウィリアム・フランコとの共同制作になるこの活動は、マオリと入植者の双方のダンサーの関係性を通して植民地化とその解体の過程を表現するものである（Seifert, Miki. 2018. "Critical Butoh and the Colonial Matrix of Power." In *The Routledge Companion to Butoh Performance*, pp. 399-406.）。

9 Ivy, Marilyn. 1995. *Discourses of the Vanishing: Modernity, Phantasm, Japan*. Chicago, IL: Chicago University Press; Jansen, Sara. 2018. "Returns and Repetitions: Hijikata Tatsumi's choreographic practice as a critical gesture of temporalization." In *The Routledge Companion to Butoh Performance*, pp. 99-112; Kosuge, Hayato. 2018. "The expanding universe of butoh: the challenge of Bishop Yamada in Hoppo Buoth-ha and Shiokubi (1975)." In *The Routledge Companion to Butoh Performance*, pp. 214-225 などを参照。

10 Sas, Miriam. 2010. *Experimental Arts in Postwar Japan: Moments of Encounter, Engagement, and Imagined Return*. Cambridge, MA: Harvard University Press, p. 175.

11 Kosuge 2018, p. 217.

12 武智鉄二、富岡多恵子『伝統芸術とは何なのか——批評と創造のための対話』学芸書林、一九八八年。

13 郡司正勝「舞踏と禁忌」『現代詩手帖』一九八五年五月号、八六—八九頁。

14 Sas, *Experimental Arts in Postuar Japan*, pp. 175-176. 傍点原著者。

15 舞踊評論家の本質主義的な傾向については Marotti, William. 2018. "The problematics of butoh and the essentialist trap." In *The Routledge Companion to Butoh Performance*, pp. 92-98 を参照。《土方巽と日本人》の詳細な考察は Baird, Bruce. 2012. *Hijikata Tatsumi and Butoh: Dancing in a Pool of Gray Grits*. New York: Palgrave Macmillan を参照。

16 Pagès, Sylviane. 2018. "A history of French fascination with butoh." In *The Routledge Companion to Butoh Performance*, pp. 254-261.

17 D'Orazi, Maria Pia. 2018. "The Concept of Butoh in Italy: From Ohno Kazuo to Kasai Akira." In *The Routledge Companion to Butoh Performance*, pp. 262-275.

18 Candelario, Rosemary. 2016. *Flowers Cracking Concrete: Eiko & Koma's Asian/American Choreographies*. Middletown, CT: Wesleyan University Press.

19 Schwellinger, Lucia. 2018 [1998]. "Ohno Kazuo: Biography and Methods of Movement Creation." Translated by Charlotte Marr and Rosemary Candelario. In *The Routledge Companion to Butoh Performance*, pp. 113-125, pp. 116, 119.

20 Godard, Collette. 1980. "À Nancy la mort complice." *Le Monde*, May 21, 1980.

21 D'Orazi, "The Concept of Butoh in Italy: From Ohno Kazuo to Kasai Akira," p. 263.

22 Candelario, Rosemary. 2018. "Dancing with Hyperobjects: Ecological Body Weather Choreographies from Height of Sky to Into the Quarry." *Choreographic Practices* 9, no. 1, pp. 45-58.

23 Body Weather Amsterdam n.d. "Home page." http://bodyweatheramsterdam.blogspot.com/. Accessed March 21, 2013.

24 小菅隼人「北に向かう身体をめぐって——舞踏家ビショップ山田に聞く」(『慶應義塾大学日吉紀要』三三号、二〇一七年、二七—七八頁)、六七頁。

25 Candelario, Rosemary. 2016. *Flowers Cracking Concrete: Eiko & Koma's Asian/American Choreographies*. Middletown, CT: Wesleyan University Press.

26 竹之内淳志の英語版プロフィールより。"What is JINEN?" http://www.jinen-butoh.com/profile_e.html. Accessed April 8, 2020.

27 Piñon, Diego. 2018. "My Passage Through Butoh." http://butohritualmexicano.com/blog/, accessed March 30, 2020.

28 Freehill, Maureen Momo. 2018. "A Flower of Butoh: My Daily Dance with Ohno Kazuo (1995-2012)." In *The Routledge Companion to Butoh Performance*, pp. 437-446.

29 Macy, Joanna and Molly Brown. 2014. *Coming Back to Life*. Gabriola Island, BC: New Society Publishers, pp. 175-182.

30 Seetoo, Chiayi. 2018. "Death Rituals and Survival Acts: Hata Kanoko's "butoh action" and alternative inter-Asian transnationalism." In *The Routledge Companion to Butoh Performance*, pp. 371-380.

31 Melo, Carla. 2018. "When the 'Revolt of the Flesh' Becomes Political Protest: The nomadic tactics of butoh-inspired interventions." In *The Routledge Companion to Butoh Performance*, pp. 381-387.

32 ファンデフェンの活動については、以下の拙稿でさらに詳しく論じている。Candelario, Rosemary 2019. "Dancing the Space: Butoh and Body Weather as Training for Ecological Consciousness." In *The Routledge Companion to Dance Studies*, edited by Stacey Prickett and Helen Thomas, London: Routledge, pp. 11-21.

33 Candelario, Rosemary. 2018. "Dancing with Hyperobjects: Ecological Body Weather Choreographies from Height of Sky to Into the Quarry." *Choreographic Practices* 9, no. 1: 45-58, 51-52.

34 オグリとスタインバーグの活動については、Lu, Joyce. 2018. "Body Weather Laboratory Los Angeles: an Interview with

Roxanne Steinberg and Oguri." In *The Routledge Companion to Butoh Performance*, pp. 491-502 に詳しい。

35 McAuley, Gay. 2000. "BodyWeather in the Central Desert of Australia: Towards an Ecology of Performance." Self-published, p. 8.

メキシコ人の血に流れる舞踏熱

横尾咲子

舞踏のせいで、いや、おかげで、私はメキシコにいる。大学院でダンスセラピーを研究していた頃、環境の変化と新たな活動現場を求め、青年海外協力隊員として派遣された先が、メキシコの田舎町だった。そしてある日、首都で身体表現ワークショップに参加した私は、舞踏好きのメキシコ人と知り合い、そのまま結婚してしまったのだ。

二〇一〇年にNPO法人「手をつなぐメキシコと日本」を設立し、両国の文化の架け橋を目指して、多種多様なプロジェクトを実施している。縁に導かれるままに生きてきたが、振り返るとその節々に舞踏があり、さらなる縁をつないでもらったように思う。

舞踏の公演およびワークショップを制作する中で、はるばる当地まで来ていただいたのは、麿赤兒《まろあかじ》氏率いる大駱駝艦《だいらくだかん》をはじめ、工藤《くどう》丈輝《たけてる》氏、向雲太郎《むかいくもたろう》氏、藤條虫丸《ふじえだむしまる》氏、山崎広太《やまざきこうた》氏らであるが、その全員が、メキシコ人からは欧米人とは違う種類の熱狂を感じると言う。私自身も、赤ちゃんからお年寄りまで幅広い層に、東洋的身体観に基づくダンスを共有してきたが、皆、興味津々で、実に素直な瞳と身体で表現してくれるため、常に涙ぐむような感動をもらっている。

初めてメキシコで舞踏を観たのは、二〇〇四年の秋のこと。とある国際芸術祭における、イシデタクヤ氏と御乃道《みのたう》ニケ氏の、それぞれのソロだった。通路まで客がひしめき合って熱気に溢れ、劇場全体が舞踏家と一緒に呼吸しているような、濃密な集中があった。単なる東洋趣味やアヴァンギャルド嗜好を超えた、熱いものを肌で感じ、驚いた。

メキシコ国内で舞踏の種をまき、継続的な活動によりその芽を育てて来たのは、中嶋夏《なかじまなつ》氏、室伏鴻《むろぶしこう》氏、吉岡由美子《よしおかゆみこ》氏の三氏である。舞踏第一世代の中嶋氏は、一九八七年にセルバンテス国際芸術祭に招聘《しょうへい》されたのをきっかけに、メキシコの優れたアーティストたちと交流を続け、二〇〇五年以降は毎年のように来墨し、ワークショップと委託振付を通して、舞踏の真髄を伝播し続けている。中嶋氏は、メキシコ人に特徴的な舞踏理解として、彼らのルーツである先住民の血と、アニミズム信仰の影響を指摘している。その先住民とは、アジアからベーリング海峡を渡った蒙古斑《もうこはん》を持つ民族であるため、日本人とはDNAレベルでの無意識の共鳴があるのではないかと言う。この点には私も全く同感である。

　また、メキシコで暮らしたいと願うほど彼の地を愛した室伏氏は、奇しくもメキシコで亡くなった。室伏氏の「若い振付家に向けて」という文章の中に、「ソロの身体が『複数の異なる言葉と身体』に分裂し、その分断によって語る〈未だ名のない、非人称の身体〉の冒険となるだろう」という言葉があるが、[*1]メスティーソであるメキシコ人は、まさにその分断を内在化させた冒険者たちであると感じる。一般的に、ラテン人は陽気というイメージがあるが、一六世紀にスペインに侵略され、土着の文明を根こそぎ破壊されて以来、欧米によって搾取され続けた彼らは、オクタビオ・パスが「閉鎖性は、我々の猜疑心と不信感の一つの手段である」と指摘するような、複雑な精神性を持っているのである。それゆえにこそ、戦後の急速な欧米化の中で、抵抗のおどりとして生まれた日本の舞踏、日本人の身体性を掘り下げた舞踏に、強烈に共感するのではないだろうか。

　この文章を書くにあたり、二〇年以上の舞踏経験を持ち、ダンサーとしても制作者としても現役で活躍する三名のメキシコ人アーティスト（エウヘニア・バルガス、エスパルタ・マルティネス、サンドラ・ソトー）にインタビューを行った。三者とも、初めての舞踏体験は偶然によるものであったが、形容しがたい異質な身体性や動きに強い衝撃を受け、すっかり魅了されてしまったという。彼らを舞踏の深淵に導いた師として、バルガスは中嶋夏氏を、マルティネスは麿赤兒氏を、ソトーは大野一雄氏・

慶人《よしと》氏を挙げている。彼らにとって舞踏とは、一つのジャンルやテクニックなどではなく、異なる視点を与え、変容をもたらしてくれるものであるという。

西洋文化では死や苦しみを悪しきものとして背景に遠ざけ、光を礼讃する傾向があるが、舞踏ではむしろ、影や闇、危機や混沌こそが焦点化される。この点は、ユーモラスで優しい、独特な死生観を持つメキシコ人にとっても、大いに共感できるそうだ。さらに三者は、先住民差別や貧困、犯罪、暴力など深刻な問題を抱えるメキシコにとって、舞踏が提示する人間観や宇宙観は、芸術表現の幅を広げるにとどまらず、社会的インパクトを持ちうるものだと期待している。観客層が限られる西洋舞踊に比べ、舞踏には、老若男女を問わず様々な人が訪れ、解釈はそれぞれであるにしろ、言葉にならない何かを深く胸に刻んでいくのだ。

しかしながら、自我を離れて普遍的な存在になることを目指すという舞踏の側面は、西洋諸国と同様メキシコでも理解されにくいようだ。メキシコで舞踏が普及すればするほど、自称「Butoh家」も増え、いかに個性を出すかに終始し、表層的な表現にとどまる傾向がある。神秘的なものが好きな国民性も手伝って、いわゆるスピリチュアルな部分が強調されることも多い。Butohがかつて「暗黒舞踏」であったことを知る人も、当然ではあるが少ないのである。

ともあれ、舞踏がこれほどまでに熱狂的な支持を受けるのは、有り難いことであり、舞踏に携わるものとして喜ばしいことである。その過程に貢献してきた全ての人々に、心から感謝を捧げたい。そして今後も、舞踏に何かしらの可能性や問いを見出し、探求する人々が増え続け、舞踏が社会全体へと波及していくことを願っている。問題意識を持った強い作品こそが、芸術として高い評価を受けるメキシコであるから、十分に期待できる。

——注

1 https://ko-murobushi.com/jpn/biblio_selves/view/53（二〇二一年九月一一日取得）

関 典子

第6章

舞踏とコンテンポラリーダンス

和栗由紀夫との協働を超えて

1　最初の謎

最初の稽古が忘れられない。和栗から手渡されたのは、数点の図版がコピーされた一枚の紙だった。ハンス・ベルメール（一九〇二―一九七五）による球体関節人形の写真や少女像のドローイング。「この絵をもとに、踊ってみてください」。私は立ち尽くしてしまった。まったく動くことができなかった。

「シンプルで良いんですよ。まずは順番に、ポーズを真似してみて」。言われるままに、ポーズをとる。様々な画集や雑誌、書籍からの切り抜きを集めたような資料で、コピーも幾度も重ねたのだろう、あまり鮮明ではない。ただ単に眺めるのではなく、それを真似するとなると、自ずと細部まで観察することになる。首の傾き、手の位置、指の開き方、脚の立て方、そして、眼差し。「こうかな？　いや、こうなっている？」一度で形が決まることはない。何度も自問自答するように、ひたすら図版に向き合い、そのポーズを身体でトレースしていく作業を続けた。和栗は、何も言わずにただ見ている。とても長い時間だった。やがて私は、人形や少女たちの質感、見られる対象としての存在、被創造物としての特性が憑依してくるように感じた。とにかく、これまでに感じたことのない感覚だった。同時に、とても孤独な体験だった。「そう。良いですよ。迷いながらで良い。身体が語り始めている」。と、和栗は言った。

これが私と「舞踏譜」の最初の出会いだった。二〇〇八年三月、ブラジル・サンパウロでの〈TOKYOGAQUI／ブラジル日本移民100周年／大野《おおの》一雄《かずお》生誕101周年フェスティバル〉に和栗由紀夫《わぐりゆきお》と関典子《せきのりこ》のデュオ作品《Labyrinth》［❶］で参加することになり、前年の秋頃から、私たちは稽古を開始した。その最初の稽古で渡されたのが「舞踏譜」だった。

和栗が私に求めたのは、「舞踏を踊ること」ではなかった。そのことは、二作目の共同作品、《肉体の迷宮》［❷］

❶《Labyrinth》(2008)

(二〇一〇年一二月、日暮里サニーホール。原作・谷川渥《たにがわあつし》)の際も一貫していた。当時の和栗からの手紙には、こう書かれている。「この絵と言葉をもとに、ダンスを創ってください。今回は関さんの振付に、僕の演出を加える感じが良いのではと思います。チラシにも振付は僕と関さんと二人名前を出すつもりです。コンテンポラリーダンスとのコラボレーションとは銘打ちませんが、舞踏公演で通しますが、あなたの良いところを舞台に出せればと思います」[*1]。そして、そこにも、数々の絵と言葉からなる資料、すなわち舞踏譜が添えられていた。

和栗が私に求めたのは、「ダンスを創ること」だった。しかも、「自分のダンス」を。そのための材料として渡されたのが、舞踏譜だった。弟子として舞踏を教授されるのではなく、一人のダンサー・振付家として、和栗の舞踏世界と対峙することが求められたのだった。舞踏譜は、そのための道標《みちしるべ》となった。

2　舞踏譜とは何か

舞踏譜とは何か。和栗の「舞踏譜考察」(二〇一六年)には、こう書かれている。

❷《肉体の迷宮》（2010）和栗由紀夫・関典子（撮影：池上直哉）

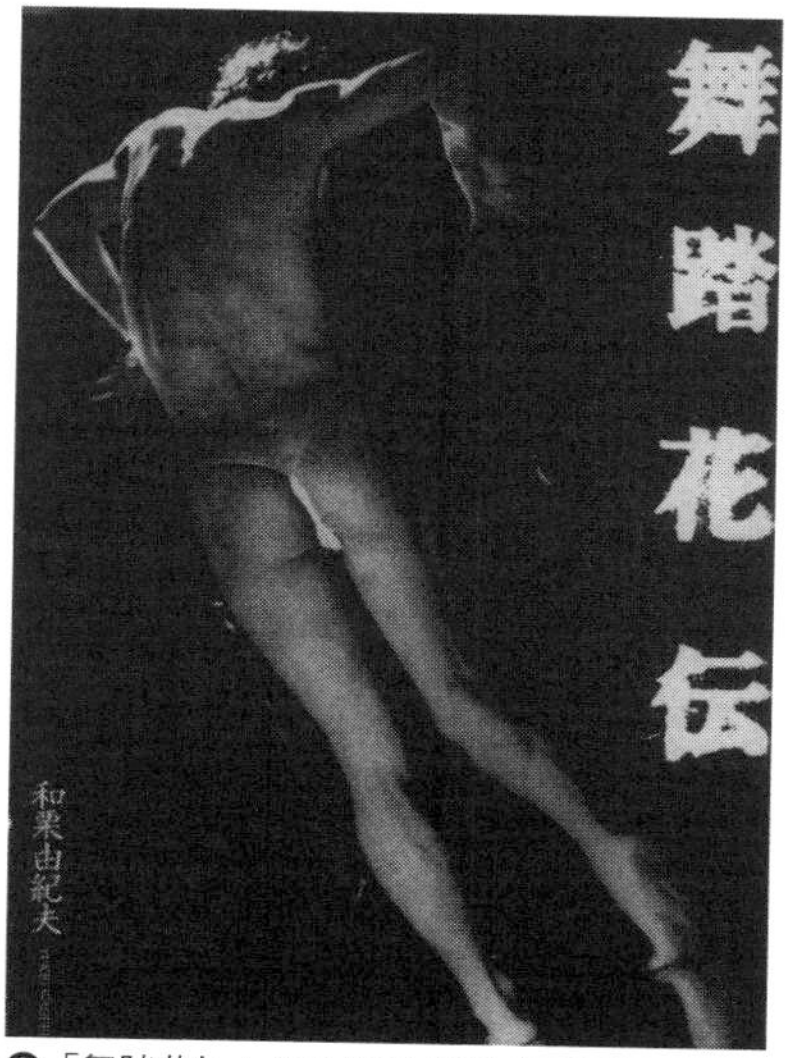

❸「舞踏花伝」CD-ROM版（1998）

言葉によって想像的な舞踏空間を作り出し時間と空間を管理・共有するという、言語によるイメージの身体化という方法の一つが舞踏譜である。（中略）実体の定かではないイメージを特殊な言葉で追い込んでゆく作業といってもよい。[*2]

一九七二年から舞踏の創始者・土方巽《ひじかたたつみ》（一九二八―一九八六）に師事した和栗由紀夫（一九五二―二〇一七）は、亡くなる三日前まで舞台に立ち続けた。[*3] 生涯舞踏家であり続けた彼の最大の功績の一つが、土方の舞踏譜の公開である。一九九八年に出版したCD―ROM版「舞踏花伝」［❸］は、舞踏譜の存在を弟子の立場から一般公開し、それまではあくまで秘儀的に語られていた土方の作舞法を改めて焦点化することで、舞踏再評価の契機を作ったのである。さらに二〇〇六年、DVD―ROM版［❹］へのヴァージョンアップ以降は、土方舞踏を生きた形で次世代に伝えるキーマンとして、国内外の大学や研究機関、ダンスフェスティバル、ワークショップに招聘《しょうへい》される機会がとみに増えた。

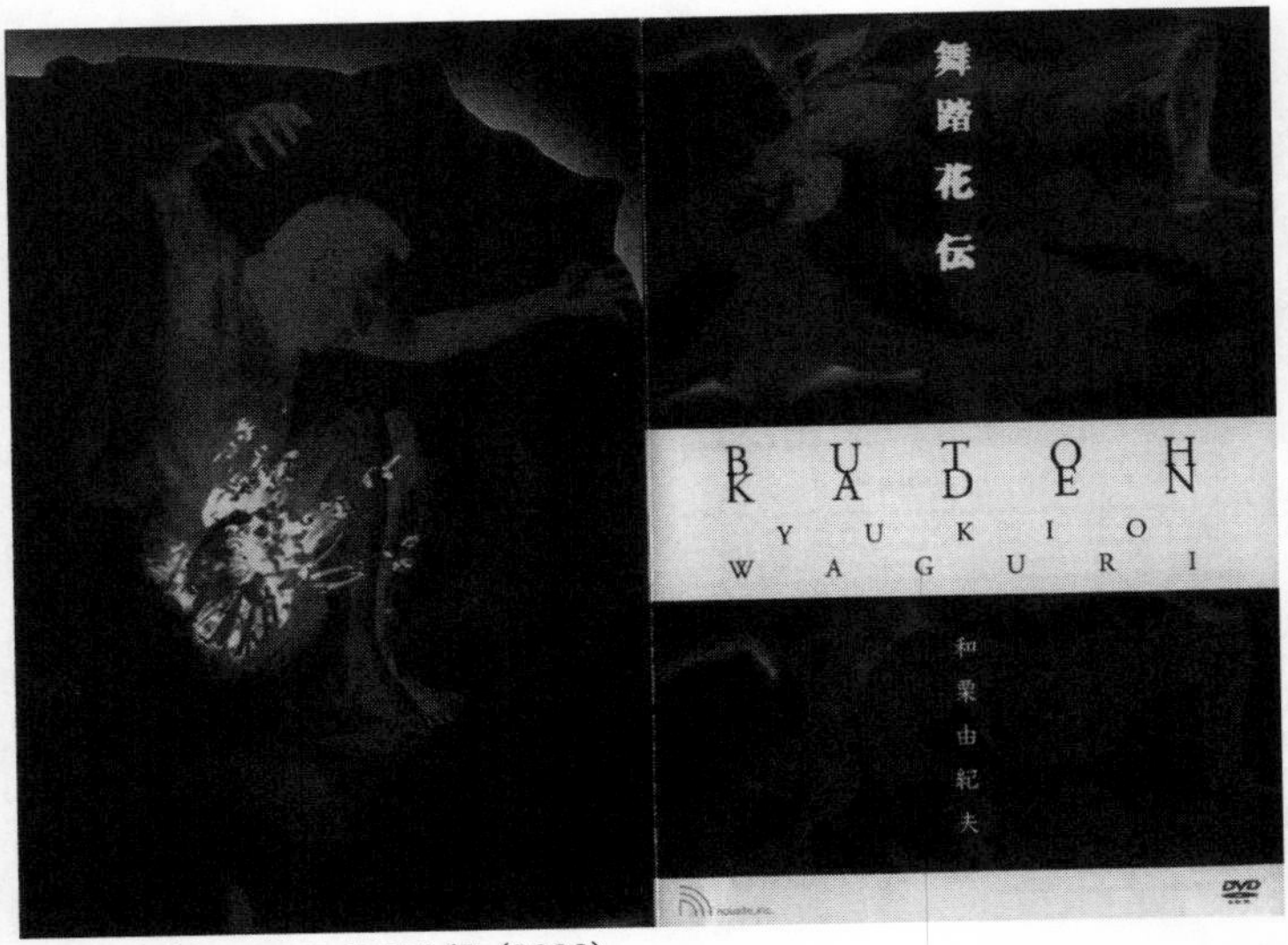

❹「舞踏花伝」DVD-ROM 版（2006）

❺「舞踏花伝」web 版（2020）

そして、和栗の死から三年目、二〇二〇年二月二六日、六八回目の誕生日にはｗｅｂ版［❺］が完成し、全世界に無料公開されている。[*4] その公開の意図について、和栗自身はこう語っている。

今まで明らかにされなかった「舞踏譜」をなぜ公開するのか。「言葉を通してイメージを身体化する」という土方の作舞法の存在を私なりにまとめて世に問うのは、弟子としての仕事であると同時に新しい舞踏の形を呈示するためでもある。舞踏はまだ始まったばかりなのだ。「誰かまとめる奴はいないかね」と土方がふと漏らしてからはや二〇年になるが、舞踏はこれからさらに先へと旅立つ。「舞踏譜」はその大切な同伴者となるはずだ。私もまた新しい旅に出かけていこう。[*5]

和栗が私を誘い、コンテンポラリーダンスと舞踏の協働を図ったのは、「新しい舞踏の形を呈示する」「新しい舞踏の地に旅立つ」ための、一つの挑戦だったのかもしれない。[*6] 和栗が求めたことは何だったのだろうか。和栗亡き今、本人の意図を推し量ることは難しい。せめて、私が何を感じ、何に悩み、何を得たのか、残された文献と記憶を照らし合わせながら、ここに披瀝《ひれき》してみようと思う。むろん個人的な、内向的な考察を行うよりも、和栗をはじめとする当事者の言葉をそのまま引用することに注力したい。

当時の稽古場に戻ろう。

3　謎を拓く言葉

冒頭で述べた通り、最初の稽古で、和栗は私に「絵をもとに踊る」ことを要求した。まずはシンプルに、ポーズを真似してみよと。提示されたのは、ベルメールの球体関節人形の写真や少女像のドローイングなど、頽廃的なエロティシズムを湛《たた》えた図版である。しかも、普通の人間の身体では不可能なことが起きている。例えば、これらの図版である。

❻は「背を向け、首をかしげながらこちらを見返してくる人形」の写真である。右腕はなく、左手は見えない。臀部《でんぶ》をさらけ出しており、左脚は細い棒の構造物でしかない。❼には、「自らの皮膚を剝ぎ、内臓を剝き出しにした少女」が描かれている。舌を出して、自身の内臓を覗《のぞ》き込んでいるように見える。もちろん、これらの図版のポーズを外形的に模倣することは可能である。しかし、私には腕も脚も二本ずつあり、❻のように分断された身体をもっているわけではない。稽古着を着ており、臀部も乳房もさらけ出してはいない。ましてや、❼のように、自身の皮膚を剝ぎ取ることはできない。

ただ、図版と向き合う中で、やがて私は、前述の通り、人形や少女たちの質感、見られる対象としての存在、被創造物としての特性が憑依してくるように感じた。図版をつぶさに観察し模倣する客観的な作業、それを継続するうちに、図版の中の人形や少女の内部に入り込んでいくような、あるいは、図版の中の人形や少女が、私の身体に闖入《ちんにゅう》してくるような、様々な感覚が去来し始めたのである。

「そう。良いですよ。迷いながらで良い。身体が語り始めている」と和栗は言った。ただ、この時点では、いわば「模写」のような、比較的単純な作業でもあった。フォルムの形成が目指され、ダンスに必要な動きには行き着いていなかった。私の迷いとは、「ここからどう動こうか、動けるのか」ということだった。

その時、和栗が声を発した。「剝製の身体」「ガラスの目玉」「自身を解剖する」「その内臓を覗き込む」「舌を出して舐めようとする」「それを観客に魅せつける」……。これらの言葉をきっかけに、私の身体に変化が起きた。それまでは固定した一つの形、図版のポーズを再現、模写しようとしていた。それが、和栗の言葉がけに触発されるように、自ずと動き始めたのだ。いわゆるダンスらしい大きな身振りではない。引き続き図版を真似てポーズをとる最中、身体の内側が沸騰するように蠢《うごめ》き始め、常態化した痙攣のような震えが、断続的に不随意的に、身体の各所に露呈してきたのだ。

和栗は私にもう一枚、紙を手渡した。今度は言葉が並んでいる。断片的な、詩のような言葉である。土方に師事したアスベスト館時代から書き留めたノート、そして、それ以降の和栗自身の活動の中から、今回の私のソロ

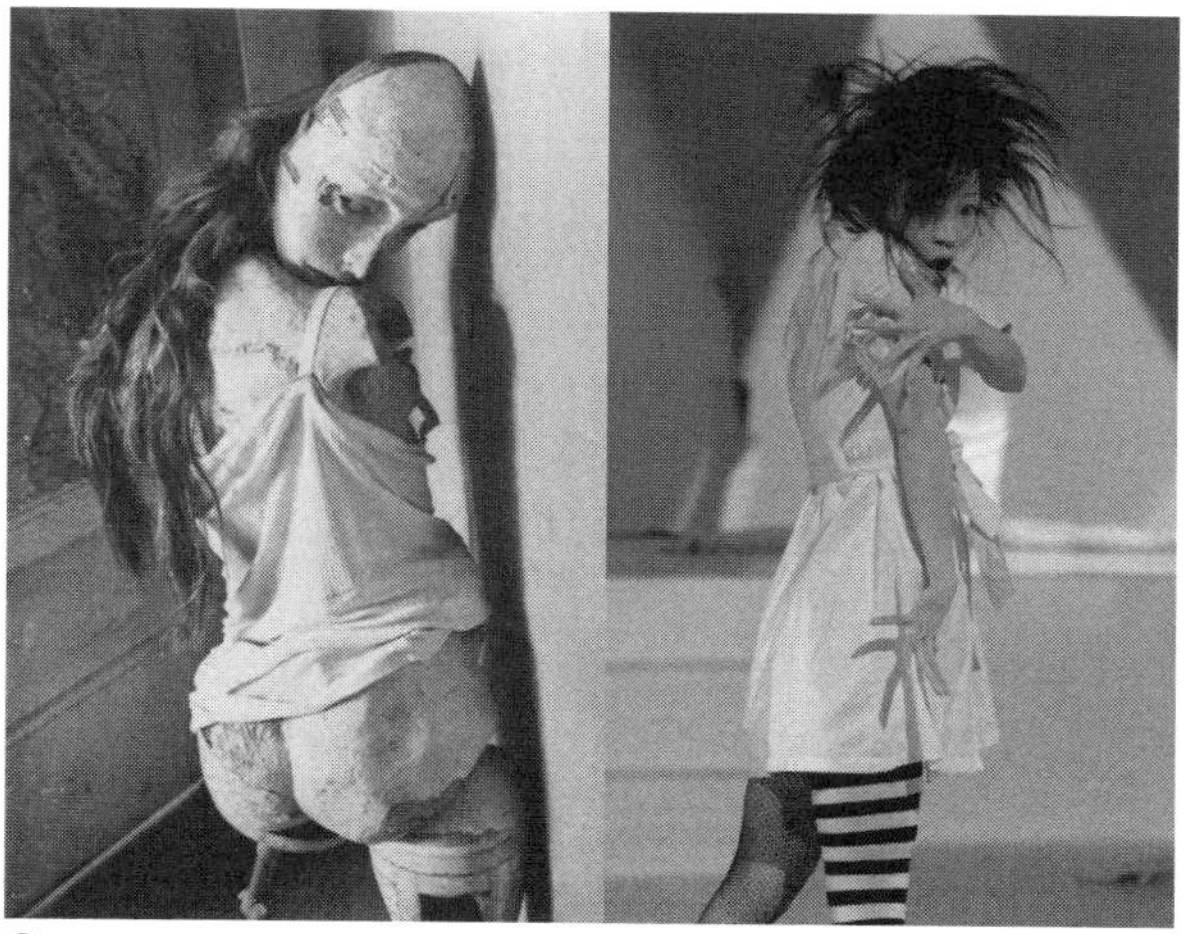

❻

❼

ベルメールの図版と《肉体の迷宮》(2010)
舞台写真（撮影：池上直哉）

私は身体を裏返すことができる
私は一個の幻覚である
私は無限に増殖している
私の背中に何かが貼り付いている
ガラスの目玉
口の中に薔薇が咲いた
電髪
鏡の向こうから、もう一人の自分が歩いてくる
私は逆さまの世界にいる
私は置物になった
私はいつも10センチ浮いている
私は電気だ
剥製の人
稲妻の中を歩く人
おまえは何処に行くのだ？
私は余白によって成り立っている
幻聴を聞く
光玉の目
第二の目玉は何処だ？
肉体とは思い出ならずや

指と指の間の言語
予期しない動き
分裂したまま統一している
動いている最中に知覚するもの
微かな痛みの神経
口元に蝶が留まっている
女と鳥の合体
肉の独楽
欲望のオブジェ
肉が泣いている
細かい身振りの反復
疾走感
鋭い光
肉体の迷宮
単彩な動きの不気味さ
夢に夢見られている
何でもないもの
時間の鳥籠
空間の乱反射へ
光と影の狭間

❽和栗から与えられた言葉

のために、抜き出され、あるいは新たに書き加えられた舞踏譜である［❽］。

図版のポーズを真似ることに腐心していた私に和栗が投げかけたのが、言葉だった。そして、その言葉に開かれるようにして、私の身体には変化が起こった。和栗はその様を見て「良いですよ。迷いながらで良い。身体が語り始めている」と述べたのだった。

4 舞踏譜のメカニズム——絵画・言葉・肉体

ここでは何が起こっていたのだろうか。和栗との最初の稽古では、まず絵画が与えられ、次に言葉が与えられた。舞踏譜の絵や言葉は、「ダンサーに動きや身体のあり方、空間との関わり方を示す身体言語」であり、「振付家とダンサー

の間でイメージや動きを共有する一種の記号」として、「連想を手がかりに身体的なイメージを拡張していくための、一種の触媒として」用いられる。[*7] 特に絵画を使用する意義について、和栗は次のように述べていた。

> 土方巽が用いた優れた方法の一つは一次資料として絵画を使うということである。一目瞭然という言葉の通り、絵画を使うことによってまず素早い視覚情報の共有ができる。人間の目から入って来る情報は多量で確実性を帯び理解しやすい。その絵画から、フォルム、ムーブメント、在質感や雰囲気、時間や空間までをも読み解き、舞踏化するために、舞踏言語として整理し直すのである。（中略）二次元の絵画空間から四次元の舞踏空間への変容の連続が舞踏の一つのテーマとなる。（中略）その想像的空間の中で、個人の感性・精神性をより高めてゆく必要がある。[*8]

舞踏譜での絵画の使用は、振付家とダンサーの間でのイメージ共有に有効である。ただし、和栗も述べる通り、「絵画という二次元のものから踊りという四次元のものを創らなければいけないわけじゃないので、それが動かなければいけない。（中略）スカラプチャーになるよね、一枚の絵から。新しい肉体をその場その場で」。[*9] そうすると、肉体というものを構築しなくてはいけないです絵画をもとに踊る際には、フォルムをなぞるだけでなく、動きや材質感を読み解く必要がある。単なる型やポーズの連続に留まらず、時間を介した踊りにしていかなければならない。私がポーズの模倣にのみ凝り固まってしまった時、「肉体を構築」させるべく、和栗は言葉を投げかけたのだった。

5 「想像を現実のものにすること」――シュルレアリスムとの類縁性

舞踏譜の実践において注意すべきこととして、和栗は常々、稽古の中で、次のように述べていた。

> 舞踏譜の言葉は、身体と空間の関わり方や五感や神経の張り巡らせ方などを具体的に指示し、舞踏家はこれらの言葉を実際に身体の上に起きているように捉えること、想像を現実のものにすることが要求される。

私が最も驚き、感銘を受けたのが、この「想像を現実のものにすること」というスタンスだった。舞踏譜の言葉をいかに信じられるか、リアリティーを感じられるかということでもある。

最初の稽古で和栗から言葉が投げかけられた時、私の身体には変化が起きた。「ガラスの目玉」「口の中に薔薇が咲いた」「電髪」「稲妻の中を歩く人」……これらの言葉を受けた途端、目は物を見るための器官ではなく光が通過する硬い物質になり、口は折り重なる薔薇の花弁に押し出されるように自ずと開き、髪の毛一本一本に電気が走れば頭皮・頭蓋骨・首筋・鎖骨・肋骨がヒリヒリと引き上げられ、稲妻が轟《とどろ》く恐怖の中、緊張感みなぎる一歩が生じてきた。和栗の言うように「言葉を実際に身体の上に起きているように捉え」た時、私の舞踏が始まった。森下隆《もりしたたかし》の言葉を借りるならば、「言葉が舞踏家の脳髄を撃ち神経を緊張させて、感覚と肉体を衝き動かし、踊りを発生させた」[*10]のだ。和栗は次のようにも述べている。

> 言葉によって喚起されるイメージには、視覚的なものだけでなく、音や匂い、触覚から導かれるある種の感情までもが、含まれています。それは一つの世界と言っても良いでしょう。(中略)舞踏家にとって、イメー

ジとは泡のように沸いてくる正体不明のものではなく、自分の体に直接はね返ってくる、確固とした、具体的な出来事なのです。想像を現実のものにすること、ここに舞踏家としての賭けがあります。それが、想像的空間を生き続けるということなのです。「舞踏譜」はそのための貴重なパートナーといえるでしょう。[*11]

私はそれまで、舞踏特有の表現の所以《ゆえん》を分からずにいた。一見不可解な、鬼気迫るほどの存在感はどこから来るのか。なぜ顔を歪《ゆが》め、ぎくしゃくと動くのか。しかし、和栗との稽古により、完成された舞台作品を観ていただけでは想像も及ばない秘訣が存在することを知ったのだった。それが、「想像を現実のものにすること」というスタンスである。

舞踏のこうした側面は、シュルレアリスムに比して論じられることも多い。[*12] 例えば森下は以下のように述べ、舞踏創造の方法とシュルレアリスムの概念や方法が重なることを指摘している。

想像力の限りを尽くして作舞し、視覚にたえうるぎりぎりまで踊りを錬磨していったとはいえ、舞踏が肉体をつかっての創造である以上、絵画や彫刻のように自在に身体を変容させることはできない。しかし、舞台芸術には時間が介在する。つまり身体の動きはもとより、照明、音楽、装置を加えることによって想像力の及ぶ次元が拡大され、もうひとつの現実、別のリアリティーを生み出すことができる。そのために、土方巽は絵画作品を徹底的に解剖して、自らの内的世界を拡張させる媒介としたのである。土方巽の「舞踏譜」を、いわゆるコレオグラフィーとしてどう位置付け、どう評価すべきはともかく、それは土方巽が別の現実を発見するための二次元の道具であったし、そこに土方巽の想像力と造形欲の痕跡がくっきりと残されている。[*13]

森下の言説にある「もうひとつの現実」「別のリアリティー」「別の現実」とは、「超現実」とも言い換えられるだろう。シュルレアリスムの創始者アンドレ・ブルトン(一八九六—一九六六)は「美は痙攣的なものだろう、それ以外にはないだろう」[*14]という定義を残しているが、シュルレアリスムの目指す美とは「羽毛がこめかみにかすめたときに感じる特有の肉体的混乱」をもたらし、「本物の戦慄にも似た状態にわれわれをいざなう」ような美である。[*15]これを作者あるいは鑑賞者に、何らかの身体的反応をもたらす美であるとすれば、そこには舞踏あるいはダンスとの類縁性が示唆される。

6　「飼い慣らされた動作」を離れて——オブジェの視点からの考察

澁澤龍彦《しぶさわたつひこ》は、土方の舞踏を「私たちが自然な動作と呼んで疑わない慣習的な動作への期待を完全に裏切る、一種異様な異和感にみちた、スキャンダラスな動作」と描写し、それをシュルレアリスムの「オブジェ」[*16]の概念に比して論じている。[*17]

——裸の男が、ごろりと舞台の上にひっくり返って、背中を丸め、手脚をちぢめている。これが土方ダンスの原型であり、胎内瞑想を思わせるその姿勢は、生の方向と死の方向とを同時に暗示している。やがて、裸の男はむっくり立ち上がり、小児麻痺のように痙攣的な、衝動的な手脚の不均整な動きを示しつつ、ぎくしゃくした足どりで歩き出したり、急に立ちどまったり、意味のない短かい叫び声をあげたりする。それは、私たちが親しく目にしている私たち自身の日常的な動作、私たちが自然な動作と呼んで疑わない慣習的な動作への期待を完全に裏切る、一種異様な異和感にみちた、スキャンダラス(scandalous には「人を怒らせる」という意味がある）な動作である。
ちょうどシュルレアリストのオブジェが、日常的習慣的目的に奉仕すべく作られた道具や物体から、その目的性を奪い取って、いかなる生活的必要からも離れた物体にそれらを還元することにより、それらの物体の疎外された美を回復するように、土方ダンスにおける肉体も、私たちの肉体にべったり貼りついた、いわば目的性のいつわりを剝ぎ取って、肉体の疎外された美を白日のもとに発《あば》き出すことを目ざしているのである。*18

三島由紀夫《みしまゆきお》もまた、澁澤と同様の見解を述べている。*19

古典バレエでは、人間と物との関係に異和感は少しもなくて（むしろ「物」が登場することは甚だ少ない）、動作の優美は、一種の修飾であり誇張であり、便利な言葉を使ふと、「様式化」であるにすぎないのである。しかし、前衛舞踊では、怖ろしい「物自体」が、たとへ舞台上に具象化されてゐなくても、どこかに厳然と存在してをり、人間と物との関係は、悲劇的な矛盾に充ち、人間の動作は、物へ到達しようとして空しく空中に辷《すべ》り、あるひは、完全に物に支配されて動く。これは日常のいつはり、社会的慣習によって訓練されたわれわれの「自然な動作」のいつはりをあばくのに効果的である。（中略）ここに奇妙な倒錯がひそむわけで、あるひはわれわれの日常動作こそ儀式的であり、前衛舞踊的、小児痲痺的動作こそ、言葉の真の意味において、「自然な動作」であるかもしれないのである。*20

澁澤、三島の両者は、いずれも舞踏が我々の日常的動作、あるいは自然な動作のいつわりを暴くことを指摘しているが、三島の言説の中でとりわけ興味深いのは、舞踏では「怖ろしい『物自体』が、たとへ舞台上に具象化されてゐなくても、どこかに厳然と存在」しているとの主張である。先述の通り、舞踏譜の実践においては、「言葉を実際に身体の上に起きているように捉えること、想像を現実のものにすることが要求される」。和栗との稽古において、私が至ったのはまさしくこの状態であった。言葉をリアルに捉え、想像した時、見えざるオブジェが充満しているように感じた。その時、これまでの慣習的な動作は無に帰され、自身の感覚が刺激されるままに、見えざるものたちに促されるように、自ずと動きが生じてきた。市川雅《いちかわみやび》も述べる通り、「土方の舞踏における肉体は物と、あるいは空間を充填している見えざるものと対応している」[*21]ことを実感したのだった。[*22]

　言葉に惹起された見えざるオブジェは、日常的な身振りの目的性や慣習性を剝ぎ取り、新たな相貌、危機に立つ肉体を現出させる。先述の澁澤の「異和感」は、そのことを証言するものであり、いわばシュルレアリスム的な「デペイズマン（異郷化、転置、日常性の脱却の感覚）」と同義に捉えうるものである。森下は、土方の舞台において「実用と慣習に縛られている身体の危機がさらされた。土方巽の身体はオブジェとなったが、ただの物体ではなく、シュルレアリスムでいう『発見のオブジェ』であり『動くオブジェ』であり『象徴機能としてのオブジェ』であった」[*23]と述べている。舞踏におけるオブジェとは、美術や肉体といった物質的側面のみならず、我々の慣習的な動作への懐疑や、言葉と動きの間を行き来するイメージの領域にも、深く関わる概念である。さらに、舞踏家の身体はもとより、「飼いならされた動作」に安穏とする観客の身体をも異化させる一種の触媒的機能を果たしていると考察される。そしてそれは、ダンサーにとっては、ダンスにおける「飼いならされた動作」、すなわち既得の身振りやダンス観にも、大きな意識転換を促すものとなるだろう。

7　再び「飼いならされた動作」を離れて――ダンスにおける実践

舞踏の表現は、日常的な動作はもとより、それまでのダンスの概念を一新するほどの衝撃をもたらした。再び澁澤の証言を見てみよう。

それは、私たちが親しく目にしている私たち自身の日常的な動作、あるいは私たちが知りつくしている古典バレエのリズミカルな、様式的な動作への期待を完全に裏切る、今まで私たちが一度として想像したこともないような、奇怪な肉体行使の可能性を暗示した驚くべきダンスであった。一九六〇年夏、日比谷の第一生命ホールの舞台で私が初めて見た、これが土方巽の暗黒舞踊であった。*24

舞踏の表現は、澁澤の証言によれば、我々が日々行う日常的な動作とも古典バレエの様式的な動作とも異なる「奇怪な肉体行使」であった。当時の観客に与えた驚きは計り知れない。ダンスの概念や身体そのものに対する意識を震撼《しんかん》させるものであったことだろう。こうした意識転換の作用は、コンテンポラリーダンスにも通底するものである。例えば尼ヶ崎《あまがさき》彬《あきら》は、次のように述べている。

私たちは身体の見方を一新することになった。それは舞台上の身体に同一化するのでもなく、それを美的に鑑賞するのでもなく、（中略）見慣れない身体と遭遇すること、もう少し正確に言えば、見慣れたはずの身体が突然既知の意味を失ったように見慣れぬものとなり、新たな相貌をもって蘇《よみがえ》ってくるのを経験することである。それは新しい身体との遭遇であるというより、気がついていなかった身体の在りようを発見することであり、私たちのこれまでの身体認識があまりにも安易で自分の身体についてすら何も考えていなかったということを自覚することでもあった。[*25]

見慣れない身体との遭遇、既知から未知への転換、それによって観客自身の内省を促す作用は、先述のシュルレアリスムやオブジェの概念にも符合する。観客にとっての効果はもちろんのこと、実践者であるダンサーにとってもこうした効果は顕著であり、舞踏とコンテンポラリーダンスの接点が見出される。シルヴィアーヌ・パジェスはコンテンポラリーダンスへの舞踏の導入について、次のように述べている。

コンテンポラリーダンスの振付家たちは（中略）舞踏を、ミシェル・フェーヴルが指摘したように、「身振りを不安定にさせ、あまりに肯定的な身体の状態に懐疑を抱かせる」のに役立つ、ダンスにおける「他性の実践」ととるかもしれない。彼らがそれを取り入れたのは、クラシックバレエやネオクラシックバレエ、もしくはコンテンポラリーダンスのいくつかの美学にみられる、やや勝ち誇りすぎの身体を弱めようとしたからだ。実際、脆《もろ》く、ときには傷つけられた身体を導入すること、控えめな存在に重きを置くことは、舞踏がフランスにもたらした主な貢献の一つであったように思われる。[*26]

舞踏の発見は、（中略）それ以前につくられたものを忘れたいという気持ちを明確化し、習得していたダンス技法から自らを解放することを可能にした。（中略）既得の身振りを捨てることを余儀なくさせ、全面的な参加と専心による新たな踊り方を獲得させる。（中略）微細な動きの感覚に集中し、身振りの原動力として感覚を訓練することは、最初にクラシックバレエの教育を受けたダンサーにとってはラディカルな働きかけとなる。[*27]

私自身、バレエを基礎とし、コンテンポラリーダンス転向後も、テクニックや身体美を追求する傾向にあったが、和栗との稽古を通して、舞踏譜の手法が、上記で述べられている「身振りを不安定にさせ、あまりに肯定的な身体の状態に懐疑を抱かせる」「やや勝ち誇りすぎの身体を弱めようとした」「既得の身振りを捨てることを余儀なくさせ、全面的な参加と専心による新たな踊り方を獲得させる」ために有効であることを実感したのである。その内実について、再び舞踏譜の例を挙げながら見ていきたい。土方は語る。

私の舞踏は暴動ですね。ですから人に教えるときでも、「飼いならされた動作ばかりで生きてきて、お前はずいぶんひどい目にあって来たじゃないか、その原因はお前の肉体概念がいつもはぐれているんだ」といって、彼の肉体を熟視させる方法をとるわけです。これが他の舞踏の場合、クラシックバレーでもスパニッシュでもある均一な方法論を外側から運動としてあたえる。それに飼いならすわけです。私のは、はぐれている自分を熟視させる。*28

土方はここで、他のダンスと舞踏の決定的な違いを主張している。他のダンスが様式的な動きの習得を目指すのに対し、舞踏においては、例えば言葉を用いるなどして、肉体を熟視させ、動きの発端を探らせる方法をとるのだ。分かりやすい例として、最も日常的な動作であり、舞踊における基礎ともなる「歩行」の例を挙げよう。和栗の「舞踏花伝」にも、歩行にまつわる舞踏譜は七つ挙げられているが（「鳥の巣の歩行」「金華糖《きんかとう》の歩行」「耳の歩行」「神経の歩行」「材質の歩行」「寸法の歩行」「アウシュヴィッツの歩行」）、ここでは、一般にも想像しやすいであろう例として、「虫の歩行」*29を取り上げる［❾］。

（イ）右手の甲に一匹の虫
（ロ）左首筋から後ろへ下りる二匹目の虫
（ハ）右の内ももから上がってくる三匹目の虫
（ニ）左肩から胸を下りる四匹目の虫
（ホ）五匹目　自分で知覚
（ヘ）あっちも　こっちも痒い　その場にいられない　痒さに押し出される
（ト）あごの下　耳の後ろ　肘の後ろ　膝の後ろ　ベルトのところ　に五百匹の虫
（チ）目のまわり　口のまわり　耳の中　指の間　すべての粘膜に五千匹の虫
（リ）髪の毛に虫
（ヌ）毛穴という毛穴に虫
（ル）その毛穴から　内臓に虫が喰う　三万匹
（ヲ）さらに侵食し　毛穴を通って外に出る虫　体のまわり　空間を虫が喰う
（ワ）さらに空間の虫を喰う虫
（カ）その状態に虫が喰う
（ヨ）（樹木に五億匹の虫———中身がなくなる）
（タ）ご臨終です（意志即虫／物質感）

❾「虫の歩行」の舞踏譜

上記は、実践者が想像すべき仮想状況を示している。「虫の歩行」の動きは、身体の内外に虫が増殖していく状況を想像することによって生成される。序盤では一匹ずつ段階的に虫が増え、終盤に近づくほど増殖のスピードが増していくのだ。[*30] 土方は次のように解説している。

> 最初は痒《かゆ》さとかこそばゆいとかの感覚の領域ですね。（中略）それが歩行のかわりになるのは、痒いからその場から出て行くので、別に歩くことが先行していないわけですね。歩行というのが一つの目的のために据えられた方向指示標識ではない。これが、普通はまず歩くことからはじめるんですね。歩きなさいとか、歩いてみましょうとか……。根本的に違うんですね。自分の意思で歩くわけじゃない。「押し出されて出てくる」こういう歩行の原理は世界にはないんですね。こういうふうに舞踏を捉えなおしたのですね。[*31]

「虫の歩行」は、手の甲に一匹の虫を想像し、知覚することから始まる。全身を這《は》い回る虫を想像することで体中が痒くなり、動きが生じる。ついにはその場に留まっていられず、自分の意思とは無関係の歩行が生じるのだ。「歩行」という既存の行為を目的とするのではなく、「なぜ」動くのか、「何が」動かすのか、言葉によってダンサーの感覚を刺激することで身体を熟視させ、結果的に動きを生じさせる。ここに、従来のダンスとの決定的な違いがある。舞踏譜は、体系化されたテクニックや振付を外側からはめ込むものではない。また、それらを目指すものでもない。そうした日常的あるいは舞踊的な慣習から離れ、身体の熟視を通したもう一つの現実、別のリアリティー、いわば超現実的な動きや感覚を誘発する手法なのだ。

8　舞踏とコンテンポラリーダンス——和栗由紀夫との協働を超えて

舞踏譜は日常的な動作、慣習的な動きに安穏とする我々を刺激し、新たな相貌へと向かわせる。すでに述べた通り、和栗と共同振付を行うにあたり、私は舞踏譜の絵画と言葉を手渡された。「この絵と言葉をもとに、ダンスを創ってください」と。私は途方に暮れてしまった。まるでムカデのジレンマ*32のように、それまでどう踊っていたのか、そもそもどうやって歩いていたのか、分からなくなってしまうほどだった。しかし、「シンプルで良い。まずはポーズを真似してみて」との指示をもとに模写から始め、言葉をきっかけに身体感覚の変容が起こり、自身の舞踏の片鱗のようなものを見出すことができた。常に迷い揺らぎ不安定な状態だったように思い返される。しかし和栗は、それこそが舞踏であると説いた。和栗の言葉が思い出される。

何枚もの絵が重なりあっているキャンバスが肉体そのものであり、描いたり消したりを繰り返しながらいつも不安定な形を持っているのだ。そしてその不安定さが踊りを支えている。さらに腐敗や気化や消化が次の変貌への道標となる。大事なことは徹底的に自分にこだわるということなのだ。自分の肉体を熟視すること、踊りはそこから始まる。[*33]

「徹底的に自分にこだわること」「自分の肉体を熟視すること」。これこそが、和栗との協働から学んだ最大の事柄であった。和栗は初めから「今回は関さんの振付に、僕の演出を加える感じが良いのではと思います」と語り、ただ舞踏譜を手渡した。振付自体は私に委ねられ、和栗は必要以上に介入することは避けていた。信頼され尊重されていることを感じると同時に、大きな問い、謎を投げかけられたような、孤独な作業でもあった。振り返ればそこには、「暗黒」にこだわる和栗の姿勢があったように思われる。和栗は次のように問うていた。

今、私たちが『舞踏・BUTOH』と呼んでいるものは何でしょうか。一九五〇～六〇年代に先駆者、土方巽・大野一雄らの出現によりそれらの芸術表現は暗黒（前衛）舞踏と呼ばれました。時を経て世界にこの舞踏が認知され広まると共に、暗黒（前衛）という名称がいつの間にか失われ、『舞踏・BUTOH』という一語で括《くく》られはじめました。しかし、私にはこの暗黒（前衛）ということが一番大事なことのように思われるのです。それは私にとっては実験精神であり未開の荒野に一歩足を踏み入れることなのです。舞踏を芸術と定義する理由がそこにあります。（中略）『お手手つないで前衛芸術』は成立しないのです。舞踏には虚偽のやさしさや同情は関係ありません。一人ひとりが自分の足で立つことから舞踏は始まります。そして美しい蝶になって羽ばたくためには長いさなぎの期間を経ることも必要なのです。[*34]

和栗にとって「暗黒」とは「前衛」であり、コンテンポラリーダンサーである私との共同振付を実践したのも、その「実験精神」の顕れではなかったか。冒頭でも述べたとおり、和栗が私に求めたのは「ダンスを創ること」だった。しかも、「自分のダンス」を。そのための材料として手渡されたのが、舞踏譜すなわち絵と言葉の資料だった。弟子として舞踏を教授されるのではなく、一人のダンサー・振付家として、和栗の舞踏世界と対峙することが求められたのだった。和栗はこうも述べている。

言葉が個人の豊かな記憶を目覚めさせ、夢の継続機能を高め、個の身体的特徴をその魅力にまで高める作業に入って行かなければならない。それには言葉による振付の不自由さや外部からの強制に拮抗できる自分自身の内部の力を自ら養成することが条件となってくる。そして自分にとって内部あるいは外部とは何かという根本的な問題に直面する状態に身体は置かれる。やがてそれらを探ってゆく内に身体が内包しているさまざまな境界膜がゆらぎ始め、身体の拡張や収縮、神経の広がりや皮膚感覚が、身体感覚として舞踏の中で重要な位置を占めることになってゆく。言葉は触媒としても私たちの探求心を刺激し続けるのだ。舞踏者は受信体として全身の感覚を研ぎ澄まさねばならない、と同時に発信体となるべく最大限の努力をしなければならない。これが舞踏譜の舞踏のあり方であろう。[*35]

舞踏譜の絵画や言葉をもとにダンスを創ることは、私にとって紛れもない挑戦であった。和栗との稽古では、「理想を現実のものにする」スタンスを学び、それが「肉体を熟視」させ、「既得の身振りを放棄」する勇気、「不安定さが踊りを支える」ことを実感した。そしてまた、「受信体として全身の感覚を研ぎ澄ます」と同時に、「発信体となるべく最大限の努力」を怠らず、「個の身体的特徴を魅力にまで高める」ことも要請された。

和栗との直接的な共同振付は《Labyrinth》（二〇〇八年）と《肉体の迷宮》（二〇一〇年）のみであったが、その経験はその後の活動にも息づいている。以下、《刮眼人形《かつがんにんぎょう》》［❿］（二〇〇九年）と《内観《ないかん》の刻《とき》》［⓫］（二〇一一年）の二作を紹介しよう。いずれも、コンテンポラリーダンスと舞踏の接点、舞踏の広がりを意識しやすい作品である。[*36]

《刮眼人形》は、和栗との共同振付作品《Labyrinth》における「ベルメール」のシーンを核に、私自身のソロとして再創造した作品である。二〇〇九年に大阪で初演後、神戸、東京、北京（〈中日コンテンポラリーダンスフォーラム〉、二〇一二年）、ソウル（〈ソウル国際振付フェスティバル〉、二〇一四年）他で上演する機会を得た。「刮」は「えぐりとる」「こする」の意であり、「刮眼」とは「目をこすって、よく見ること」を指す。

この作品には以下のような批評が寄せられた。創り手の立場から贅言《ぜいげん》を綴るよりも、見る立場からの言葉に依拠しよう。

《刮眼人形》は、ハンス・ベルメールの球体関節人形をテーマに構想された作品として、きわめて興味深いものであった。

逆毛を立てて白塗りを全身に施し、白衣とボーダーのニーソックスに紅いパンプスで、彼女は舞台に登場した。舞踏と少女性の記号を、あからさまなまでに身にまとった関典子。だが彼女が舞台で示したのは、舞踏の土着性や少女の甘美さとはまったく無縁の、機械的に痙攣する身体だった。

古ぼけた灰色のパイプ椅子の上で、拷問のように硬直し、腰を直角に曲げてのけぞる。身体の各部位が別々の部品であるかのように、脱臼《だっきゅう》のような動作を反復する。コマ落としのように急激に、一つの姿態から次の姿態へ、痙攣的に変化するその身振りは、肉体のアナグラムのようであった。それは身体から情念や感情を切断し、無意味な図形へと自己を封印する、無機的で暴力的なダンスだったのだ。（中略）
少女性を解体しては組み立てる、果てしない肉体のアナグラム。機械的な痙攣による、少女性の暴力的な切断と封印。「身体で記述されたベルメール論」としては、完璧な模範解答というほかない。[*37]

一方《内観の刻》は、写真家たかはしじゅんいちとのコラボレーション作品である。二〇〇九年に写真と映像作品を発表、ニューヨークでの二〇一一年の個展や、新宿高島屋一〇階美術画廊でも展示された。二〇一九年には〈第二回京都国際舞踏祭〉のポスターに採用されている［⓬］。

本作の撮影で求められたのは「肉体そのもの、骨・皮膚・筋肉を撮りたい」「華道家が花をいけるように、人を『いける』感覚で、命の起源、肉体の可能性を写し込みたい」というものだった。人体標本のように、生け花のように、自身の身体や存在そのものをさらけ出してカメラに対峙する。《内観の刻》においては、肉体との対峙、自分とは何か、生と死の境目を見つめ直すことを余儀なくされた。これは私にとって、和栗の語る「暗黒とは闇、未分化、不可視、下降、地獄、死、恐怖、絶望、不能、悪など多くの事柄を暗示する言葉であろう[*38]」に近接する経験であったのだ。

二〇一七年一〇月一九日、死の三日前に《病める舞姫》を踊った和栗の姿は、今も目に焼き付いている。和栗はかつて、師・土方について、以下のように述べていた。

土方はあくまでも一個の舞踏家たらんとし、自己の肉体を舞踏そのものとして存在足らしめることに命を

❿《刮眼人形》（2009）（撮影：斉藤誠）

⓬第２回京都国際舞踏祭（2019）ポスター

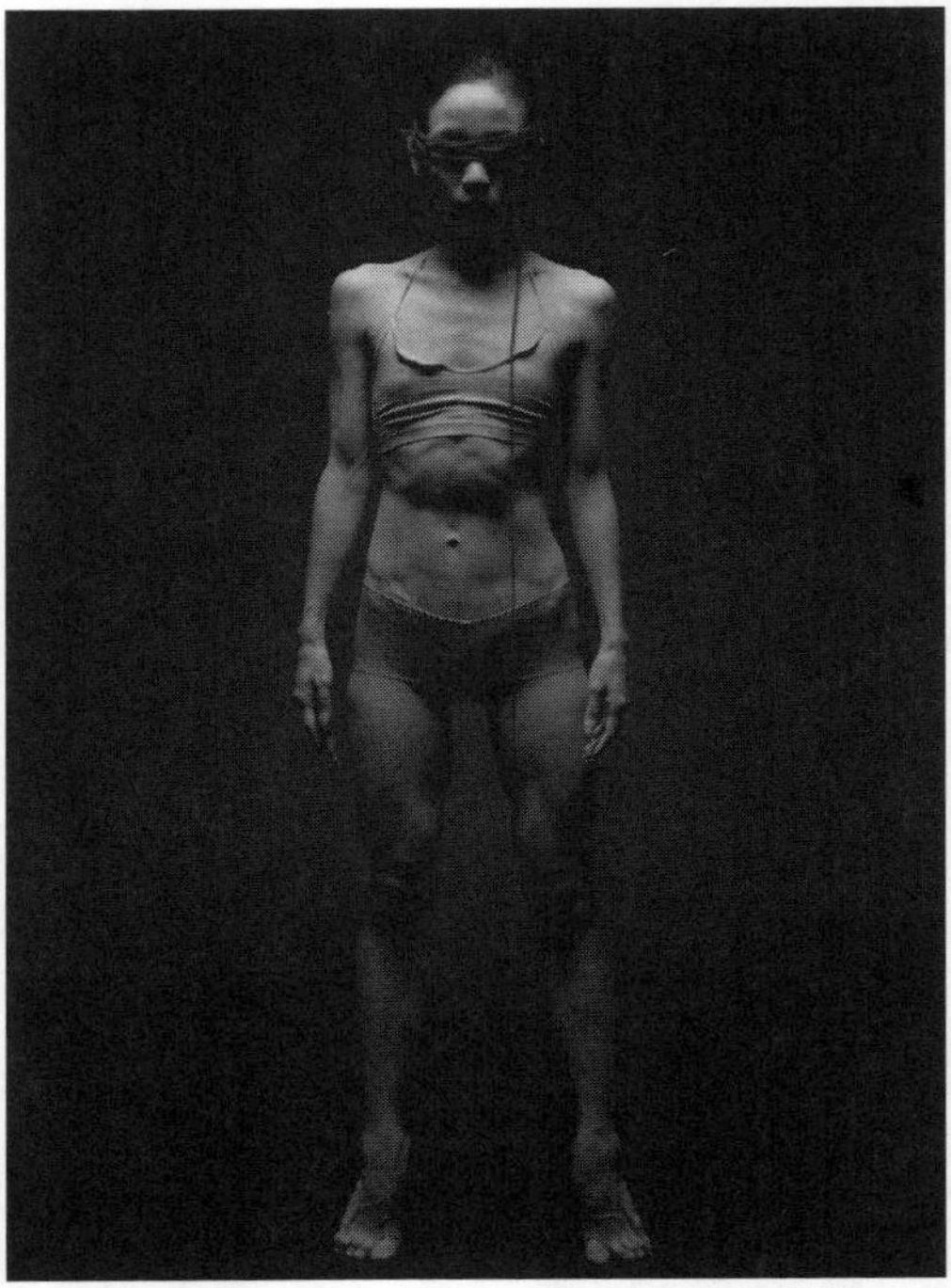

⓫《内観の刻》（2011）（撮影：たかはしじゅんいち）

――削っていたのである。[*39]

和栗の最期の舞台も、まさにこの言葉を体現するような切実さに溢れていた。いや、最期の舞台のみならず、常にそのように生き、踊っていたように思い返される。

――私が踊っているのではない。舞踏というもう一つの生命が、そうさせているのだと、知覚してごらん。

稽古で語られたこの言葉は、とくに胸に刻まれている［⑬］。

⑬追悼公演《和栗由紀夫 魂の旅》（2018）

――注

1　二〇一〇年三月一一日付（消印）。親書の掲載については許諾を得ている。

2　和栗由紀夫「舞踏譜考察」（『「エコ・フィロソフィ」研究』一〇号、二〇一六年、一四五―一五九頁）、一四五頁。

3　二〇一七年一〇月一九日、和栗は、京都精華大学アセンブリーアワー講演会パフォーマンス・レクチャー「舞踏の現在」に登壇し、《病める舞姫》の上演と美学者・谷川渥との対談を行った。筆者もリハーサルから同席していたが、朋友でもあった谷川の言を引いておく。「すでに体調を悪くしていた和栗の《病める舞姫》は、あえて土方の著書のタイトルを冠して、息を飲むような緊張感と悲壮感をたたえた、まさに白鳥の歌ともいうべき舞台でした。そのあとの私との対談では、和栗はほとんど声が出ない状態でした。そして帰京後の二十二日に和栗は帰らぬ人となりました。」谷川渥「舞踏家・和栗由紀夫の存在を記憶にとどめるために」「舞踏花伝」ｗｅｂ版、https://butoh-kaden.com/ja/appendix/tanigawa/（二〇二〇年八月一二日取得）

4　「舞踏花伝」ＣＤ―ＲＯＭ版（ジャストシステム、一九九八年）、ＤＶＤ―ＲＯＭ版（ヌーサイト、二〇〇六年）、ｗｅｂ版（https://butoh-kaden.com、二〇二〇年）。

5　『舞踏譜』（「舞踏花伝」ＣＤ―ＲＯＭ版ブックレット）、二頁。

6　和栗とコンテンポラリーダンスの関わりとしては、二〇〇八年八月、愛知県芸術劇場でのダンスオペラ《神曲》が挙げられる。Ｈ・アール・カオスの大島早紀子による演出・振付、白河直子、辻本知彦らコンテンポラリーダンサーと和栗の競演は、舞踏とコンテンポラリーダンスの融合でもあった。和栗による「新しい舞踏の形を呈示する」挑戦の一例として、特筆しておきたい。

7　『舞踏譜』、一八頁。

8　和栗由紀夫「舞踏譜考察」、一四五頁。
9　和栗由紀夫、河本英夫、ゲオルグ・シュテンガー「ワークショップ――身体と環境」(『「エコ・フィロソフィ」研究Vol.10別冊』二〇一六年、二〇五―二三三頁)、二一五頁。
10　森下隆「土方巽の舞踏創造の方法をめぐって――舞踏の本質と作舞におけるシュルレアリスムの思想と方法」(『ジェネティック・アーカイヴ・エンジン――デジタルの森で踊る土方巽』慶應義塾大学アート・センター、二〇〇〇年、四八―七七頁)、七〇頁。
11　「舞踏花伝」DVD―ROM版リーフレット。
12　以下の展示、論考などを参照。川崎市岡本太郎美術館、慶應義塾大学アート・センター(編)『土方巽の舞踏　肉体のシュルレアリスム　身体のオントロジー』(慶應義塾大学出版会、二〇〇四年)、森下隆「土方巽の舞踏創造の方法をめぐって」、木村覚「踊ることと見えること――土方巽の舞踏論をめぐって」(『美術手帖』二〇〇三年五月号、一四四―一五一頁)。
13　森下隆「土方巽の舞踏創造の方法をめぐって」、六九―七〇頁。
14　アンドレ・ブルトン『ナジャ』(巖谷國士訳、岩波文庫、二〇〇三年)、一九一頁。
15　アンドレ・ブルトン『狂気の愛』(新装版、笹本孝訳、思潮社、一九九四年)、二四頁。
16　「オブジェ(objet)」とは「物体、対象、客体」を意味し、美術においては旧来、題材としての「対象的」の側面と、素材、材料などの媒体としての「物質的」の側面の双方を意味するが、今日では主として、「廃品や自然物、日用品などをそのまま、あるいは寄せ集めて立体作品としたもの」を指す。一方、概念としてのオブジェの必要条件は、「物質であること」よりもむしろ、その語源であるラテン語の「objectum」が示す通り、見る主体の「前に(ob)投げ出された(jectum)もの」としての事物を改めて「対象化すること」、その視点の革新性と、それがもたらす異化効果にこそある。そして、このような既存の物体、現実的な素材を異化する視点に、舞踏あるいはダンスとの接点がある。

17 この問題に関しては「舞踏におけるオブジェと身振りの相関――〈飼いならされた動作〉を離れて」と題して舞踊学会例会で発表している。要旨は『舞踊學』三〇号、二〇〇七年、六三頁を参照。

18 澁澤龍彦「肉体のなかの危機」『澁澤龍彥全集』9巻(河出書房新社、一九九四年)、三八一―三八二頁(初出『展望』一九六八年七月号)。

19 なお、三島由紀夫は、この引用の前で次のようなエピソードを述べている。日常動作への意識転換を促す視点として、左注記しておきたい。「この間、土方巽氏と話していたら、面白いことを言った。大体、彼の話は奇想天外の連続だが、この話は中でも特に心に触れたのである。『この間、小児麻痺の患者が物をつかまうとするところを見ましたが、手が直接に物体に向はず、幾度か試行錯誤をして、手を反対の方向へ廻してから、大へんな遠まわりをして、やっと物をつかむ恰好が、僕がかねて人に教えていた独特の手の動きと同じだということを発見して、意を強うしました』という意味のことを言って、その動作をしてみせたが、肩をすくめて、手を不均衡にうごかす彼の動作は、そのリサイタルの舞台で、すでにわれわれの目に親しくなったものであった。」

20 三島由紀夫「前衛舞踊と物との関係」第二回〈土方巽 DANCE EXPERIENCE の会〉プログラム、一九六一年。

21 市川雅「肉体の物質性、物質の肉体性」(『美術手帖』一九八六年五月号、二六―四二頁)、四〇頁。

22 ただし、澁澤や三島の言説は一九六〇年代の土方の舞踏に寄せられたものである。舞踏譜は一九七〇年代、土方が弟子の養成に注力した頃に開発されたとされるため、時系列的なずれは看過できない。しかし、澁澤や三島の言説は土方舞踏の衝撃を証言するものであり、土方はそうした自身の舞踏を弟子に伝えるべく舞踏譜として整理、開発したとも推察される。

23 森下隆「土方巽の舞踏創造の方法をめぐって」、五五頁。

24 澁澤龍彦「土方巽について」『澁澤龍彥全集』20巻(河出書房新社、一九九五年)、四六〇頁(初出『病める舞姫』あとがき、白水社、一九八三年)。

25 尼ヶ崎彬『ダンス・クリティーク——舞踊の現在／舞踊の身体』(勁草書房、二〇〇四年)、一六頁。

26 シルヴィアーヌ・パジェス『欲望と誤解の舞踏——フランスが熱狂した日本のアヴァンギャルド』(パトリック・ドゥヴォス監訳、北原まり子、宮川麻理子訳、慶応義塾大学出版会、二〇一七年)、一九七頁。なお、引用中のフェーヴルの言葉の出典は以下である。Michèle Febvre, Isabelle Ginot, "Présentation," *Protée*, (29)2, 2001, pp. 4-6, p. 4.

27 同書、二〇一—二〇二頁。

28 土方巽『土方巽全集 新装版』II巻(河出書房新社、二〇一六年)、一六頁。

29 三上賀代『増補改訂 器としての身體——土方巽・暗黒舞踏へのアプローチ』(春風社、二〇一五年)、一一八—一一九頁。

30 岡元ひかる「舞踏訓練「虫の歩行」における身体経験の再検討——土方巽の弟子・制作の実践に注目して」(『舞踊學』四二号、二〇一九年、二二—三二頁)、二三頁。

31 土方巽「極端な豪奢・土方巽氏インタヴュー」(『W-Notation No.2』、UPU、一九八五年)、八頁。

32 「ムカデのジレンマ」はイギリスに古くから伝わる逸話。「ムカデは幸せでした。カエルに尋ねられるまでは。『教えてください。どの足がどの足の次に動くのか?』どう動かせばいいのか、ムカデは悩み、身動き取れずに溝にはまって衰えた。歩き方が分からなくなって。」

33 和栗由紀夫「舞踏譜考察」、一五二頁。

34 和栗由紀夫「舞踏とは何か」(『「エコ・フィロソフィ」研究』一〇号、二〇一六年、一四三—一四四頁)、一四三—一四四頁。

35 和栗由紀夫「舞踏譜考察」一四五頁。

36 なお、舞踏とコンテンポラリーダンスの関係を取り上げる最近の論考としては、坂口勝彦「舞踏という巨大な物語との対話——川口隆夫『大野一雄について』について」(『シアターアーツ』六二号、二〇一八年、九四—一〇一頁)などがある。

37 樋口ヒロユキ「公演レビュー《刮眼人形》」(『トーキングヘッズ叢書』三八号、二〇〇九年)、一八一頁。

38 和栗由紀夫「舞踏譜考察」、一四九頁。

39 同書、一四八頁。

相原朋枝

第7章

言葉で踊る

一九九五年の大野一雄

1　上星川の稽古場

さあ、もっともっと、思い切って、思い切ってやりなさい。思い切って。思い切ってやらないと駄目ですよ。ゆっくり、ゆっくり駄目ですよ。四〇メートルの強風ですよ。荒れ狂っている風ですよ。強風ですよ。目が強風にさらされて、狂気の目じゃないと駄目だ。体全体が強風にさらされて。しかし、その風は美しい。本当に美しい。風の上体の踊り。美しい。風の上体。風に上体があるのか。ある。ぴしーっと一つ一つ、もう数秒ごとに形がちゃんと決まってくる。

一九九五年一一月七日、ソロ作品《わたしのお母さん》の公演をおよそ二週間後に控えた大野《おおの》一雄《かずお》（一九〇六—二〇一〇）の稽古場では、研究生が大野の右の言葉に焚《た》きつけられるようにして、「風」のテーマでの即興に取り組んでいた。この日三度目の「風」を踊り終えたところ、大野は「だいぶ良くなったんだけどね」と言い、すぐさま四度目の即興を始める。「風」の後には「鰈《かれい》のダンス」が二度続き、二時間の稽古は終了した。

《わたしのお母さん》。大野は多くのインタビューや著作で自身の母について言及している。苦労の多い生活の中でも琴を嗜《たしな》み、フランス料理を得意とする、モダンで芸術的資質の豊かな女性であったという。

おいしいものを作ってくれても、なぜか怒ってしまう。生活が大変だったのを知っていたし、本当はうれしくても反発してしまって。そうやって母には死ぬまでわがまま通してた。それでも母は、必死になってわたしのことを大事にしてくれました。[*1]

一九九三年のインタビューでの発言である。続けて幼少期に聞いた怪談の思い出や、母の死に際に、その頭を撫で続けて感じた安堵を語り、最後にこう述べた。

> 生まれた瞬間からもう二度と母の体に戻れないのだけど、またくっつきたいという気持ちがわがままになって出てきたのでしょうね。母に代わるものを見つけることがなかなかできないのですが。私の舞踏の場は母の胎内なんです。

《わたしのお母さん》を当初演出していたのは土方巽《ひじかたたつみ》（一九二八―一九八六）であった。その没後に仕事を引き継いだ、一雄の息子の大野慶人《おおのよしと》（一九三八―二〇二〇）は、一九九五年の上演にあたり次のように記している。

> テーマがお母さんです。大野一雄はずっとお母さんを思い、語りつづけました。後の作品「死海」、「睡蓮」、「花鳥風月」、「白蓮」等の下地には、常に「わたしのお母さん」があります。大野一雄の根源になったとも云えます。[*2]

《死海》（一九八五）や《睡蓮》（一九八七）といった作品の制作メモには、「宇宙の反映としての母の胎」をはじめ、[*3]母に関する記述が散見される。また、一九八八年の作品《蟲《むし》びらき》には、後述する母の遺言にまつわるエピソードに関連して水谷勇男《みずたにいさお》製作のオブジェ《かれい》が登場する。大野慶人の言葉のように一九八一年発表の《わたしのお母さん》以降の作品は、いわばその変奏曲とも言え、いずれの根底にも相通ずる想念が流れている。

冒頭に挙げた一九九五年の公演は、多くの作品の創作と上演を重ねた後に根源となる作品と再び向かい合い、構成等を改訂しての上演であった。改訂版は一九九八年にも横浜で再演され、これが大野の「明確な骨格を持った最後の舞台公演」とされている。[*4] つまり、複数のシーンからなる一つの作品を一人で踊り切る最後の挑戦となったのが《わたしのお母さん》であった。

大野一雄は土方巽と並ぶ舞踏の創始者としてつとに知られ、土方亡き後、今日の舞踏のグローバル化に最も貢献した舞踏家の一人でもある。戦前からモダンダンスを学び、一九四九年に初のリサイタルを開催、一九六〇年代には土方らと共に活動し、舞踏の創成に重要な役割を果たした。一九七七年、七一歳にしてソロ作品《ラ・アルヘンチーナ頌》を発表、一九八〇年のナンシー演劇祭（フランス）にて高い評価を受ける。その後も国内外で公演活動を二〇年以上続け、晩年は車椅子で踊った。最晩年は彼のために介護資格を取得した複数の研究生に囲まれて暮らし、舞踏の生ける伝説と言われながら百三歳の天寿を全うした。およそ百年にわたる大野個人の舞踊史は、そのまま日本の現代舞踊史とも重なる。すなわち、彼は初期のモダンダンスから Butoh に至る二〇世紀の舞踊史を生きた唯一無二のダンサーなのである。現在活動する国内外の舞踏家はもちろんのこと、他分野にも大野の影響を明言するアーティストは多数おり、[*5] その影響力についてはあらためて記すまでもない。彼のアーカイヴが日本国内ではなくイタリアのボローニャ大学に設置されている事実からも、国際的な波及力は明らかである。

筆者が初めて大野一雄舞踏研究所を訪れたのは、一九九二年一二月のことであった。当時は多くの研究生がいたが、この日の参加者はたまたま一〇名に満たなかった。稽古が始まると、大野は狼について話し出した。ときおり動きを交え、ひたすら語り続ける。研究生は静かに座って聞いている。そして一時間が経つと、「今日は狼が子どもを見つけた、を踊ります」と言った。動きを指示する様子はない。音楽が流れ出すと、研究生はやおら立ち上がった。見れば皆、思いつめたような表情でめいめいに動いている。自分は何をすれば良いのか見当もつかず、ひとまず狼になったつもりでマイム的な動きを試した。しかしそれも数分で終わってしまい、時間を持て余したので床に転がり、手足をゆっくり動かすことにした。本人としては狼の子どものつもりであったのかもしれない。稽古終了後に初めて大野と話すと、「あなたはさっき床に横になっていましたね。あれは良かった」と言われ、当時一〇代の筆者は嬉しく思った。

翌一九九三年四月には横浜の赤レンガ倉庫で〈大野一雄　御殿、空を飛ぶ。〉の公演が行われた。これは大野の研究生やアスベスト館の研修生の他、大野とゆかりのある舞踏家や音楽家も多数出演する、大掛かりな公演であった。筆者は研究生の一人として参加し、大野一雄と大野慶人が実際に舞台を作り上げる現場を目にする。その後も筆者は断続的に研究所に通い、稽古の参加と同時に大野に関する書籍の編集作業や公演に関わることで、ごく近くで九〇年代の活動を見る機会を得た。

大野一雄舞踏研究所は横浜市保土ケ谷区《ほどがやく》、上星川《かみほしかわ》にある大野の自宅横に建っている。かつては「白林聖堂」と呼ばれ、笠井《かさい》叡《あきら》やエイコ&コマらが学んだ場でもある。八〇年代以降、この稽古場には世界中から舞踏を学ぶ者が集まった。最も知られているのはフランスからの留学生、カトリーヌ・ディヴェレスとベルナルド・モンテであろう。ドイツのヴッパタール舞踊団のメンバーも、来日公演の折に稽古場を訪れている。日本には舞踏を「公的に」学ぶ機関が存在しないという理由もあり、Butohを志して来日する者の多くは、まず上星川を目指したのである。稽古場は舞踏の聖地であり、稽古への参加は舞踏の通過儀礼である、といった意味合いさえあったと思われる。これをもって「大野に舞踏を学んだ」と自認する者は相当数おり、さらにはその経験をもとに国外で舞踏を教える彼らに学ぶ者もいる。つまり大野は稽古場に国外からの研究生を受け入れることにより結果的に舞踏のグローバル化に貢献したわけである。

一九九五年当時、大野一雄による稽古は週二回、火曜と土曜に行われていた（水曜の稽古は大野慶人が担当）。二〇時から二時間、大野が一人で指導する。研究生は参加一回ごとに千円（一九九五年一〇月より二千円）を自主的に支払う。入会金や月謝の類はなく、稽古場入口にかけられたポストのような白い箱に直接現金を入れる。つまり上星川駅からの少々複雑な道順を経て稽古場に辿り着きさえすれば、ダンスや舞踏の経験を問われることもなく、誰もが「気軽に」参加できたのである。毎回一〇～三〇名程度の参加が見られたが、メンバーは固定しておらず、基本的に出入り自由であった。

よく若い人なんかが「自分に舞踏ができますか」と言ってくるんですけど、そういう時に「舞踏は万人のものなんです」と答えています。つまりやる気になれば誰だって出来るものだと。絵描きには急になれないけど舞踏家にはなれるんです。だから私共の稽古場に関しては出入り自由だとしているんです。*6

この大野慶人の言葉どおり、稽古場には様々なバックグラウンドを持つ人々が集まった。年齢、職業、国籍、舞台経験も多様であり、数十年通い続けている者もいれば、一度きり、あるいは数回後には姿が見られなくなる者もいた。前述のとおり国外からの参加者も多く、全体の三分の一から半数程度を占めていたため、大抵の場合、大野の発言は英語に同時通訳されていた。稽古場は、学校勤務をしていた大野が「学校の古材をもらって一〇〇万円で建てた」ものである。*7 木造平屋、床は焦げ茶で壁は白く、天井には照明が数個、ピアノが一台、レコードやCD、テープを収納した棚、ステレオ、スピーカーなどがあった。壁には衣装類の他、自身やアルヘンチーナのポスターと、永田耕衣による「心身脱落」の大きな書が掛けられていた。他の舞踏の稽古場同様に鏡はなく、稽古中は白熱電球がぼんやり灯《とも》っていた。

研究生が誰であっても、何度目の参加であっても、大野の教え方はほぼ同じであった。二時間の稽古の前半はひとりで語り、その時間はおよそ一時間に及ぶ。ダンスレッスンの半分が言葉に充てられていたのである。大野の話には重複が多く、繰り返されるのは舞踏に関する思想や作品をめぐる想念である。色とりどりのマジックペンで書かれた創作メモや、様々な書籍や画集を眺め、[8]また研究生に見せつつ語る。語りながら徐々に動き出し、ついには踊りながら、さらに熱を込めて語る。次にその日のテーマが示されると、研究生が一斉に踊る。原則としてすべて即興であった。ときおり動きについて指示が出されることはあっても、特定の振りを揃えて踊ることはない。一回につき五〜二〇分程度のこの即興の間、大野は断続的に言葉を投げかけ、ある時は声を張り上げ、またある時は沈黙して眺めている。頃合いを見計らって手を叩《たた》いて止め、次のテーマについて話す。時には研究生が取り囲む中、大野が長く即興で踊ることもあった。

稽古における大野の発言の一部は、筆者も編集に携わった『大野一雄　稽古の言葉』に掲載されている。これは七〇年代から九〇年代にかけての稽古場での発言を録音したテープを文字に起こし、抜粋して無作為に、アフォリズム形式でまとめたものである。「舞踏の魂」[9]と呼ばれた大野でなくては説得力を持ち得ぬ左のような警句から、舞踏のエッセンスを摑み取ることもできよう。

> あるところにくると死と生はひとつになる。今生きていたかと思うと、今度は死のところまでいく。いつも私が言うように、花を見て美しいと思う。そうすると、階段を降りていくんです。死の世界へと。花の世界は死の世界だ。花を見ている。魂が交感し、肉体がひとつになって、自分が生きていることを忘れる。死そのもののなかで踊っている。あるときは死の世界で、気がつくと生の世界。死、生、死、生。[10]

では、大野はいかなる意図のもと、一連の言葉を発したのか。そのとき稽古場はどのような状況であったのか。『稽古の言葉』では大野の言葉に焦点を当てるべく、あえて状況の記述を排している。また、作品や公演活動とは異なり、稽古のような日常的な営みは記録に残りにくい。多くの研究生がいたにもかかわらず、大野の稽古の実態や内実は、ほとんど明らかにされていないのである。

本稿は大野の活動において黄金期とも言える一九九五年の稽古場での営みに焦点を当てることで、作品とは異なる入口から大野の舞踏の一端を明らかにする。舞踏の創始者は、舞踏を志す者たちに何を求めたのか。大野は稽古で何を伝えようとしたのか。そのために選ばれた言葉とは、どのようなものであったのか。稽古場では、言葉によって何が起きていたのか。

2　アルヘンチーナとの出会い、戦争、モダンダンス

一九九五年を焦点化するまえに、まずは百年余の長きにわたる大野の生涯を整理しなければならない。[*11]

一九〇六年に函館に生まれた大野は、中学生になると秋田の叔母宅に移り住んだ。秋田ではスキーや陸上に励むと共に、叔父の池田淑人《いけだよしと》（一八八六―一九八一）に芸術面での刺激を受けている。池田は当時としては珍しいアメリカ帰りの音楽家、画家であり、大野は後年「私にはきっと、淑人叔父の血がいくらか混じったのかもしれません」と述べている。[*12] 一九二六年、大野は日本体育大学の前身である体育会体操学校に入学したが、同年召集され、復学は一六ヵ月後となった。一度目の従軍である。

一九二九年一月、大野は体操学校寄宿舎の食堂を経営していた門田義雄《もんでんよしお》に誘われ、スペイン舞踊の舞姫、アルヘンチーナの公演を見に行く。ブエノスアイレスに生まれたアルヘンチーナ（本名アントニア・メルセ、一八九〇―一九三六）は、スペインの民族舞踊を劇場舞踊に高めることに力を注いだ、革新的な舞踊家である。蘆原英了《あしはらえいりょう》などを魅了した帝国劇場での公演を大野は三階席から観覧し、天啓を受けて舞踊の道へと進む。[*13]

同年、大野は体操学校を卒業し、私立関東学院に体操教師として赴任した。内村鑑三《うちむらかんぞう》の弟子であった学院長の坂田祐《さかたたすく》の影響を受け、翌年にはバプテスト系キリスト教の洗礼を受けている。一九三四年には捜身《そうしん》女学校に就職し、ここで体育教師としてダンスを教え、勤務は一九八〇年まで続いた。[*14]

アルヘンチーナとの出会いから四年後の一九三三年より、大野は日本のモダンダンスの草分け的存在である石井漠の舞踊研究所に一年間在籍し、次いで一九三六年には江口・宮舞踊研究所に入所する。ドイツでマリー・ヴィグマンからノイエ・タンツを学んだ江口隆哉《えぐちたかや》（一九〇〇—一九七七）は、日本のモダンダンス界の中心人物であった。「ドラマティックな演劇とか踊りとかってのは、いやというほどみていた」大野は江口の作品《手術室》の写真と広告を目にし、「抽象的なもの、これだナと思って」その門を叩く。[*15]

> 一二月三一日、突然先生を訪ね、尋ねられたことは覚えていないけれどストーブの回りで即興を一〇分か二〇分、音楽なしでやらされ、それでよろしいと言われた。ドイツに行かれたときM．ヴィグマンに〝貴方は、今から即興をやって下さい〟と［言われたのと］同じことを、江口先生は私に［も言われた］。[*16]

この即興から江口の稽古場での舞踊活動が始まった。ところが入所からわずか二年で再び召集を受け、中国の河南省やニューギニアに従軍することになる。ニューギニアにて終戦を迎え一年間捕虜となり、帰国は一九四六年となった。この二度目の従軍期間は九年近くにもおよぶ。踊りを本格的に始めた矢先の召集であり、しかも三〇代の大半が戦争に費やされたことになるのだ。

ようやく帰国した年から大野は江口・宮舞踊研究所に復帰し、公演への出演に加え代稽古も務め、モダンダンスとそのテクニックを徹底的に学んだ。

江口の稽古場ではとことんまでいった。動き製造工場でなく必死になってやった。よくいやにならなかったなあ。そこから宇宙論的世界の出発となった。（中略）習得したテクニックの限界を知りたいと思っていた。もうできるだけのことをやった。江口隆哉さんのところでも動きをいろいろに発展させてく練習なんかもやった。わたしは必死になって勉強した。[*17]

一九四九年、四三歳にして初のリサイタル〈大野一雄現代舞踊第一回公演〉を開催する。[*18]江口の稽古場から独立して門下生をもち、他の振付家作品への出演も含め活発に活動していたが、[*19]五回目となる一九五九年の〈大野一雄モダーンダンス公演〉を最後に一九七七年まで自身のリサイタル活動を停止する。後年、大野は五回目のリサイタルにて上演した作品《老人と海》について「考えたことはテクニックの限界ということだよね。（中略）テクニックと生活が実は矛盾しているんじゃないかって思うようになった」と述べている。[*20]

3　舞踏の揺籃《ようらん》期

土方巽は一九四九年、大野の第一回公演を見ている。大野は「シミーズ姿で自転車に乗ったり、当時としては考えられないような踊り」を発表し、既製のダンスの枠に囚《とら》われない新たな表現を模索していた。[*21]それは批評からも窺え、例えば一九五三年の〈大野一雄モダーンダンス公演〉に対しては、「モダン・ダンスに風格のある独自の境地を押しすすめる大野一雄」、「従來のあらゆる常識的な舞踊技法から脱却しようとする彼の努力とそのユニークな舞踊境には敬意を表したい」等の言葉が寄せられたという。[*22]

一方、土方は次のように印象を語っている。

シミーズをつけた男がこぼれる程の抒情味を湛えて踊るのである頬りに顎で空間を切り乍ら感動はながく尾を引いた。この薬品ダンスは何年たっても私の脳裡からけすことは出来なかった。現在では劇薬ダンスに変貌し一匙で痺れさす凡てを含有している。*[23]

一九五四年、二人は安藤三子舞踊公演《鴉》で共演する。土方は大野の《老人と海》の舞台監督を務め、一ヶ月後に発表する作品への出演を大野慶人に依頼した。しばしば舞踏誕生の作品と言われる《禁色《きんじき》》はここで生まれ、全日本芸術舞踊協会の新人舞踊公演にて発表される。その四ヵ月後の一九五九年九月、土方は「六五〇EXPERIENCEの会」が主催する〈九月五日六時の会・六人のアバンギャルド〉に、大野一雄の出演する《禁色》（二部作・改訂版）を発表した。これが両者の初の協働作業であった。

一部の《ディヴィーヌの死》は、ジャン・ジュネ作『花のノートルダム』から着想を得ている。大野は老男娼ディヴィーヌとして客席より登場し、ソロを踊る。ソロの後半には、和紙を折った矢を持つ男たち（土方、若松美黄《わかまつみき》、砂川啓介《さがわけいすけ》）に責められ、死を迎える。彼の亡骸が運び込まれると暗転となり、改めて先の《禁色》が上演される。*[24]このディヴィーヌは大野にとって大きな転機となった。

わたしの踊りの原点ですよ。今でも稽古のとき、しょっちゅうあの時の気持ち、追いつめられた気持ちが戻ってくるんです。（中略）がらっと違ってしまいました。もう恐ろしいほど、がらっと質が違ってしまったんです。私のやって来たそれまでのモダンダンスには、死と生のはざまなんてなかったですから。（中略）死と生の問題、そして宇宙論的な世界などそのなかからは見出せなかった。そんな夢のようなこと、空想のようなことなんて、踊りと関係なかった。そういうところで、ダンスをやっていたんです。あと、テクニックの問題だけでね。[*25]

ジャン・ジュネについてさほど知らずにいた大野に、土方は「奥さんと二人でジュネの話をしながら、いきなり私にネグリジェを着せ」男娼を踊るように言う。[*26] モダンダンス公演では「純白の背広や黒の背広を着て、首にスカーフを巻いて」いたが、それまでとは打って変わった装いで大野は老男娼を踊る。[*27] 舞台当日、ディヴィーヌは蒲田の夜店で買った赤いシャツ、安物のビニールの靴に赤い造花をはりつけ、葬儀屋で分けてもらった花で麦藁帽子を飾り、ネグリジェ姿で第一生命ホールの客席から登場した。居合わせた澁澤龍彦は、次のように記している。

客席の一隅に、スポットライトを浴びたディヴィーヌ、大野一雄氏が音もなく立ち上がったとき、私は思わず息をのんだ。何と言ったらよいか、——けばけばしいドレスに、花飾りの安っぽい帽子に、手にした一茎の薔薇の花に、そして何よりも、老いたる男娼の奇妙な誇りを表した、その独特な繊細きわまる眼や手の動きに、私は一人の悲劇役者を直感したからである。[*28]

ディヴィーヌは大野のあたり役となり、一九六〇年七月の「土方巽DANCE EXPERIENCEの会」ではソロ作品《ディヴィーヌ抄》として発表され、後の《ラ・アルヘンチーナ頌》では冒頭に組み込まれるに至る。

一九六〇年代から七〇年代前半にかけ、大野は毎年のように暗黒舞踏派[*29]およびその系統の舞踏公演に、共演や特別出演の形式で関わっていた。一九六五年の《バラ色ダンス》では、白いロングドレスに身を包み、土方とアダージオを踊る。当時の大野の両性具有的な姿を市川雅《いちかわみやび》が伝えている。

そのアニムスとアニマが交錯し、禁欲と欲情が交錯する肉体は、ヘルムアフロディテがエーゲ海からシレジアの森まで突っ走ったかのように思えた。[*30]

また、舞踏の発生当初から土方と活動をともにした元藤燁子は、《アルジェリアに行きたい》(一九六〇)や《EMILYの薔薇》(一九六〇)の創作時の思い出から、次のように述べる。

毎回の公演の事は、電波より速く、横浜反町の大野宅に伝わるのだ。その度に先生は、びっしりとノートに先生の踊る場所をかいて、その風呂敷包をかかえて、足早やに目黒にこられる。私達は以心伝心、先生の踊る場所をあけて待っている。もし、その場がないときは、無理やりに作ってでも、皆で踊って了う。[*31]

舞踏の揺籃期において、「大野先生」は明らかに特別な存在であった。長谷川六《はせがわろく》は「常に問題を提起していたのが土方、茫洋として影響力のあるのが大野、天才的ダンサー笠井と、三人それぞれ全く違う踊りでした」と述べ、初期の舞踏は性質の異なるこの三者を中心に展開し、大きなムーブメントとなったことを指摘している。[*32] だが盛んに舞台作品を発表した二人とは異なり、自身のリサイタル活動を停止していた大野がこの間に発表したのは三本の舞踏映画であった。[*33] 後に「二十年近く作品を作ろうと思って焦燥そのものの日々が続きましたが、ついに立ち上がれなかったのでした。(中略)私は二十年間、毎日いつも作品のことを考えていましたが、どうした

らよいのか手も足も出ませんでした」と、この時期を振り返っている。[*34]

4 《ラ・アルヘンチーナ頌》での復活

一九七六年、大野は画家の中西夏之《なかにしなつゆき》の個展にて楕円を基調にした抽象画に出会い、その絵に舞姫アルヘンチーナの面影を見る。同日夕刻、全くの偶然にアルヘンチーナの資料が自宅に届いていた。送り主はニューヨーク在住のエイコ&コマである。[*35] 大野はアルヘンチーナの写真に「踊りましょうよ、大野さん。さあ、私と一緒に」と呼びかけられたと感じ、アルヘンチーナを讃える作品の創作を決意する。[*36] 土方が演出を引き受け、《ラ・アルヘンチーナ頌》は一九七七年に発表された。七一歳での復活である。一九八〇年には第一四回ナンシー国際演劇祭に招かれ、《ラ・アルヘンチーナ頌》と《お膳または胎児の夢》を上演し、初の海外公演を行う。[*37] ここで「大野の作品は最高のものと評価され」たと同行した市川雅は報告している。[*38] それまでの沈黙を破り、ここから新作発表と公演の日々が始まった。

七七年以降に発表された大野一雄の作品の中で、再演可能な構成をもった作品（本稿ではこれらを「代表作」とする）は、《ラ・アルヘンチーナ頌》（一九七七）、《わたしのお母さん》（一九八一）、《死海 ウインナーワルツと幽霊》（一九八五）、《睡蓮》（一九八七）、《花鳥風月》（一九九〇）、《天道 地道》（一九九六）の六つである。《ラ・アルヘンチーナ頌》と《わたしのお母さん》はソロ作品であり、《死海》までは土方が、《睡蓮》からは大野慶人が演出している。一九八〇年のナンシー以降、一九九九年（九三歳）まで、大野はこれら代表作の再演を中心に、ほぼ毎年の国外公演を続けた。日本を拠点にした舞踏家としては突出して国外公演数が多い。[*39]

改めて、本稿で焦点を当てる一九九五年とはどのような年であったか。大野はかねてより精力的に劇場外での舞踏活動を行っていたが、この年は「入江比呂《いりえひろ》全貌展」や清里の美術館のオープニングで踊り、[40] 兵庫県揖保川《いぼがわ》町《ちょう》の超念寺《ちょうねんじ》では《暈狂《かさくる》う舞》を上演した。代表作については《死海》、《天道　地動》、《睡蓮》、《わたしのお母さん》を国内で、国外ではアート・サミット・インドネシア95に参加し、西スマトラにて《天道　地動―短縮版》、ジャカルタにて《睡蓮》を上演している。夏には検査入院をしたものの、八九歳にしてこれだけの数の公演を打つことは驚異的であろう。なお五月には主演した短編映画「KAZUO OHNO」（ダニエル・シュミット監督作品）も公開されている。[41]

　そしてこの年の最も重要な公演が一一月の《わたしのお母さん》である。八一年の初演後、八三年までは海外ツアーにて度々上演されたが、その後は上演されず、国内では八六年と八七年のわずか二回であった。上演回数の少ない理由は定かではないが、実に八年を経ての再演である。[42]

　九〇年代、大野は高齢で活躍する前衛舞踏家としてメディアでもしばしば取り上げられ、国内での公演数および観客動員数は増加の一途を辿っていた。[43] その九〇年代を象徴する活動として、「大野一雄　全作品上演計画」が挙げられる。これは一九九四年から横浜市の劇場、テアトルフォンテにて実施された代表作の上演プロジェクトであり、一九九七年までに先の六作品が順次上演された。一九九五年の《わたしのお母さん》はこの第四回にあたる。代表作の数多くの再演、活動の総括である全作品上演計画の実施と、舞踏の集大成とも言える時期が九〇年代であった。そして劇場での作品上演が困難になりつつあった九九年以降は、稽古場にてアトリエ公演が不定期に開催される。二〇〇〇年には左臀部《でんぶ》下内出血で入院、年内の公演は中止されたが、翌二〇〇一年に新宿にて作品《花》を上演し、大きな注目を集める。[44] 誕生からおよそ百年、二一世紀の始まりに実施されたこの公演が、大野にとって最後の単独公演となった。

　それでは一九九五年の《わたしのお母さん》の再演に向け、大野は何をしたのか。ここからは一九九五年当時の大野の稽古における発言を中心に、筆者の記録から辿る。[*45] 公演に先立つこと半年、五月には次のようなテーマが稽古で与えられている。

5　眠りから覚めた子ども

これは眠りから覚めた子ども。フリースタイルで。眠りから覚めた子ども。眠る子ども。いろいろあります。フリースタイルで、曲を聴きながら。お母さんが語りかける。それを見ている子どもが。

（五月二三日、「眠りから覚めた子ども」）

冒頭の大野慶人の言葉どおり、大野は稽古で常に母あるいは母子の関係性について語った。語るのみならず、五月二三日の稽古では開始時に「赤ちゃん、このすばらしき命」というNHK放映番組を見せている。[*46] 内容は、胎児自らによる出生前の準備や乳児の胎内記憶、陣痛・出産のメカニズム、母親と胎児のコミュニケーションなど、胎児や乳児の能力を科学的に解明するものであった。映像鑑賞後、大野は番組で取り上げられた胎内記憶について繰り返し語り、研究生に「眠りから覚めた子ども」というテーマを「フリースタイル」で踊るように指示する。使用曲はリストの「詩的で宗教的な調べ」第六曲「眠りから覚めた御子への賛歌」である。

うまくやろうとするとなかなかできないから。もう大丈夫だ。とにかくやってみる。失敗覚悟で、失敗の連続で。子どもだってはじめ言葉出すときはうまくないですよ。あーあーと声だけ出す。決して大きな声じゃないんです。赤ん坊の声、子どもの声。皆さんがやろうとしていることは大人のダンスでなくして。子どもの声を。

（同前）

「失敗覚悟で、失敗の連続で。」とは、即興が開始しても動き出せずにいる研究生に対して投げかけられた言葉である。「失敗覚悟」あるいは「うまくやろうとしない」に類する発言は稽古で頻出している。

さ、思い切って。一回、一回頑張って。ちゃんと頑張って。もう、宇宙の、自分でつくらないと駄目だ。人に教わっちゃ駄目ですよ。無駄にしないで、時間を無駄にしないで、頑張って、はい。失敗覚悟で、失敗覚悟でやる、目。目はトラのようにして見開いて。

（一一月一四日、「風」）

できるだけ自由にね。失敗覚悟で、失敗覚悟がいい。うまくいこうなんて考えたら絶対できない。下手なほうがいいんだ。限り尽くして、でたらめの限り尽くしてやってみよう。それでまず手をぐっと出してみると、そこから始まるんだよ。計算の後で手を出そうとしない。計算なしでガッと。考えられないような中ですよ。宇宙の計算。宇宙の方程式。

（五月二七日、「桜の花」）

「でたらめの限りを尽くす」という表現も多く登場している。即興では基本的に振り付けや動き、あるいは手立てが示されることはなく、研究生は手探りで踊らなければならない。そこへ鼓舞するように言葉を投げかける。

これは私がいつも言うんですよ。最後はあなた方一人一人が命のことについて探して。もしも探さないで与えることは人間が駄目になってしまう。探すのは自分だ。命が先行して、こういうことを見つけるのは自分

——が見つけて。（八月一五日、「桜の花」）

胎児や乳児の能力に強い関心を示した大野は、「眠りから覚めた子ども」の稽古の六日後（五月二九日）に、ひとつの試みを実施している。それは「大野一雄と赤ちゃんのダンスエクスペリエンス」と名付けられた、乳児と大野がともに踊る即興舞踏の会であった。[*47] 上演を目的とせず、大野の他、乳児三名とその母親、大野慶人と筆者を含む数名のスタッフにより、東京都内の某集会所でひっそりと行われたものである。ここで素顔にスーツ姿の大野は母親に抱かれた乳児を前に、ショパンの練習曲等で二度、数分ずつ踊った。大野は乳児に関わるべく、話しかけるように踊るが、乳児はすぐに母親の方を向いてしまう。大野はしきりに「音を大きく」、「刺激を与えて」、「こっちに気を」とスタッフに伝え、乳児には「こっちこっち」と声をかけつつ踊る。思うような反応が得られず、ついには「こっちが真剣勝負でやらないと駄目だ」と呟き、エクスペリエンスは終了した。

それまでにも大野は私的試みとしての舞踏を幾度か行っている。そのひとつは、自作の詩にもとづく即興舞踏《極私的教会舞踏〈イエスの招き〉》であり、これはナンシー演劇祭参加の折り、つまり最初の国外公演の際にフランスの教会で実施された。立ち会った市川雅が「芸術家大野と宗教者大野の避けることのできない試み」と述べたように、欧州の教会にて実際に舞踏と自らの身体を捧げる体験こそが重要だったのである。[*48] 乳児とのエクスペリエンスも同一線上にあると捉えられよう。大野にとり母子の関係、乳児と踊りといったテーマはメタファーやイメージの次元に留まるものではなく、実際に乳児と向き合い、共に踊るという行為を通して理解される必要があった。まさに「失敗覚悟」の試みを自ら実践し、体験していたのである。

6　魂が先行して肉体がついてくる

私は、踊りの中で大事なことは死だけ、生だけでなくして、死と生の重なりの中で生きておる。そして、何十億万年必死になって生きてきた。そして、体験している。（中略）必死になって体験したものがこの肉体です。同時に、われわれの命が羽織っている、命ですよ。命が羽織っている、魂が羽織っているこの肉体[*49]っていうのは、魂が羽織っている肉体。魂と肉体というのは、離れ難く一つになっておる。それをちゃんと、理解できる。生と死の問題にしろ、死とは何か、生とは何か。だから、われわれが最初にやんなくちゃならないところは、肉体がこう行けば良いか、肉体が丈夫で、こうして行けばそれでいいのか。肉体だけじゃ駄目なんですよ。魂が先行してこう、肉体は最小限に、肉体はついてくる。こういうようなことじゃないだろうか。

（六月一〇日、稽古中の談話）

大野には舞踏を語る際に必ず用いるフレーズがあるが、なかでもとくに頻繁に登場し、彼の舞踏における命題とも言えるのが「魂が先行して肉体がついてくる」であった。これはときに「最小限の肉体、最大限の魂[*50]」とも言い換えられた。

踊りはね、こうしてこうして、こうしてこうなって、こうした。体がこうなった。これだけじゃどうにもならないんですよ。人に、心の中に、魂に感動を起こさせる。こういうようなものがなければ、何のために一体我々は踊りをやっているのかっていうことなんです。魂が、命が先行して。そして、肉体がそれについてくる。

（同前）

「こうしてこうして」の発言とともに、大野はかつて習得したダンステクニックを自ら動いて示す。それはアラベスクなど、一見してそれとわかる古典的ポーズの連続であった。多くの即興テーマにおいて、「フリースタイル」あるいは「でたらめの限りを尽くす」という言葉が投げかけられたが、いかなる動きでも許容されたわけではない。

回って見せるとか、そういうようなことってやつは、それはテクニックであって。テクニックは見せるために、テクニックはあるかもわからないけれどね。踊りの場合には、芸術として踊りをやる場合は、テクニックを見せるというのでなくして。

（八月一五日、稽古中の談話）

ああ、美しい。あまり遠すぎて、遠すぎて遠すぎて駄目だけど、大事に大事にする想いがあれば、こう、花の中へもう入っているんです。その時には。そういうようなことを体験する、経験するというのは、そういう時にはテクニックなんかは間に合わなくて、全部テクニックを捨ててしまわないと駄目です。

（五月二七日、「桜の花」）

「魂が先行して肉体がついてくる」のフレーズとともに、大野は「花に惹かれて歩く」というテーマをしばしば与えた。花の美しさに惹かれる想い（魂）に導かれ、歩み（肉体）は後からついてくる。すなわち内的衝動の結果として生まれる歩行の稽古である。

魂が先行。魂が先行している。肉体がついてくる。さあ、一つの題名、なんかこう一つ、じゃあ、どういう

踊りを。桜の花。桜の花が咲いていた。桜の花、美しいなあ。こうして、我知らず、美しいなあ。魂が先行して肉体がついてくる。こういう、魂が先行して肉体がついてくるという、それだけのことを、踊りをね、それだけの踊りをこうして　やってみたらどうですか。四〇億年かかった、命をあなたが用いて。魂が先行して花が美しい。

（八月一五日、稽古中の談話）

先述のように、即興時の動きの指示はおおむねフリースタイルであったが、「花に惹かれて歩く」という歩行のテーマにおいては、かたちに関する具体的な指示を次のように示している。

重心が少し前にかかるようにね。前へ進むためには重心が少し。そのときに肋骨、肋骨を、あるいは胸を前に突き出さないようにして、肋骨を引いて。頭のてっぺんは上のほうに伸ばして。もう、できるだけ上のほうにスーッと頭のてっぺん、背骨から頭のてっぺんにかけて、ずーっと前に少し傾けて。ピッとしていても前のほうに出てくる。足を少し前のほうに進めようと思うと、もう前のほうにずーっと進んでいくような、そういう。腰から胸、顎から少し前のほうへ、静かにこう傾けていく。そして、前のほうへ少しずつ進むように。力、抜いてね、力抜いて。それで頭のてっぺんを上のほうに伸ばして、そうそうそう。で、前のほうに足からじゃないよ。もう、上体から出るように肩から出る。頭のてっぺんを上のほうにずーっと伸ばして、おなかを引いてね。頭ずっと上のほうに伸ばして、結局、全体の重心が少し、肩から、頭から少し前のほうに、ほんの少し傾ける。

（一〇月二四日、「花に惹かれて歩く」[*51]）

さあ、上のほうにずーっと伸びて、膝も伸ばして、膝も伸ばして上のほうに出来るだけ高くなるように伸ばして。そうそう、そうそう。苦しくならないように、なるべく頭のてっぺん上に伸ばして。それから、目をもう少し高く見せて、目の高さ。で、後ろに反らないで、後ろに反らないで、そうそうそう。

（一〇月二四日、「花に惹かれて歩く」）

肋骨、胸、腰、膝、肩、頭、目、顎といった身体部位に関する言葉に加え、重心のかけ方、足の出し方、目の高さに至るまで、平明な言葉によって示され、実際に大野が研究生の体に直接触れて姿勢を直す様子もしばしば見られている。後述する他のテーマにおいても動きに関する言葉は登場するが、この「花に惹かれて歩く」に関しては細部にわたり定められ、言語化されていた。また、他の多くのテーマが作品に直結するものであるのに対し、これは作品とは無関係に、かつ頻繁に稽古に登場しており、いわば基礎訓練のような位置付けであったと思われる。*52

まるで心の中の生き物が、心の中に生き物が、その生き物がすっと手を出す。生き物がいつのまにか手をスーッと出す、ね。そういうような、スーッと前に。

（一〇月二四日「花に惹かれて歩く」）

「魂が先行して肉体がついてくる」という状態を、いかなるかたちや動きとして成立させ、舞踏において実現するか。研究生に求めたかたちとは、すなわち大野の目指すところであり、舞台上でしばしば見られた前傾姿勢で進む彼の歩みは厳密に作り上げられていたのである。その歩みはあくまでも魂という前提、想いの必然によって成立すると強調された。

いくら動きが、こうして、こうして、こう動いたって、そんなことはたいしたことない。手が動かない、できなくて、気持ちが伝わってくる。あなたが今伝えようとしているのは、心の奥底に、ずっとこういうふうに伝わっているものをやって、伝えたいという。そういうことをやるとすれば、そうすれば完全な心が伝わっていて、そしてその時に肉体がね、肉体が、体が、ついてくる。ついてくる。そういうようなことを大切なこととして稽古しないと。

（五月二七日　稽古中の談話）

7　花魁《おいらん》道中道行

人間は死者の恩恵を受けている。千人のお客さんには千人の死者がいる。お父さんのお父さん。それを考えるとじっとしていられなくて頭を下げ、ありがとうございました。命に応えられるように、命の全てをかけて踊る。生と死の重なりの中で命をかけて踊る。

（八月一五日、稽古中の談話）

この発言は千人もの観客が押し寄せた、かつてのアルゼンチン公演のエピソードに続けて述べられたものである。「生と死の重なり」というフレーズも稽古には頻繁に登場した。それと結びつけられたテーマの一つが「花魁道中道行（死んだ花魁との道行き）」である。*53

それでは今から、死んだ霊を。魂が道行。そういうところで。花魁道中、よろしく。死者と、死んだ人と生きた人が、あの世へ旅立ちする花道のシーンですよ。花道をずーっと歩いていく。死者の霊が歩いていく。宇宙のゴミが、宇宙と一緒に遊んでいる。遊びながら、生きていく。宇宙の霊と。遊ぶって。（中略）死んだ人と生きた人が互いにいたわりあいながら、手を取り合って、愛し合いながら、花道を行く。地獄と極楽が一つになっている。ゴミと宇宙が手を取りながら、いたわり合いながら、化け物屋敷のようだ。（中略）死んだ人と生きた人両方を私がやっている。男と死んだ花魁、死んだ人と生きた人、地獄と極楽。あなた方は動作をやりながら考えられないようなことを。

（一〇月一七日、「花魁道中道行」）

道行の設定でありながら一人で踊る。死者と生者が一体となった道行とは、つまるところ死者との共生を踊るテーマであった。

一九九六年のインタビューにて、大野は自身の最大のテーマである生と死の問題に関わる重大な体験として肉親の死および戦争における死の二つを挙げ、さらに戦地での具体的なエピソードにも言及している。大野は二度目の従軍で第三十五師団参謀部情報主任、いわゆる情報将校として中国戦線に加わり、そこで錯乱した兵士による民間人の虐殺を目撃したという。*54 同様の場面を戦地では日常的に目にしたと、大野慶人は本人から聞いている。

本当のところ、クリスチャンである一雄が戦場に連れて行かれて何をしたかってことはまだ聞いていません。やっぱり言わないでしょう。だから舞踏をしているというかもしれない。*55

ニューギニアでの終戦、捕虜生活を経て、大野は復員船で帰国している。何千人もの帰国者が詰め込まれた船内で死者が出ると、遺体は布に包まれ水葬され、船は汽笛を三度鳴らす。この体験は深く心に刻まれ、モダンダンス時代には「クラゲの踊り」として舞踊化されている。「私の作品は抽象的だと思われがちだが、すべて体験からのものなのだ」の言葉のように、大野の発する「死」あるいは「死者」という語の背後には、夥《おびただ》しい数の現実の死および死者を悼む体験が潜んでいよう。[56] そして土方をはじめ、かつて親交のあった人々の多くをすでに見送った大野にとり、死者とは身近な存在であり、死者と共に踊るのはごく自然な行為であったように思われる。郡司《ぐんじ》正勝《まさかつ》は述べる。

あの世からの視線の中で大野一雄は踊る。もうこの世のかたちには捕らわれていない。したがってなんら表現というものにこだわる必要もない。この世でかつて出逢った人々にそれぞれの想いで挨拶している。[57]

この稽古のおよそ一〇日後の一〇月二八日には、兵庫県の超念寺にて《暈狂う舞》が上演された。公演直前の一〇月二四日の稽古では、この作品の構成要素である「馬と蛇」、「鏡」、「川と岩」というテーマが登場している。これを終えると稽古はいよいよ《わたしのお母さん》一色になる。この作品は「胎児の夢」、「母の見た白昼夢」、「宇宙の夢」、「鰈のダンス」、「愛の夢」の五つのシーンで構成され、これらのシーンにまつわるテーマが公演までの稽古で繰り返された。

8　仏の行列

《暈狂う舞》公演後、最初の稽古であった一〇月三一日には、早速《わたしのお母さん》の柱の一つである「母の見た白昼夢」に関するテーマが登場する。

二歳の妹幾子が轢《ひ》かれたときは、函館に市電がはじめて通ったときです。花電車が通るというので女中さんに連れられて見に行ったんですが。妹が線路を横断しようとしたとき、丁度電車が走ってきて、女中さんが「あぶないっ」と叫んだ。妹はその声を聞いて急に戻ってきて轢かれてしまったんです。花電車にです。母はそのとき台所で食器の整理をしていました。妹についていた女中さんが「奥さーん」と叫んで駆けてきたんです。母は、はっと思ったと言うんですよ。はっと思ったと言うのは白い衣装をつけた仏の行列が通っていく夢を台所で立ったままみたというのです。ある瞬間に白昼夢をみたんですね。その時、母が仰天した姿を私は覚えているのです。[*58]

「母の見た白昼夢」は、大野の妹の死にまつわるエピソードがモチーフとなっている。作品では舞台中央に朱塗りの膳が配置され、琴の六段の流れる中、赤い半纏《はんてん》姿の大野が膳の傍で静かに動くシーンである。

その時の妹のお葬式も、長い行列が続きました。道に松やいろいろな木を立てたりして飾り、消防の半纏を着た人が一丁も二丁も並んでいるんです。いまも母が白昼夢で見た行列とその行列が、私のなかで重なってきたりするんです。母はその時から食事前に必ず仏様の前で幾子のために祈っていました。[*59]

妹の葬儀にて実際に目にした行列と、母の白昼夢に登場した仏の行列とは重なり合い、稽古では「仏の行列」、「仏の姿」がテーマとして与えられた。

私の二歳の妹が電車に轢かれて亡くなった。その時母親は仏の行列を見た。極楽浄土から人間の世界に橋が渡されて、仏の行列が流れていった。それは母親の命の中に流れていった。［雑誌記事を見せる］仏の行列

についてたくさん書いてある。

（一〇月三一日、稽古中の談話）

研究生に見せた雑誌記事とは、奈良県の當麻寺《たいまでら》で五月に行われる「練供養」に関するものである。次の練供養の描写には、びっしりと線が引かれていた。

【蓮の伝説】
白足袋を履いた菩薩が来迎橋を歩いてくる。薬王《やくおう》、陀羅尼《だらに》、虚空蔵《こくぞう》、金剛蔵《こんごうぞう》、光明王《こうみょうおう》、三昧王《ざんまいおう》、白象王《びゃくぞうおう》、無辺親王……。「極楽浄土」から「人間世界」に差し渡された橋のうえを、二十五の菩薩がゆるりゆるりと練り歩く。行列が渡りきったころ、いよいよ主役の三菩薩があらわれる。後ろを行く普賢《ふげん》菩薩は五色の天蓋を掲げ、真ん中の勢至《せいし》菩薩は合唱したままの格好で体を捻らせながら進む。先頭は観世音《かんぜおん》菩薩。白足袋の両手に捧げ持つのは小さな蓮座だ。やはり身を捩《よじ》っての行道に荘厳な来迎のありさまが顕れ、会衆の眼を見開かせる。[*60]

練供養とは来迎する複数の菩薩に仮装して練り歩く仏事である。當麻寺の練供養は中将姫を極楽へ導く様子を表しており、二五の菩薩が登場する。大野はこの練供養における仏の行列を参照し、文中の「合掌したままの格好で体を捻らせながら進む」勢至菩薩の姿と、観世音菩薩の「身を捩っての行道」に着目する。記事を見せ、次のように続けた。

母親が仏の行列の夢を見た。何十年も前の話、母親の魂の中に入っていった。そうするとそういう時にね。

仏は体を捻じって母親を見た。見ていないようで見ておった。見てないようで見た。捻じって、微かに、ちゃんと心が繋がっている。そういう白昼夢、仏の行列。こういうことをね、踊りをやる時、これでは心が通じない。見ていないようで見ている。これが非常に重要、仏の見方。見ていないようで見ておった。これが重要。見ているようで見ていない、見ていないけれどちゃんと見ている。心が通じる。この仏を踊りたい。見ていないようで見ている踊りをしたい。

（一〇月三一日、稽古中の談話）

「仏は体を捻じって母親を見た」の発言とともに、大野は仏の見方、仏の姿を動きで示している。それは直立姿勢から上体をわずかに捻じり、肩越しに研究生達を半眼で見遣る姿であった。続いて、「これでは心が通じない」の発言とともに、片足を一歩前に出して上体を乗り出し、目を見開き、正面から研究生を見る姿を示した。特に後者の、相手を見据える動きを幾度も見せ、「こうではない」、「これでは心が通じない」と、強く否定している。仏の姿にふさわしいかたちとは何か。母の白昼夢に登場した仏の姿、イメージとしての仏の姿を具現化すべく、大野は「体を捻じる」、「身を捩る」という言葉を手掛かりとする。これらの言葉とともに、想念の必然としてのかたちを自ら繰り返し試み、研究生に対して示したのであった。

9　蝶のダンス

私の母が亡くなる時、ものすごい量の体液（汗）が流れ出て、わづかの間に布団からその下の畳まで濡らしてしまった。私は何度もなんども寝具を取り換えたが、布団からはまた、いつの間にか湯気が立ち昇っていた。それは恐ろしい程の光景だった。命の最後の燃焼のすさまじさを、私はまざまざと実感しました。

その時です。朦朧とした意識の中で、母がつぶやいたのです。
――私のからだの中を蝶がおよいでいる
と。何かを追い求めるように、みつめるように、安《マ》い《マ》だような、楽しそうな口調でした。最期の言葉だったのです。私に対する遺言だ！[*61]

母の臨終の言葉は、踊りに対する遺言として大野に強い印象を残す。

私の母親が亡くなる時、私の体の中を蝶が泳いでいる。何を言いたかったのか。おまえが踊りをやるときに、耐えに耐えて、大地にしっかりうまく乗せて、目が黒くなって、丸まっこいものが平らになるまで、耐えに耐える。ザーッとほこりと、カッとその勢いが。（中略）そういう、耐えに耐えて、大地が引き上げられるばかりに、引き上げられんばかりに、そのようなイメージにて、泳ぎ出すときには、踊りをやるときには、そのように大地が引き上げられるがごとく、耐えに耐えて耐える。丸まっこいものが平らになるまで、耐えて耐えて耐えて。それで、くーっ、くー、これでその勢いをエネルギーに変えて。それで泳ぐときには目を皿のように、こう、目を、カレイの目、でっかく。そうなっている。目だけはこういうふうにでっかく。

（一一月七日、稽古中の談話）

蝶の姿は元来球体であり、丸い蝶が海底で「耐えに耐え」た結果、平たい姿に変貌した。平らになった蝶は「耐えに耐え」たエネルギーの発露として、目を突き出して泳ぎ出す。踊りも同様であらねばならない。

以上が大野の語る「蝶のダンス」の想念であり、作品では、体がすっぽり隠れる大きさの茶色い布を手に持ち、仄暗《ほのぐら》い照明と物悲しい音楽の中、舞台を彷徨《さまよ》うように踊るシーンとして現前する。

一一月七日の稽古で大野は、蝶をフリースタイルで踊るよう指示している。研究生が踊るおよそ一〇分の間、次のような言葉を力強く投げかけた。

カレイがくねくね、くねくねして、泳ぐということね。かつては耐えに耐えて大地に体を引き上げさせて。目は魂のように。自分を見つめ、住んでいる世界に対して目が遊泳しながら、魚が遊泳しながら、住んでいる世界について、命を懸けて、泳いだ。その泳ぎをやってみてごらん。命が懸かってないと駄目ですよ。私は二年かかった。そのこと［遺言の意味］に気がつくまでにね、二年かかった。（中略）この一瞬、瞬間に体を内側のほうに反らして、背骨を内側のほうに反らして、大地を持ち上げ、砂ほこりを、そのエネルギーを、上昇気流を使ってそして泳ぎ始めた。大地のエネルギーを活用して、自分の肉体のエネルギーを活用して、魂が懸命になって、自分の肉体を生かして、大地を引き上げるようにして、上昇気流に乗って、そして反転して泳ぎ始めた。目を皿のように突き出して、好ましいところに泳いでいった。上のほうでも良いし、右のほうから下のほうでも良いし、横のほうでも良いし、いずれにしても　体をくねらせながら、命をくねらせながら、命をくねらせながらですよ。目は突き出されていて、自分自身を見つめ、自分自身を見つめていますか。自分自身を見つめ、生きている世界を見つめて、そして自分自身。

（一一月七日、「蝶のダンス」）

大野には「蝶のダンス」の想念を語る際に必ず見せる仕草があった。手のひらで床を力強く叩き、しばらくの間そのまま押さえつけ、その後勢いよく離す。これを幾度も繰り返した。海底に張り付き「耐えに耐え」る蝶の姿、勢いよく飛び上がる様子、瞬間的に発するエネルギー、これらを手の動きで示したのである。このように、「蝶のダンス」のテーマで強調されたのは蝶をいかに踊るかではなく、何が蝶を突き動かすのかであり、蝶、すなわち踊り手を突き動かすエネルギーであった。そして「目は突き出されていて、自分自身を見つめていますか」と、踊る側に内省（大野の言葉では「内心凝視」*62）を促し、踊りに向き合う姿勢や意識をも繰り返し問うていた。亡くなる寸前、まさに生と死のはざまにいた母に見た命の燃焼のエネルギー、これに等しい熱量をもって踊りに対峙できるか。

私にとって踊りをやる上において、一番のもとは何か、命だと思うから。命ならばそのもとに触れたい、命の原点に触れたいという気持ちがそこにあると。

（六月一〇日、稽古中の談話）

稽古における到達点とは何か。望ましいかたちはある程度示されるものの、模倣は目的でもなければ、ただ語られる意味内容を理解して踊ることでもない。大野の稽古場とは、そもそも踊るとは何かを問われ、踊りに、また身体に向き合う意識や覚悟を問われる場でもあった。

10　胎児の夢

「わたしのお母さん」。ここで一番重要なところは、最初に書いてあるけれども、お母さんは命を削って子どもに食べさせる。（中略）お母さん、お母さんは一歩一歩死へ近づく。これは間違いない。死へ近づく。子どもは変貌に変貌して成長していく。そして、お母さんは死に近づいていくから、さっきあったようにお母さんの喜び。死へ近づいていきながら、子どもに命を与えて必要なものを与えて。（一一月一四日、稽古中の談話）

《わたしのお母さん》の核として、大野は常に二つの想念を語った。一つは「お母さんは命を削って子どもに食べさせ死に近づく」であり、これはしばしば鮭の習性と合わせて語られた。川を遡上した鮭（母）は産卵後に死ぬ。母の死骸は川の滋養となり稚魚（子）の成長の助けとなる。これに人間の母子関係を重ね合わせ、子の成長（生）とは母の犠牲（死）にもとづくものであると繰り返し説いた。[*63] つまり子の生には母の死が内包されているのである。もう一つの想念は「子どもはお母さんのお腹に帰りたい」、いわゆる胎内回帰願望である。[*64]

例えば、太陽があって、太陽系の周りをこういうふうに回っている。遠くのほうに行ってしまえばよさそうなものだけれども、遠くに行かないでぐるぐるぐる回っているわけです。地球。地球もそうだし。地球の周りをお月さまが。火星、水星、木星、金星、土星。そして、遠くに行きそうなものだけども、その星々がね。遠くへ行かないで回っている。（中略）我々の、お月さんの場合であっても、宇宙の場合であっても。胎内回帰っていいますか、お母さんのお腹の中へ戻っていく、気持ちはね、抜きがたくあるんですよ。それは、地球の周りを惑星がずっと回っているのと同じです。（中略）太陽系の周りを回っているのは遠心力、求心力。そして、遠心力、求心力だけども、太陽の恩恵を惑星がたっぷり受けておるだろうと思う。（中略）命の源泉に、命とは何かってことが知りたいと思っているんです。太陽の周りを惑星がこう回っているように、お母さんの周りをいつでもこうして戻ってきて、こうしながらこう行って。お母さんとくっついて。くっついて離れないで。そして、離れたらまた戻ってきて。

（六月一〇日、稽古中の談話）

母子の愛着と子の胎内回帰願望を、大野は太陽と惑星の関係になぞらえ、「遠心力と求心力」の言葉で表す。

事実《わたしのお母さん》は「胎児の夢」のシーンから始まる。作品では、白いシャツ姿で手に造花を持ち登場し、風の音と津軽三味線[65]の曲で踊る。シーンの終盤では、舞台前方で演奏する三味線奏者の佐藤道弘《さとうみちひろ》の背後に接近する。

一〇月下旬から一一月にかけ、この「胎児の夢」のシーンに関して「風」のテーマが盛んに投げかけられている。即興では、風の音と津軽三味線の演奏曲が使用された。

風は上体の踊りだった。風というでしょう。上体の踊り、風の、三味線を前にしての、風の、住まいのない風、その上体の踊り。描いてみてごらん。美しいですよ。上体の踊り。美しい。風が吹いていた。風が吹いていた。美しいですか。風が吹いていた。美しい、踊りを、踊ってみてください。美しいですよ。風の上体の踊り。風と猫との、デュエット。風と猫との、三味線の音が聞こえてくるでしょう。あれは猫の鳴き声だ。風と猫とのデュエット。まず風のデュエット。猫とのデュエットを、やってごらんなさい。フリースタイルですよ。宇宙は狂気を飛び越しておる。宇宙は狂気を飛び越しておる。猫と風のデュエット。狂気を飛び越して。

（一一月七日、「風」）

こんなことを研究している人は誰もおらんだろう。あなたがただけ。頑張ってやってみなさい。やれると、こうしたっていい。見たことはない。見ている人が「わっ」、感動で「わー」、見たことない風を見た。感動する。感動のない踊りは絶対駄目。そういう踊りをさ、自分で見いださなくちゃ駄目だ。私だってこの歳九十、もう来年九十歳ですよ。九十歳だけど、前に言われた毎晩、風の踊りって、どういうふうにやったら良いのかってことを。思い出してやりながら、やりながら、失敗したから、どうにもならないところに追い

詰められたから、夜寝てから何度も何度も、何とかして何とかっていう。

（一一月一四日、「風」）

いや、何をやってんだ。あ、宇宙が夢を見てんだ。宇宙が夢を見ている、宇宙の夢だこりゃ。風の上体の、風の、ない、風のダンス。さあ、そうそう、そうやって頑張って、頑張って。歩いて、歩いて、歩く、一歩一歩、歩いて。いや、こんなのは風が歩くわけがない、歩くわけがないけれど、風の踊りをやりなさい。そうそうそうそう、そうそうそうそう。そう、いいですよ。頑張って、頑張って。

（一一月一四日、「風」）

「風と猫のデュエット」、「風の上体の踊り」、「風の歩み」とバリエーションはあるものの、いずれも風を踊ることが課題とされている。*66 公演の直前まで稽古の度に登場した重要なテーマである。

風の後には「胎児はお母さんを背負う」というテーマが続く。これは「胎児の夢」のシーンの終盤にあたる。風はフリースタイルの即興であったが、そこから「胎児はお母さんを背負う」に至る流れは定められていた。一一月一四日の稽古では、研究生に二人組になるよう指示し、片方を三味線奏者の役割として座らせた。

今回は二人一組で。三味線はこっちに来て。三味線はこっちだ、はい、こっちに座って。三味線、こうして、こうやって、で、私はここにこう。あまり激しい三味線の弾き方だから、もう、激しくうわーっ。こっちも激しくなる。私はそういう体験をしたのですよ。

（一一月一四日、稽古中の談話）

研究生の踊る前に、大野は一連の流れを自ら示す。まず、研究生の一人を三味線奏者として正座させる。大野は風と猫のデュエットをしばらく踊ると、研究生（奏者）の背後に迫り、そこで両手を大きく広げ、足をバタつかせるような動きを見せる。次に奏者に背中を向け、軽くぶつかる。その後、何かを背負うように両手を背中で組み、歩き始める。ゆっくりと振り向き、何者かと目を合わせる。

これらの動きに対応する一一月一四日と、同じテーマの示された一八日の発言は次のように整理される。はじめに「風の踊りを必死になって踊る」。すると三味線奏者の「見ている人の心が掻き毟《むし》られるような」、「限りを尽くして弾いている」姿に気づき、「後ろに回って一緒に踊りたい」、「三味線を聞いて背中に張り付きたい」と気持ちが昂ぶる。「風が三味線の後ろに回ってかぶさる」。そこで奏者と「尻がぶつかった」。その時「お母さんと出会った」と思う。それは「お母さんと子どもがお腹の中で出会った」のであり、「お母さんは苦労に苦労を重ねたから背中が削れ」ていた。そして「胎児はお母さんを背負う」。「お母さんが可哀想だから、後ろにすっと向いたらお母さんを背負った」。「豆粒のように小さい子供がお母さんを背負う」。背負って「子どもがふっと見ると、お母さんの顔がある」ことに気づき、「お母さんのお腹の中でお母さんと胎児の顔が出会った」。「初めて出会ったお母さんの顔」から、胎児は「お母さんの美しさに初めて出会い」、「お母さんのお腹の中で美しさとは何かを知る」。これらの言葉を発しつつ、先の動きを順に示したのであった。

一九九五年の公演およびリハーサルでは、稽古で取り組んだ一連の流れに沿って踊る大野の姿が確認されている。彼は作品におけるこのシーンの展開や構成それ自体をテーマとして研究生に与え、稽古で試みたのである。

これまで見てきたように、稽古で与えられるテーマの大半は次の上演を控えた作品に関するものであった。[*67] 大野と研究生はテーマを共有する。大野は研究生に対して作品にまつわるイマジネーション、想念をあますところなく提供し、想念を踊りとすべく模索する自らの姿を晒《さら》す。研究生にとり稽古とは、彼の作品世界を深く体験する、あるいは創作プロセスに身を置く機会であった。大野は研究生の即興を見る。与えられる言葉を頼りにテーマに格闘する彼らの身体を熟視し、そのような研究生の姿の向こう側に自らの踊りを見る。大野にとり研究生はいわば触媒であった。このような稽古における研究生との関係もまた、作品の醸成に貢献したと考えられよう。

11　言葉と舞踏

一九八六年の *Drama Review* 誌のインタビューにて大野は、《わたしのお母さん》に関して動きの練習をするのかという質問に対し、次のように答えている。

動きとしてはそれほど練習しない。しかし私の心と精神においては、座って、書いて毎日練習している。[*68]

一九八八年の新聞のインタビューでも同様に述べている。

いま私は、二年に一度の割合で新しい作品をつくっている。着想を書きに書いて、書くことを持て余し、すべてを破棄した時に、作品ができる。[*69]

一人では書く作業を通じて、稽古では研究生との主に言葉を介した関係の中で作品を練り上げる。いずれにせよ、大野は徹底的に言語化する作業に重きを置いた。興味深いことに、舞踏の創始者である土方と大野は、ともに言葉を重視していたわけである。[*70]

稽古において大野は「捻じる」といった動きに直結する言葉のみならず、自身の舞踏論や死生観、作品の想念やイメージにまつわる言葉を大量に投げかけ、ときに研究生を鼓舞すべく掛け声を送った。これらの言葉は研究生の内奥に働きかけ揺らぎを引き起こし、結果として彼らの踊りは生まれる。あるいは、そのようにして踊りを生みだすことが企図されていたと考えられよう。そして大野は言葉で研究生の踊りを喚起すると同時に、自身の踊りをも喚起していた。言葉と踊りが切り離される公演とは異なり、稽古において両者は連続性を持つ。大野は自らの言葉に押し出されて動き出し、言葉と共に踊る。研究生は彼の踊りが本人の言葉によって次々と生まれる場面を目撃する。加えて、稽古には公演のような時間的制約（上演時間）、空間的制約（舞台空間）がない。そのような制約を離れた稽古とは、一回性の舞踏が生々しく立ち上がる場であった。研究生は大野の舞踏の誕生する現場、その瞬間に居合わせていたのである。もっとも、そのように生じるものこそが舞踏であるならば、そこに立ち会うことが、すなわち舞踏の学びであるのかもしれない。

　舞踏とは何か。何をもって舞踏とするのか。舞踏の成立要件に関する議論は様々あるものの、舞踊芸術への舞踏の貢献の一つが身体にまつわる意識に着目した点であるのは間違いないだろう。それは身体に向き合うことなく「動いて」しまうことへの異議申し立てと言っても良い。舞踏とは身体の芸術であると同時に意識の芸術であり、よって踊り手に求められるのは意識の変容である。舞踏に関してすでにこのような共通理解が得られているとするならば、大野の繰り返した「フリースタイル」という言葉は、単にテクニックに拠らず踊ることのみを意味しない。フリースタイルとは、どれだけ動きから、ひいては肉体から自由な踊りが可能かという問いかけでもあったのだろう。

限り尽くしてウインナーワルツ。花が、きれいです。ほんとはもっときれいにやりたいんだけども、もうとてもできない。できないと思った時点で、その人の姿がもう、きれいに美しく、花のように美しくできる。そういうことがあるから、限り尽くしてやるんですよ。やって、やって、やれないところまでこれやって、

もう自分を半ば捨ててしまったときは、もうそこに花がちゃんと咲いててっていうところまでずっといってください。ウインナーワルツ。じゃあ、最後のところです。

（五月二七日、「ウインナーワルツ」）

【付記】本稿では一九九五年の大野一雄の稽古における発言を、筆者の手元にあった録音データから引用した。その録音データはご遺族にお送りした上で、掲載についてご快諾をいただいている。記して感謝したい。

――注

1 「こころの宝物」『朝日新聞』一九九三年八月八日朝刊、二一面（神奈川版）。
2 大野慶人「「大野一雄」と《わたしのお母さん》」『《わたしのお母さん》公演プログラム』（一九九五年一一月二四、二五日）
3 大野一雄《死海》『大野一雄舞踏譜　御殿、空を飛ぶ。』（思潮社、一九九二年）、一四六頁。
4 溝端俊夫「大野一雄　主要作品解題」（『現代詩手帖』二〇一〇年九月号）、一五八頁。なお九八年の公演は土方巽の一三回忌公演であった。
5 音楽家でビジュアルアーティストのANOHNI（Antony Hegarty）（一九七一生）など。二〇一〇年には大野慶人とのコラボレーションも行っている。
6 大野一雄、大野慶人、中村文昭「舞踏という表現方法」（『現代詩手帖』一九九二年六月号）、二二一―二二三頁。
7 岩切徹「八九歳のごちそう」（『太陽』一九九五年一一月号）、一五一頁。
8 アンゼルム・キーファーや写楽の画集、永田耕衣の句集、吉増剛造の詩集、他多数。なお大野の手書きの創作メモについては『dessin』（緑鯨社、一九九二年）を参照のこと。

9 Viala, Jean; Nourit Masson-Sekine eds. *Butoh shades of darkness*, Tokyo: Shufunotomo, 1988, p. 20.

10 大野一雄舞踏研究所（編）『大野一雄　稽古の言葉』（フィルムアート社、一九九七年）、一六八頁。

11 以下「《ラ・アルヘンチーナ頌》での復活」までの記述は拙稿を加筆修正したものである。「舞踏家・大野一雄の活動――一九七七年作品『ラ・アルヘンチーナ頌』以前」『お茶の水女子大学人文科学紀要』五六巻、二〇〇三年、一五三―一六六頁。なお、大野の年譜については、大野一雄舞踏研究所編『大野一雄　年代記　1906-2010』（有限会社かんた、二〇一〇年）、土方の年譜については『土方巽全集　新装版』II巻（河出書房新社、二〇一六年）所収の「土方巽年譜」を参照した。

12 大野一雄「拝啓　ふるさと様。」『ホットアイあきた』三六八号（秋田県広報協会、一九九三年）、二一頁。池田淑人は「ヨステ」と名乗り、特定の美術団体に属さず自由に制作を続けた。

13 蘆原英了は次のように記している。「テクニックはそれほどすぐれていたとはいえないけれど、その持ち味、個性が素晴らしく、魅力に溢れていたことは空前絶後といってもいいほどであった」、「アルヘンチーナほど、心を奪われた舞姫はいない」（蘆原英了『舞踊と身体』新宿書房、一九八六年、三二頁）。

14 後年は嘱託、用務員として勤務している。

15 以下のシンポジウムにおける大野の発言。赤木知雅・池田瑞臣・大芝信・大野一雄・水田外史・津田史枝「江口隆哉を語る」『舞踊學』一七号、一九九五年、四〇頁。

16 同前。

17 同前。

18 この公演には江口隆哉による紹介文が寄せられている。

19 一九五三年にはNHKで大野の作品《断想》が放映された。一九五五年には第一〇回国民体育大会神奈川大会の開会式のマスゲーム《美と力》を振り付け、一九五八年には劇団人間座・現代舞台芸術協会合同公演《埴輪の舞／ハンチキキ》に土方やヨネヤマママコ他と出演している。

20 大野一雄、大野慶人、中村文昭「舞踏という表現方法」、二八頁。なお國吉和子は《老人と海》が不成功に終わった原因を「モダンダンスの技術と大野自身の身体が表現する世界との大きなギャップが露呈されたことにあるといえるだろう」と指摘している。國吉和子「暗黒舞踏登場前夜――大野一雄作品『老人と海』から見た1959年」（『舞踊學』三一号、二〇〇八年、二二一―三三頁）、三二頁。

21 大野慶人「大野慶人、元藤燁子対談「夫としての土方、師としての土方」」（『芸術新潮』一九九八年三月号）、一七頁。

22 江口博「大野一雄公演に寄せられた批評」（『現代舞踊』一九五四年二月号）、一七頁。

23 土方巽「中の素材」（『美貌の青空』筑摩書房、一九八七年）、二九頁。

24 《禁色》二部作については合田成男「〝土方舞踏〟作品ノート3」（『アスベスト館通信』第六号、一九八八年、四〇―四六頁）を参照。

25 石井達朗「インタビュー　大野一雄」（『アウラを放つ闇』PARCO出版、一九九三年）、二九九―三〇〇頁。

26 鈴木晶「大野一雄との対話」（『レ・スペック』一九九二年八月号）、三四頁。

27 元藤燁子「大野一雄と私　光と闇の間の艶やかな美学」（『アサヒグラフ』一九九四年三月四日号）、一八頁。

28 澁澤龍彦「泳ぐ悲劇役者」（大野一雄『大野一雄舞踏譜――御殿、空を飛ぶ。』思潮社、一九九八年）、二五〇頁。

29 六〇年代初頭は前衛舞踊、暗黒舞踊などと呼ばれていた。「舞踏」、「暗黒舞踏」の語は一九六三年頃より使用され、合田によれば舞踏は踏むことだという笠井の意見に拠るという。合田成男「二つの座標」（『土方巽舞踏大鑑』、悠思社、一九九三年、頁表記なし）参照。

30 市川雅「ヘルムアフロディテの疾走」『大野一雄舞踏譜――御殿、空を飛ぶ。』、二六〇頁。

31 元藤燁子「舞踏家と風呂敷包――大野一雄と土方巽」(『現代詩手帖』一九九二年六月号)、六二頁。
32 長谷川六「革命ダンサー風雲録」(『芸術新潮』一九九八年三月号)、三二頁。
33 映画作家長野千秋の撮影により七〇年代初頭に『O氏の死者の書』他二本が完成し、都内各所で上映された。詳細については割愛するが、この時期の大野の舞踏を伝える重要な映像作品である。
34 大野一雄「インタビュー・生と死の境を越える舞踏」『大野一雄舞踏譜――御殿、空を飛ぶ。』、七八頁。
35 これはリンカーンセンター(ニューヨーク)のアーカイブ資料のコピーであった。
36 大野一雄「ラ・アルヘンチーナ頌」『大野一雄舞踏譜――御殿、空を飛ぶ。』、一〇〇頁。
37 《わたしのお母さん》の前身にあたる群舞作品。大野の他、研究生の上杉貢代(満代)、近江篤治、秀島実らが出演した。
38 市川雅「エネルギー秘めた繊細さ　欧州で受けた大野舞踏団」『朝日新聞』一九八〇年七月二日夕刊、一三面。なおパリではアルヘンチーナの姪カルロッタ・メルセと会い、アルヘンチーナの墓参りを果たしている。
39 公演した国は三〇に近い。フランス、イタリアは各地をツアーで回り、一九九三年には全米ツアーも敢行している。最後の欧州公演は一九九九年一〇月、ミケランジェロ・アントニオーニ賞の受賞後のヴェネツィア・ビエンナーレでの公演であり、同年一二月のニューヨーク公演が最後の海外公演である。なお《睡蓮》と《花鳥風月》の初演はともに国外の劇場である。
40 入江比呂(一九〇七―一九九二)戦前のプロレタリア美術運動を担った彫刻家。ダダに傾倒した。
41 この映画の一部は同監督による映画「書かれた顔」でも見ることができる。劇場、御台場、自宅で踊る九〇年代の大野の姿を収めた貴重な映像作品である。なお、この年の六月にはピアニストの三宅榛名と共演し、東京で《夢の一日》を上演している。
42 《死海》以降は大野慶人とのデュオ作品の上演が増える。大野の年齢からすれば、一時間におよぶソロ作品の上演は体力的にも厳しかったと思われる。

43 国内の劇場での代表作の公演数は、八〇年代が一九のところ九〇年代には二九に増加している。五年刻みでは、八〇～八五年が三、八五～九〇年は一二、九〇～九五年は一七（最多）、九五～二〇〇〇年は一〇であり、数字からは九〇年代前半の勢いが見て取れる。舞踏は六〇年代より長く「アングラ」と見られていたが、八〇年代初頭に大野や山海塾が国外で高い評価を受けると、逆輸入的にいわば「ハイ・アート」として国内で認知されるようになる。この流れもあり、大野の国内公演の数は八〇年代後半から増加している。

44 舞台中央には椅子が置かれ、客席は舞台をぐるりと取り囲んで設置された。タキシードで正装した素顔の大野は作品の大部分を椅子に座って踊り、ときおり大野慶人に支えられて立ち、踊った。これ以降の舞台出演は客演や共演形式となった。

45 筆者が参加した一九九五年の稽古の録音テープを文字に起こした資料と、筆者による稽古の参与観察記録をもとにしている。

46 一九九三年放映。乳児に関する研究である「赤ちゃん学」は、九〇年代初頭より盛んになっている。

47 大野は海外公演中にかつての研究生の家に招かれ、そこでショパンの練習曲で踊ったところ、その家の生後五ヶ月の乳児が彼に対して懸命に反応した。この一件にもとづき、踊りと乳児との関係を探るべく、あらためて場を設定したとのことである。（溝端俊夫「大野一雄と赤ちゃんのダンスエクスペリエンス」チラシより）。なお年譜にはこのエクスペリエンスに関する記載はない。

48 市川雅『舞踊のコスモロジー』（勁草書房、一九八三年）、一五四頁。

49 肉体をめぐる大野の発言にはキリスト教の影響が色濃く見られる。大野と信仰との関係については次が参考になるだろう。柳澤田美「キリスト教から読む大野一雄」『大野一雄　舞踏と生命』思潮社、二〇一二年、一二九―一五一頁。

50 「列島リレードキュメント86歳〝生命〟を舞う」（一九九三年五月一五日NHK放映）における発言。

51 この発言と一部重なる記述は次に見られる。大野一雄舞踏研究所（編）『大野一雄　稽古の言葉』、七七頁。

52 この大野の動きについては次が参考になるだろう。宮川麻理子「動き／身体の哲学——大野一雄の舞踏における技法の革新性」『舞踊學』三八号、二〇一五年、三三—四二頁。

53 稽古で作品名は明示されていないが、歌舞伎の《二人椀久》に拠ると見られる。

54 発言は以下に記載されている。大野一雄他『大野一雄』（書肆青樹社、一九九七年）、二二頁。（インタビューは一九九六年一一月一一日）。なお肉親の死に関する発言は多くの文献に見られるが、戦争における死についての発言は比較的少ない。

55 大野慶人＋大野一雄舞踏研究所（編）『大野一雄　魂の糧』（フィルムアート社、一九九九年）、一六一頁。「クラゲの踊り」に関する記述も同頁を参照。俗に「ジャワの極楽、ビルマの地獄、死んでも帰れぬニューギニア」と言われたニューギニア戦線は最も過酷であり、大野は食料調達に奔走したという。

56 大野一雄「幕があき81歳の作品　肉体で表現」『日本経済新聞』一九八八年八月一六日朝刊、二八面。

57 郡司正勝「大野一雄への視線」『OHNO KAZUO Dancing with ELVIS』（テアトル　イラメ、一九九六年）、頁表記なし。

58 大野一雄他『大野一雄』、二一—二二頁。

59 同前。

60 鶴岡真弓「ornatus mundi「蓮」」（『太陽』一九九三年三月号）、一五九頁。

61 大野一雄「わたしのお母さん」『大野一雄舞踏譜——御殿、空を飛ぶ。』、一一六頁。

62 一〇月三一日の稽古における発言。

63 一九九一年には鮭が遡上する石狩川河口にて、川と鮭に捧げる舞踏《石狩の鼻曲り》を上演している。

64　大野は埴谷雄高からの影響を折りにふれ述べている。「胎内」という語の使用についても「胎内瞑想について」（『新劇』、一九七七年、一七—二一頁）に代表される彼の著述が意識されているであろう。

65　大野の衣装は両脚が露わになる丈のシャツである。背中側には背骨に沿って結び目がずらりと並んでおり、これは猫の手術着に倣っている。「猫の手術着と白い造花は私の母からたむけられた愛の証しだ」という記述もある（大野一雄「わたしのお母さん」『大野一雄舞踏譜——御殿、空を飛ぶ。』、一二三頁）。なお三味線に関しては、幼い頃に見た盲目の門付け芸人の強い印象を稽古にて語っている。

66　「胎児の夢」のシーンで風がテーマとなる理由は稽古で明示されていない。

67　この時期に《わたしのお母さん》に関連するテーマは他にも与えられている。「宇宙は狂気を超えた世界だ」、「蛾の吸い物を食べる母」、「愛の夢（お母さんが大きな海と一緒に人力車に乗ってやってきた）」、「宇宙の夢」、「塵のような私が死んだ霊を摑んで天の方へ差し出す」等である。

68　Schechner, Richard "Kazuo Ohno doesn't Commute. An interview by Richard Schechner," *The Drama Review*, vol. (30) 2, Summer 1986, p. 165.

69　大野一雄「幕があき81歳の作品　肉体で表現」。

70　土方の言葉は『病める舞姫』（白水社、一九八三年）などの著書で知られていよう。大野も土方と同様に三島由紀夫、澁澤龍彥ら舞踏とゆかりのある作家との親交があった（第2章を参照）。また白石かずこ、吉増剛造をはじめとする様々な詩人と交わり、彼らとの協働でも踊った。本人の関心が言葉にあったのは勿論だが、当時、前衛芸術を標榜する限り、言葉を無視して踊るとは時代に背を向けることを意味したとも思われる。

美術館と身体表現――世田谷美術館の歩みを中心に

塚田美紀

東京の郊外、世田谷区にある砧《きぬた》公園の一角に佇む世田谷美術館。一九八六年の開館以来三五年、継続的なパフォーマンス事業や身体表現のワークショップなど、美術館としてはユニークな活動を展開中である。ゆかりのあるアーティストには、何らかのかたちで舞踏との接点がある者も少なくない。

日本では一九七〇年代から八〇年代にかけて、公立美術館が続々と開館した。新しい風を求め、身体表現のエネルギーを呼びこもうとする館もあった。先駆例は栃木県立美術館で、開館の翌年の一九七二年、展覧会内容に合わせた創作バレエを上演している。舞踏関連では一九八一年、開館したての宮城県立美術館に田中《たなか》泯《みん》が出演し、ついで兵庫県立美術館（一九八二年）や東京都美術館（一九八五年）での、現代美術の展覧会関連企画に登場したことが目を引く。

教育プログラムにも注目したい。宮城県立美術館の場合、その後数年にわたって田中が身体のワークショップも行っている。同館はやがて、参加者が全身で土と水をこねて粘土を作るような（粘土「で」何かを作る、ではない）、人と世界との濃密で原初的な出会いを仕掛ける優れたワークショップで知られるようになるが、その重要な下地として、田中の実践があったことは想像に難くない。同時期、東京の板橋区立美術館はパフォーマンス付きのレクチャーシリーズを行っていて、田中や麿赤兒《まろあかじ》が招かれていた。

世田谷美術館に最初に登場したダンサーも田中泯である。一九八六年、「開館記念フェスティバル」の一環としてのソロダンス「舞踏＋景観装置」。砧公園での野外彫刻展の関連企画でもあり、夕暮れの公園から美術館に向かって、田中は踊った。

Column

ちなみに「開館記念フェスティバル」の他の出演者は、韓国の伝統芸能を現代に継承するサムルノリ、そしてパリを拠点に活動していたセネガルの音楽家ラミン・コンテなどだった。世田谷美術館は、西洋近代美術の主流とは異なるオルタナティヴな芸術表現に着目する企画展「芸術と素朴」とともにオープンしている。だから、門出を祝うのに日本を含むアジアやアフリカ由来の音と身体表現のパワーを借りるのはごく自然なことだった。ワールドミュージック全盛期という追い風もあった。

身体に関わる教育プログラムとしては、一九八七年から九〇年代末まで、若手劇作家・演出家を講師に小学生向けの演劇ワークショップ「ゲンキニエンゲキ」を実施している。最初の二年間は如月《きさらぎ》小春《こはる》が担当し、徹底して子ども自身の声をもとに演劇を作った。飛び抜けて先駆的な試みだった。如月が大野一雄の舞台に衝撃を受け、その衝撃を解きほぐせぬ謎として抱え続けた演出家だったことを書き添えてもよいだろう。

私が世田谷美術館に入ったのは二〇〇〇年、バブル経済はとうに崩壊し、「美術館冬の時代」と言われた頃である。それでもパフォーマンスや演劇ワークショップ用の予算は少しだけあったので、過去を継承しながら新たに始めたシリーズが二つあった。一つは、展示室を使う身体表現のワークショップ「誰もいない美術館で」（二〇〇四—二〇一三年）［❶］。当時、小学生向けの教育プログラムを主に担当していた私は、誰にも開かれているはずの美術館が、訪れる人の身体に見えない「圧」をかけていて、結果として排他的な場所になっていると感じていた。目だけでものを見よ、身体は消し

❶ワークショップ「誰もいない美術館で」。初回のゲストは笠井瑞丈（左端、2004年5月、撮影：世田谷美術館）

ておけ、という「圧」だ。そこで、如月に学んだ演出家・柏木《かしわぎ》陽《あきら》（NPO法人演劇百貨店代表）と組み、ダンサーなどをゲストに招き、一〇代の一般参加者とともに身体を使って展示作品と対話する、という場を開いた。国内のコンテンポラリーダンス・シーンの活況もあり、二〇〇四年の初回ゲストは笠井瑞丈《かさいみつたけ》。〈建築の黙示録〉シリーズなどで知られる写真家・宮本隆司の個展に合わせて彼を選んだ。笠井にとっては初のワークショップだったが、柏木の絶妙な進行で忘れ得ぬ時空が生まれた。夜の「誰もいない美術館で」、阪神淡路大震災の写真を背に全員で踊った。

　もう一つは、建築空間を活かしたパフォーマンスシリーズ「トランス／エントランス」（二〇〇五年―）［❷］。ダンサーが身体を通してエントランス・ホールという空間と対話しながら、新作を創造するというものだ。世田谷美術館を設計した内井昭蔵は「健康な建築」という理念で知られるが、当館の場合は公園と美術館とを人々が自在に行き来できるオープンさ、また館内外のどんな場所も美術だけでなく音楽、演劇、ダンスなどにも使えるオープンさがある。そのコンセプトを愚直に活かすこのシリーズ、二〇〇五年の初回には笠井瑞丈、その後は上村《うえむら》なおか、岩《いわ》渕貞太《ぶちていた》、鈴木ユキオなどが登場している。壮麗でありながら人間的な温もりもある空間に呼応する身体性を持つダンサーを選んでいたら、自然に舞踏をルーツの一つとする者たちが目立つようになったというべきか。気づけば二度三度と当館に迎えるようになったダンサーもいる。ゆっくりと成熟する多様な身体が空間と交わり、美術館に豊かな陰影がもたらされているのである。

❷パフォーマンスシリーズ「トランス／エントランス」。第15回の出演者は鈴木ユキオ（2017年3月、撮影：堀哲平）

舞踏「書」譜

各章の注などに示した参考文献に加え、舞踏に関心ある読者に有益と思われる文献ならびに映像資料等を、なるべく広範に一覧とした。ただし編者の目を逃れた資料はむろんのこと、掲載に及ばないと判断したものも少なくない。網羅的な一覧を標榜するものではないことを諒とされたい。

――書籍・論文・雑誌記事

・赤木知雅、池田瑞臣、大芝信、大野一雄、水田外史、津田史枝「江口隆哉を語る」『舞踊學』一七号、一九九五年、四〇頁。
・『アサヒグラフ』「生命宇宙を踊る「舞踏家・大野一雄87歳」」朝日新聞社、一九九四年三月号。
・蘆原英了『舞踊と身体』新宿書房、一九八六年。
・『アスベスト館通信　第六号』アスベスト館、一九八八年。
・尼ヶ崎彬『ダンス・クリティーク――舞踊の現在／舞踊の身体』勁草書房、二〇〇四年。
・天児牛大『重力との対話』岩波書店、二〇一五年。
・アルトー、アントナン『演劇とその分身』鈴木創士訳、河出文庫、二〇一九年。
・石井達朗『アウラを放つ闇――身体行為のスピリット・ジャーニー』ＰＡＲＣＯ出版、一九九三年。
・石井達朗『身体の臨界点』青弓社、二〇〇六年。
・礒崎純一『龍彦親王航海記――澁澤龍彦伝』白水社、二〇一九年。
・市川浩『〈身〉の構造――身体論を超えて』講談社学術文庫、一九九三年。
・市川雅『舞踊のコスモロジー』勁草書房、一九八三年。
・市川雅（著）、國吉和子（編）『見ることの距離――ダンスの軌跡 1962-1996』新書館、二〇〇〇年。
・稲田奈緒美『土方巽　絶後の身体』ＮＨＫ出版、二〇〇八年。
・巖谷國士『澁澤龍彥論コレクション』全Ⅴ巻、勉誠出版、二〇一七年―二〇一八年。
・宇野邦一『土方巽――衰弱体の思想』みすず書房、二〇一七年。
・『江古田文学』「特集　土方巽・舞踏」第一七号、江古田文学会、一九九〇年一月。

・榎本了壱『東京モンスターランド』晶文社、二〇〇八年。

・大野一雄『dessin』緑鯨社、一九九二年。

・大野一雄『増補版　大野一雄舞踏譜――御殿、空を飛ぶ。』思潮社、一九九八年。

・大野一雄（著）、大野一雄舞踏研究所（編）『大野一雄　稽古の言葉』フィルムアート社、一九九七年。

・大野一雄舞踏研究所（編）『大野一雄　百年の舞踏』フィルムアート社、二〇〇七年。

・大野一雄舞踏研究所（編）『大野一雄年代記　1906―2010』かんた、二〇一〇年。

・大野慶人、大野一雄舞踏研究所（編）『大野一雄　魂の糧』フィルムアート社、一九九九年。

・岡本章（編）『大野一雄・舞踏と生命――大野一雄国際シンポジウム2007』思潮社、二〇一二年。

・笠井叡『カラダと生命――超時代ダンス論』書肆山田、二〇一六年。

・笠井叡『金鱗の鰓を取り置く術』現代思潮新社、二〇一七年。

・唐十郎『特権的肉体論』白水社、一九九七年。

・川崎市岡本太郎美術館、慶應義塾大学アート・センター（編）『土方巽の舞踏　肉体のシュルレアリスム　身体のオントロジー』慶應義塾大学出版会、二〇〇四年。

・木村覚「「死者」とともに踊る――暗黒舞踏の方法における一局面」『死生学研究』五号、二〇〇五年、三三二―三四八頁。

・京都造形芸術大学舞台芸術研究（編）『土方巽　言葉と身体をめぐって』角川学芸出版、二〇一一年。

・國吉和子「暗黒舞踏登場前夜――大野一雄作品『老人と海』から見た1959年」『舞踊學』三一号、二〇〇八年、二二―三三頁。

・倉林靖『澁澤・三島・六〇年代』リブロポート、一九九六年。

・黒ダライ児『肉体のアナーキズム 1960年代・日本美術におけるパフォーマンスの地下水脈』grambooks、二〇一〇年。

・グロトフスキ、イェジュイ『実験演劇論――持たざる演劇めざして』大島勉訳、テアトロ、一九七一年。

・郡司正勝『おどりの美学』演劇出版社、一九五七年。

・郡司正勝『郡司正勝删定集　第三巻　幻容の道』白水社、一九九一年。

・『芸術新潮』「特集　世紀末に降臨する舞踏の〝魔人〟土

方巽」新潮社、一九九八年三月号。
・『現代演劇──60's~90's 別冊太陽』平凡社、一九九一年。
・『現代詩手帖』「特集 肉体と言語」思潮社、一九六九年一〇月号。
・『現代詩手帖』「特集 舞踏・身体空間としての言語」思潮社、一九七七年四月号。
・『現代詩手帖』「特集 舞踏・身体・言語」思潮社、一九八五年五月号。
・『現代詩手帖』「追悼特集 土方巽」思潮社、一九八六年三月号。
・『現代詩手帖』「特集 大野一雄と身体言語」思潮社、一九九二年六月号。
・『現代詩手帖特集版』「大野一雄 詩魂、空に舞う。」思潮社、二〇一一年七月。
・『現代舞踊』現代舞踊社、一九五四年二月号。
・コーカー、ケイトリン『暗黒舞踏の身体経験──アフェクトと生成の人類学』京都大学学術出版会、二〇一九年。
・ゴーチエ、テオフィル／マラルメ、ステファヌ／ヴァレリー・ポール『舞踊評論』渡辺守章編訳、井村実名子、松浦寿輝訳、新書館、一九九四年。
・小菅隼人「北に向かう身体をめぐって──舞踏家ビショップ山田に聞く」『慶應義塾大学日吉紀要』三二号、二〇一七年、二七─七八頁。
・古関すまこ『フランス舞踏日記 1977─2017』論創社、二〇一八年。
・小林嵯峨『うめの砂草──舞踏の言葉』アトリエサード、二〇〇五年。
・『シアターアーツ8 特集 ポストコロニアリズムと演劇』晩成書房、一九九七年七月。
・『ジェネティック・アーカイヴ・エンジン──デジタルの森で踊る土方巽』慶應義塾大学アート・センター、二〇〇〇年。
・志賀信夫『舞踏家は語る──身体表現のエッジ』青弓社、二〇一四年。
・澁澤龍彦『澁澤龍彦全集』全24巻、河出書房新社、一九九三─一九九五年。
・『新劇』「特集 舞踏 魂の柩」白水社、一九七七年八月号。
・鈴木晶(編)『バレエとダンスの歴史──欧米劇場舞踊史』平凡社、二〇一二年。
・鈴木忠志『演劇とは何か』岩波書店、一九八八年。
・『太陽』平凡社、一九九五年一一月号。

・武智鉄二、富岡多恵子『伝統芸術とは何なのか——批評と創造のための対話』学芸書林、一九八八年。
・種村季弘『土方巽の方へ——肉体の60年代』河出書房新社、二〇〇一年。
・種村季弘、鶴岡善久、元藤燁子『土方巽舞踏大鑑——かさぶたとキャラメル』悠思社、一九九三年
・『ダンス・ワーク28　特集　大野一雄・ナンシー演劇祭』ダンス・ワーク舎、一九八〇年一二月。
・塚本昌則、鈴木雅雄（編）『声と文学 拡張する身体の誘惑』平凡社、二〇一七年。
・富岡多恵子『行為と芸術　十三人の作家』美術出版社、一九七〇年。
・中村昇「土方巽試論」『人文研紀要』九二号、二〇一九年、二九七―三二〇頁。
・滑川五朗『エレメンタル・ボディワークス　ミクロコスモスとしての身体宇宙の自己発見』ブックハウス・エイチディ、二〇一五年。
・野口三千三『原初生命体としての人間』三笠書房、一九七二年。
・野口三千三『野口体操　からだに貞く』春秋社、二〇〇二年。
・乗越たかお『コンテンポラリー・ダンス徹底ガイドHYPER』作品社、二〇〇六年。
・パジェス、シルヴィアーヌ『欲望と誤解の舞踏——フランスが熱狂した日本のアヴァンギャルド』パトリック・ドゥヴォス監訳、北原まり子、宮川麻理子訳、慶応義塾大学出版会、二〇一七年。
・羽鳥操『野口体操　感覚こそ力』柏樹社、一九九七年。
・『〈バラ色ダンス〉のイコノロジー——土方巽を再構築する』慶應義塾大学アート・センター、二〇〇〇年。
・原田広美『舞踏大全』現代書館、二〇〇四年。
・土方巽『土方巽全集　新装版』全Ⅱ集、河出書房新社、二〇一六年。
・『美術手帖』「緊急特集＝著作権裁判をこえて」美術出版社、一九七三年二月号。
・『美術手帖』「特集　美術の土方巽　時間に描く肉体」美術出版社、一九八六年五月号。
・『Booklet 12 芸術のロケーション』慶応技術大学アート・センター、二〇〇四年。
・ブルトン、アンドレ『ナジャ』巖谷國士訳、岩波文庫、二〇〇三年。
・麿赤兒『完本　麿赤兒自伝——憂き世　戯れて候ふ』中

央公論新社、二〇一七年。
・三上賀代『増補改訂　器としての身體――土方巽・暗黒舞踏へのアプローチ』春風社、二〇一五年。
・三上賀代「野口体操の社会的影響――舞踏グループを中心に」『体育の科学』四八巻二号、一九九八年、一三四―一三八頁。
・三島由紀夫「現代の夢魔――「禁色」を踊る前衛舞踊団」『決定版　三島由紀夫全集』31巻、新潮社、二〇〇三年、二七二―二七四頁。
・三島由紀夫「推薦の辞」『決定版　三島由紀夫全集』31巻、新潮社、二〇〇三年、二七五―二七六頁。
・溝端俊夫、松岡大、呉宮百合香、本田舞、石山星亜良（編）『舞踏という何か』NPO法人ダンスアーカイヴ構想、二〇二〇年。
・宮川麻理子「動き／身体の哲学――大野一雄の舞踏における技法の革新性」『舞踊學』三八号、二〇一五年、三三―四二頁。
・武藤大祐「大野一雄の1980年――国際的な言説の運動とパフォーマンス」『群馬県立女子大学紀要』三三号、二〇一二年、八三―九四頁。
・室伏鴻『室伏鴻集成』河出書房新社、二〇一八年。
・元藤燁子『土方巽とともに』筑摩書房、一九九〇年。
・矢川澄子『おにいちゃん――回想の澁澤龍彦』筑摩書房、一九九五年。
・『夜想九号 暗黒舞踏 Dance Review 1920-80 JAPAN』ペヨトル工房、一九八三年。
・山田一平「ビショップ山田」『ダンサー』太田出版、一九九二年。
・山田せつ子、八角聡仁、森山直人（編）『土方巽――言葉と身体をめぐって』京都造形芸術大学舞台芸術研究センター、二〇一一年。
・『ユリイカ』「追悼　土方巽」青土社、一九八六年三月号。
・横尾忠則『横尾忠則全ポスター』国書刊行会、二〇一〇年。
・吉岡実『土方巽頌――「日記」と「引用」に依る』筑摩書房、一九九七年。
・吉増剛造『舞踏言語――ちいさな廃星、昔恒星が一つ来て、幽かに〝御晩です〟と語り初めて、消えた』論創社、二〇一八年。
・四方田犬彦『大野慶人の肖像　Portrait of Ono Yoshito』かんた、二〇一八年。
・ルペルティ、ボナヴェントゥーラ（編）『日本の舞台芸術における身体　死と性、人形と人工体』晃洋書房、二〇一九年。

・『レ・スペック』白水社、一九九二年八月号。

・若山美術館（編）、ダンスアーカイヴ構想（編）『これはダンスか？「大野一雄」は終わらない』若山美術館・かんた、二〇一九年。

・和栗由紀夫「舞踏とは何か」『「エコ・フィロソフィ」研究』一〇号、二〇一六年、一四三―一四四頁。

・渡辺保『身体は幻』幻戯書房、二〇一四年。

・ワルドベルグ、パトリック『シュルレアリスム』巖谷國士訳、河出文庫、一九九八年。

・Baird, Bruce. *Hijikata Tatsumi and Butoh: Dancing in a Pool of Gray Grits*. New York: Palgrave Macmillan, 2012.

・Baird, Bruce, Rosemary Candelario eds., *The Routledge Companion to Butoh Performance*, London: Routledge, 2018.

・Candelario, Rosemary. *Flowers Cracking Concrete: Eiko & Koma's Asian/American Choreographies*. Middletown, CT: Wesleyan University Press, 2016.

・Franko, Mark. *Dancing Modernism/Performing Politics*. Bloomington, IN: Indiana University Press, 1995.

・Horton Fraleigh, Sondra. *Dancing into Darkness: Butoh, Zen, and Japan*, Pittsburgh, PA: University of Pittsburgh Press, 1999.

・Klein, Susan Blakeley. *Ankoku Buto: The Premodern and Postmodern Influences on the Dance of Utter Darkness*. Ithaca, NY: Cornell University East Asia Program,1989.

・Laage, Joan Elizabeth. "Embodying the Spirit: The Significance of the Body in the Contemporary Japanese Dance Movement of Butoh." Ph.D. dissertation, Texas Woman's University, 1993.

・Morishita, Takashi. *Hijikata Tatsumi's Notional Butô: An Innovational Method for Butoh Creation*, Tokyo: Keio University Arts Center, 2015.

・Ohno, Kazuo, Yoshito Ohno. *Kazuo Ohno's World: From Without & Within*. Trans. John Barrett. Middletown, CT: Wesleyan University Press, 2004.

・Rothfuss, Joan ed. *Eiko & Koma: Time Is Not Even, Space Is Not Empty*. Minneapolis, MN: Walker Art Center, 2011.

・Sas, Miriam. *Experimental Arts in Postwar Japan: Moments of Encounter, Engagement, and Imagined Return*. Cambridge, MA: Harvard University Press, 2010.

・Schwellinger, Lucia. *Die Entstehung des Butoh: Voraussetzungen und Techniken der Bewegungsgestaltung bei Hijikata Tatsumi und*

Ono Kazuo, Munchen: Iudicium Verlag, 1998.

・Vangeline. *Butoh: Cradling Empty Space*. New York: New York Butoh Institute, 2020.

・Veneciano, Jorge D. ed. *A Processive Turn: The Video Aesthetics of Edin Velez*, Rutgers, NJ: Paul Robison Galleries, 2007.

・Viala, Jean, Nourit Masson-Sekine. *Butoh: Shades of Darkness*. Tokyo: Shufunotomo, 1988.

――写真・映像資料

・石井輝男（監督）「明治・大正・昭和　猟奇女犯罪史」DVD（東映、二〇〇五年）。

・石井輝男（監督）「怪談昇り竜」DVD（ハピネット、二〇一二年）。

・石井輝男（監督）「江戸川乱歩全集　恐怖奇形人間」DVD（東映、二〇一七年）。

・石井輝男（監督）「残酷異常虐待物語　元禄女系図」DVD（東映、二〇一七年）。

・大津幸四郎（監督）「大野一雄　ひとりごとのように」DVD（クエスト、二〇〇七年）。

・小川紳介（監督）「1000年刻みの日時計　牧野村物語＋京都鬼市場・千年シアター」DVD（ディメンション、二〇一六年）。

・「大野一雄　美と力」DVD（NHK、二〇〇二年）。

・「大野一雄　O, Kind God 親切な神様 & Venezia, settembre 1999 ベニス、1999年9月」DVD（かんた、二〇〇三年）。

・「大野一雄　ロングインタビュー　1993年4月30日、大野一雄86歳の言葉」DVD（かんた、二〇〇六年）。

・「大野一雄　御殿、空を飛ぶ。」DVD（クエスト、二〇〇七年）。

・「大野一雄　花×天空散華　いけばな作家・中川幸夫の挑戦」DVD（かんた、二〇一〇年）。

・「大野慶人 花と鳥 舞踏という生き方」DVD（かんた、二〇一六年）。

・大野慶人（監）、クレオ（編）『秘する肉体――大野一雄の世界』かんた、二〇〇六年。

・神山貞次郎『I Love BUTOH! ――神山貞次郎写真集』現代書館、二〇一五年。

・クライン、ウィリアム／FLIMS PARIS NEW YORK／ダンスアーカイヴ構想（編）『ダンス・ハプニング 1961年6月』かんた、二〇二一年。

・「山海塾　UNETSU／卵熱　卵を立てることから」DVD（IO factory、二〇〇六年）。

・篠田正浩（監督）「卑弥呼」ＤＶＤ（キングレコード、二〇二〇年）。
・シュミット、ダニエル／長野千秋（監督）「KAZUO OHNO & O氏の肖像」ＤＶＤ（かんた、二〇〇四年）。
・中谷忠雄『土方巽の舞踏世界――中谷忠雄写真集』メディアプロダクション、二〇〇三年。
・「夏の嵐　土方巽」ＤＶＤ（ダゲレオ出版、二〇〇四年）。
・羽永光利『舞踏――肉体のシュールレアリストたち　羽永光利写真集』現代書館、一九八三年。
・細江英公『胡蝶の夢　細江英公人間写真集　舞踏家・大野一雄』青幻舎、二〇〇六年。
・細江英公『鎌鼬（普及版）』青幻舎、二〇〇九年。
・細江英公『土方巽 DANCE EXPERIENCE の会　1、2復刻版』Akio Nagasawa Publishing、二〇一二年。
・森下隆『写真集　土方巽――肉体の舞踏誌』勉誠出版、二〇一四年。
・リチー、ドナルド（監督）「ドナルド・リチー作品集」ＤＶＤ（ダゲレオ出版、二〇〇四年）
・和栗由紀夫「舞踏花伝」ＣＤ―ＲＯＭ版（ジャストシステム、一九九八年）、ＤＶＤ―ＲＯＭ版（ヌーサイト、二〇〇六年）。
・Hoffman, Ethan, Mark Holborn eds. *Butoh: Dance of the Dark Soul*. New York, NY: Aperture Publications, 1987.
・Mishima, Yukio. *The Death of a Man / Otoko no Shi*. New York, NY: Rizzoli, 2020.

――電子資料

・ダンスアーカイヴ構想「ダンスアーカイヴ」 https://dance-archive.net
・和栗由紀夫「舞踏花伝」ｗｅｂ版 https://butoh-kaden.com

舞踏「年」譜

年月日	事項
1900	川上音二郎《かわかみおとじろう》・貞奴《さだやっこ》、パリ万博で公演し、日本舞踊を披露。後援はロイ・フラー。同年はイサドラ・ダンカンが欧州で認められた年でもある。
1904／11	坪内逍遥《つぼうちしょうよう》『新楽劇論』（早稲田大学出版部）刊行。日本演劇の改良を論じたこの書から、「舞踊」の語が広まる。
1906	高木徳子《たかぎとくこ》、夫の陳平と渡米。二人は芸人となり、徳子はダンスを身につける。第一次大戦の勃発を受けて帰国、トウ・シューズで踊った最初の日本人として舞台に立ち、浅草オペラの火付け役となった。
1906／10／27	大野一雄《おおのかずお》、北海道函館の弁天町《べんてんちょう》で誕生。家業が北洋漁業の網元であったこともあり、西洋文化が身近にあるモダンな環境で育つ。
1908／12	帝国劇場竣工。帰国後の川上音二郎・貞奴が創設した「帝国女優養成所」を吸収し、指導者としてミス・ミクスを雇用。
1909／5	後にバレエ・リュスとなるディアギレフ・バレエ団、パリで公演。
1911／3／1－2	帝国劇場開場。柿落とし公演は《西洋舞踏 フラワーダンス》ほか。初期の公演の多くは「西洋舞踏」の語を冠した。演目はすぐに歌劇などにも広がってゆく。
1913	マリー・ヴィグマン、ルドルフ・フォン・ラバンに弟子入り。自作《魔女の踊り》で才能を認められる。
1914	〈宝塚少女歌劇第一回公演〉（パラダイス劇場）。
1916／6／2－4	帝国劇場の洋劇部解散と、振付に携わっていたイタリア人ローシーの解雇を受けて、〈新劇場第1回公演〉が開催。「新劇場」は山田耕筰、小山内薫《おさないかおる》が立ち上げた移動劇団。演目《舞踊詩 日記の一頁》では帝国劇場の管弦楽部出身で俳優経験もある石井漠《いしいばく》が舞台に立った。これが日本人による最初の創作舞踊とされる（この演目は後に《法悦》と改題）。

1916／10	石井漠、宝塚少女歌劇養成会の舞踊教師に。
1916／10	ローシー、赤坂見附に歌劇場ローヤル館を開館。当初は日本語に翻訳したオペレッタなどを上演したが、やがてイタリア語による本格的なオペラ興行を行うようになる。
1917／9／30	バレエ・リュスの花形として一世を風靡したヴァーツラフ・ニジンスキー、モンテビデオで公式には最後となる舞台を踏む。
1917／10	川上貞奴、女優を引退。演目は《アイーダ》。
1918／2	ローヤル館、経営ふるわず解散。ローシーは翌月日本を離れる。
1919	宝塚音楽劇学校設立。宝塚少女歌劇団も発足し、現在まで続く体制が整う。
1919	バレリーナのエリアナ・パヴロバ、ロシア革命から逃れてハルピン、上海経由で来日。神戸で公演を行ったのち横浜に移住し、江川幸一、藤田繁など後進を育てた。晩年には帰化し、霧島《きりしま》エリ子を名乗った。
1922／7	山田《やまだ》耕筰《こうさく》『近代舞踊の烽火』（アルス）刊行。
1922／9／3	ローヤル館の舞台に立っていた高田《たかた》雅夫《まさお》と妻の原せい子、欧米巡演に出発。
1922／11／4	石井漠、義妹の石井《いしい》小浪《こなみ》と渡欧。北米にもまわり各地で公演する。
1923／1	イサドラ・ダンカン、最後のアメリカ公演を行う。
1924／9	高田雅夫と原せい子が帰国。11月に演技座で帰朝公演を行う。
1925／4／3	石井漠と石井小浪、帰国。同月には築地小劇場で帰朝公演。
1925／9	モダンダンスの先駆者といわれるルース・セント・デニスと、その夫テッド・ショーンが主宰する「デニショーン舞踊団」が来日、各地を巡業する。
1925／12／26	〈河上《かわかみ》鈴子《すずこ》舞踏会〉（帝国ホテル演劇場）。河上は幼くして上海にわたりバレエとスペイン舞踊を身につけ、すでに世界各地で舞台に立っている。のちに日本に拠点を移し、指導的役割を果たす。

1926／5　能楽を学んでいた山田五郎、西洋舞踊を修めるため欧米に出発。菊池寛、芥川龍之介、久米正雄、里見弴、土方与志、小山内薫らの支援を受けた。アメリカでは早川雪洲《はやかわせっしゅう》や三浦環《みうらたまき》と共演し、パリでは藤田嗣治の仲介で、オデオン座で上演された岡本綺堂《おかもときどう》の『修善寺物語』に出演した。

1927／4　石井漠『舞踊の本質と其創作法』（人文会出版部）刊行。

1927／12／17　舞踊芸術協会主催〈第1回近代舞踊総合大会〉開催（時事講堂）。出演＝執行正俊《しぎょうまさとし》、与世山彦士ほか。

1928／3／9　土方巽《ひじかたたつみ》、誕生。秋田県南秋田郡旭川村《あさひかわむら》泉（現・秋田市）にて。本名、米山九日生《よねやまくにお》。一一人兄弟の一〇人目。

1928／10／1－25　〈ルース・ページ舞踊団公演〉（帝国劇場）。ルース・ページはアメリカ出身のバレエ・ダンサー、振付家。四〇年以上にわたりダンスと創作を続け、業界の重鎮となる。

1928／10／27　〈山田五郎帰国披露舞踊公演〉（日本青年館）。以来、東西の舞踊を融合させた山田のパフォーマンスは「能ダンス」、「モダン能」などと呼ばれるようになる。

1929／1／26－30　〈ラ・アルヘンティーナ　スペイン舞踊公演〉（帝国劇場）。ラ・アルヘンティーナことアントニア・メルセ・イ・ルケはブエノスアイレス生まれのスペイン人ダンサー。クラシック・バレエの素養のうえにスペインの伝統舞踊を重ね、革新的な新古典様式を確立。なお、大野一雄もこの公演を観ている。

1929／8／31　〈故高田雅夫追悼舞踊祭〉（日比谷音楽堂）。出演＝原せい子、石井漠、エリアナ・パヴロバほか。なお、原せい子は同年11月より、夫を記念して高田姓で活動するようになる。

1929／9／20　〈石井小浪第1回自作新舞踊発表会〉（日本青年館）。

1930／10／8　〈山田耕筰楽壇生活25年祝典演奏会舞踊の夕〉（日比谷公会堂）。《明暗（後の明闇）》、出演・石井漠一門。《芥子粒夫人》、出演・高田せい子一門。ほかに藤蔭静枝《ふじかげしずえ》、花柳珠実《はなやぎたまみ》も出演。

1931／4／21　〈伊藤道郎《いとうみちお》舞踊団帰朝第1回公演〉（東京朝日講堂）。伊藤道郎は1911年、帝国劇場のオペラ歌手としてデビューし、三浦環らと共演したが同年留学、フランス・ドイツ・イギリス・アメリカを転々とし、スタジオ経営やミュージカルの振付を行った。完全に帰国するのは第二次大戦後である。

1931／12　高田雅夫・原せい子の舞踊研究所で学んだ江口隆哉《えぐちたかや》と、前月にその妻となった宮操子《みやみさこ》が渡米、海外修行を始める。ドイツではヴィグマンに師事しノイエ・タンツを学んだ。

1932／1／26−31　〈テレジーナ・ボロナート舞踊公演〉（東京劇場）。初めて本格的に日本にフラメンコが紹介される。ギター奏者はカルロス・モントーヤ。ボロナートには河上鈴子も学んだほか、バレエの友井唯起子も、この公演に感化されスペイン舞踊に関心を持ったという。

1933／1／1　雑誌『舞踊評論』（舞踊評論社）創刊。発行人は西川忠弘。

1934／3／24　〈江口隆哉・宮操子帰朝第1回舞踊会〉（朝日講堂）。帰国後の江口夫妻は「江口・宮舞踊研究所」を設立、モダンダンスの紹介と教育に尽力。

1934／3／29　〈ボーデンヴィーゼル・ウィーン芸術舞踊団公演〉（帝国劇場）。ゲルトルート・ボーデンヴィーゼルはオーストリアのダンサー。ユダヤ系の裕福な家庭に生まれ、クラシック・バレエを学んだのち、イサドラ・ダンカンやルース・セント・デニスなどに触発され表現主義舞踊の地平を開拓した。公演は4月25日まで。

1934／4／26　〈ハラルド・クロイツベルク、ルース・ページ舞踊公演〉（東京劇場、軍人会館）。ハラルド・クロイツベルクはボヘミア地方出身のドイツの舞踊家で、ヴィグマンに師事した。スキンヘッドに中性的な衣装や化粧をまとい、独特の存在感を放った。公演は5月14日まで。

1934／9　舞踊家倶楽部発足。メンバーに石井漠、高田せい子、河上鈴子、江口隆哉、宮操子、花柳寿美《はなやぎすみ》、吾妻春枝《あづまはるえ》、藤蔭静枝など。

1934／9／23−29　〈サカロフ夫妻舞踊公演〉（日比谷公会堂）。アレクサンドル・サカロフはロシア出身のダンサー・振付家で、妻でドイツ出身のクロティルデ・フォン・デルプと共に舞台に立った。アレクサンドルは画家を目指していた時代に女装でモデルを務めたこともあり、舞踊に転向してからも中性的な表現を好んだ。夫婦が舞台に立つ様子は、両性具有者のつがいと評された。公演は関西にも巡業。

1934／12／13　〈ラム・ゴパール公演〉（明治生命ホール）。ゴパールはインドの伝統舞踊にバレエなどを取り込んだ創作ダンスで世界中をまわり、インド舞踊を西洋に知らしめた。

1944／6／15−18　〈上海バレエ・リュス公演〉（ライセウム劇場）。《ペトルーシュカ》で小牧正英《こまきまさひで》が主役を踊る。小牧はハルピンのバレエ学校を経て上海バレエ・リュスに入団。

1946／3　土方巽、秋田県立秋田工業学校本科電気科卒業。秋田製鋼に勤務の傍ら、秋田市内でモダンダンスを学ぶ。

1949／11／27　〈大野一雄現代舞踊第1回公演〉（共立講堂）。《花と椅子》《七つの雷電の歌より》《エルンスト家の塑像》ほか、出演＝大野一雄、小林信次ほか。観客の一人であった土方巽、衝撃を受ける。

1952　元藤燁子《もとふじあきこ》、目黒の私立ハンセン病療養所「慰廃園」の跡地に、津田・元藤近代舞踊研究所を設立。のちのアスベスト館である。

1953　土方巽、安藤三子《あんどうみつこ》（のち哲子）舞踊研究所に入門。テレビ放送開始に合わせて、ダンス・ショーにも出演。

1954／9／13　〈安藤三子ダンシング・ヒールズ特別公演〉（日比谷公会堂）。土方巽、「土方九日生」名義で出演。舞踏家としての事実上のデビュー。演目《鴉《からす》》では大野一雄と共演。

1955／12／17－27　マルセル・マルソー来日公演（東京産経会館ほか）。

1958／5／24　〈全日本芸術舞踊協会・第6回新人舞踊公演〉（第一生命ホール）。《禁色《きんじき》》、演出・出演＝土方巽。共演＝大野《おおの》慶人《よしと》。

1958／12／9－11　〈劇団人間座・現代舞台芸術協会提携公演〉（俳優座劇場）。出演＝大野一雄、ヨネヤマ・ママコ、土方巽。「土方巽」の芸名、この頃までに定着する。

1959／8　土方巽と元藤燁子が、鎌倉の澁澤龍彦《しぶさわたつひこ》を訪問か。これを機に両者の交友が始まる。

1959／11　郡司正勝《ぐんじまさかつ》『おどりの美学』（演劇出版社）刊行。

1960／7／23－24　〈土方巽 DANCE EXPERIENCE の会〉（第一生命ホール）。土方巽、澁澤龍彦、三島由紀夫の三人が初めて一堂に会する。

1960／10／2　土方巽、650 EXPERIENCE の会〈第二回六人のアバンギャルド〉（第一生命ホール）に参加。共演、大野慶人。

1961／9／3　〈土方巽 DANCE EXPERIENCE の会〉（第一生命ホール）。初めて「暗黒舞踊派」を名乗る。

1962／6／10　〈レダの会発足第一回公演〉（アスベスト・ホール）。アスベスト館の柿落とし。《レダ三態》、作＝土方巽、主演＝元藤燁子。台本は澁澤龍彦の当時の妻、矢川澄子《やがわすみこ》。

1962／10　正式に「アスベスト館」と改称した土方巽の稽古場に、音楽家のジョン・ケージ、デヴィッド・チュードアが来訪。

1963／11／5	〈土方巽 DANCE EXPERIENCE の会〉（草月会館ホール）。《あんま――愛欲を支える劇場の話》、演出・出演＝土方巽、共演＝大野一雄、大野慶人ほか。「暗黒舞踊派結成八周年記念」と称し、池田満寿夫《いけだますお》の銅版画を配した豆本詩画集『あんま』をプログラムとする。
1965／9	土方巽、写真家の細江英公《ほそええいこう》と秋田へ。羽後町田代《うごまちたしろ》などで行った撮影が、のちに『鎌鼬《かまいたち》』に結晶する。この旅は土方のいわゆる「東北回帰」のきっかけとなる。
1965／11／27－28	ガルメラ商会謹製〈暗黒舞踊派提携記念公演〉（千日谷会堂《せんにちだにかいどう》）。《バラ色ダンス―― A LA MAISON DE M. CIVEÇAWA（澁澤さん家の方へ）》、演出・振付・出演＝土方巽、共演＝大野一雄、大野慶人、石井満隆《いしいみつたか》、笠《かさ》井《い》叡《あきら》、玉野黄市《たまのこういち》ほか。美術は中西夏之《なかにしなつゆき》、加納光於《かのうみつお》、赤瀬川原平《あかせがわげんぺい》。ポスター制作は横尾忠則《よこおただのり》。加納による食べられるプログラム「砂糖菓子」が配布される。
1966／7／16－18	〈暗黒舞踏派解散公演〉（紀伊國屋ホール）。《性愛恩懲学指南図絵――トマト》、演出・振付・出演＝土方巽、共演＝大野一雄、大野慶人、石井満隆、笠井叡ほか。案内状・ポスター制作は野中《のなか》ユリ。この公演が「舞踏」を自称した最初であるとされる。
1967／7／3	ガルメラ商会謹製〈高井富子舞踏公演〉（紀伊國屋ホール）。《形而情學《けいじじょうがく》》、演出・出演＝土方巽、共演＝大野一雄、石井満隆、笠井叡ほか。美術は中西夏之、清水晃《しみずあきら》、谷川晃一《たにかわこういち》。ポスター制作は藤原佳尾。加藤郁乎《かとういくや》の詩集『形而情學』を下敷きとする作品。この頃から実験的な性格が弱まる。土方、髪を伸ばすようになる。
1967／8	中嶋夏《なかじまなつ》第1回舞踏公演〈女達――金競輪・銀競輪〉（銀座・ガスホール）。演出・振付＝土方巽。
1967／8／28	ガルメラ商会謹製〈石井満隆 DANCE EXPERIENCE の会〉（第一生命ホール）。《舞踏ジュネ》、演出・振付・出演＝土方巽、共演＝大野一雄、玉野黄市ほか。美術は中西夏之、谷川晃一。
1967／10／30	〈笠井叡独舞公演〝舞踏への招宴〟〉（第一生命ホール）。
1968	中嶋夏、霧笛舎《むてきしゃ》を結成。
1968／3／19－31	細江英公写真展「とてつもなく悲劇的な喜劇――日本の舞踏家・天才〈土方巽〉主演写真劇場」（銀座・ニコンサロン）。翌年、これをまとめたものが写真集『鎌鼬』として刊行。

1968／5　種村季弘《たねむらすえひろ》、評論「暗黒の舞踏家・土方巽の狂気」を『美術手帖』6月号に発表。細江英公写真展を取り上げたもの。土方の公演名ともなった象徴的な「肉体の叛乱」という句は、この文章が出典である。

1968／6／13　〈石井満隆舞踏公演〉（銀座ガスホール）。《おじゅね抄》、出演＝石井満隆、土方巽、大野一雄ほか、美術＝中西夏之。

1968／8／3　〈芦川羊子第1回リサイタル〉（草月ホール）《D53264機にのる友達ビオレット・ノジェイルの方へ　つねに遠のいていく風景　PACIFIC231機にのる舞踏嬢羊子》、演出・振付＝土方巽。

1968／9／28　〈高井富子舞踏公演〉（第一生命ホール）。《まんだら屋敷》、演出・振付・出演＝土方巽、共演＝高井富子、大野一雄、美術＝清水晃。

1968／10／9–10　〈土方巽舞踏公演〉（日本青年館）。《土方巽と日本人――肉体の叛乱》演出・振付・出演＝土方巽。美術は中西夏之、ポスター制作は横尾忠則。完全なソロ作品であり、土方の代表作の一つとなる。なおこの年、土方は元藤燁子と結婚、法的には元藤姓となる。アスベスト館には芦川羊子《あしかわようこ》など若い世代の弟子が寄宿生活を送るようになっていた。

1968／11　〈土方巽と日本人――肉体の叛乱〉を受けて『版画集あんま　壱阡九百六拾八年　土方巽舞踏展』刊行。池田満寿夫、加藤郁乎、加納光於、澁澤龍彦、瀧口修造などが寄稿した限定50部の豪華大型本。

1969／10　〈石井満隆ダンスエクスペリエンス〉（球体劇場）。《舞踏市》。

1969／11　細江英公撮影になる土方巽写真集『鎌鼬』刊行（現代思潮社）。後期の土方舞踏における「東北回帰」が決定づけられる。また同年には石井輝男《いしいてるお》監督作品など映画への出演も相次いだことから、この年には土方の視覚的なイメージが急激に拡散されたと言えよう。

1969／11／15　〈大野慶人暗黒舞踏公演〉（東京厚生年金会館小ホール）。構成＝土方巽。

1970／8　〈暗黒舞踏派　カシアス・ニジスキー公演〉（新宿アート・ビレッジ）。《唖の種子》、構成・演出・振付＝土方巽、出演＝弾充（玉野黄市）。公演は9月まで。

1970／8／28　池袋の西武百貨店にて「土方巽燔犠大踏鑑《はんぎだいとうかん》展」開催（9月1日まで）。高橋睦郎《たかはしむつお》が提案し、三島由紀夫が揮毫した「燔犠大踏鑑」の句は、これを機に土方舞踏の基本命題となる。

1970／10　〈土方巽燔犠大踏鑑・第一回京都公演〉（京都大学西部講堂）。土方にとって数少ない東京以外での公演となる。

1970／11／25　三島由紀夫、市ヶ谷の自衛隊駐屯地にて割腹自殺。土方巽と元藤燁子は27日、澁澤龍彦とともに三島邸を弔問。

1971　笠井叡、天使館を結成。

1971／4　武内靖彦《たけうちやすひこ》〈単獨処女舞踏会〉（高円寺会館）。

1972／4／22　〈暗黒舞踏幻獣社　新宿公演復活版〉（新宿アート・ビレッジ）。《羊羹》、作・演出・振付＝土方巽。

1972／7／15　〈中嶋夏舞踏会〉（赤坂公会堂）。

1972／9／8–11　〈大駱駝艦《だいらくだかん》天賦典式《てんぶてんしき》　旗揚げ公演〉（牛込公会堂）。《DANCE桃杏マシン超絶技巧艶舞曲第一番イ単調『バベル』》。
その後南山大学グランド（11月3日—4日）、京大西部講堂（11月7日—11日）に巡演。

1972／9／14　〈哈爾賓《はるびん》派結成記念公演〉（東京厚生年金会館）。《長須鯨《ながすくじら》》、出演＝玉野黄市、芦川羊子、小林嵯峨《こばやしさが》ほか。

1972／10／25　〈燔犠大踏鑑第一次暗黒舞踏派結束記念公演・四季のための二十七晩〉（アートシアター新宿文化）。11月20日までの公演期間に、《疱瘡譚《ほうそうたん》》《すさめ玉》《碍子考》《なだれ飴》《ギバサン》を上演。作・演出・振付＝土方巽。出演＝土方巽、芦川羊子、小林嵯峨、仁村桃子《にむらももこ》、和栗由紀夫《わぐりゆきお》ほか。「東北歌舞伎」を自称し、東北回帰以後の到達点となる。観客動員数は８５００人以上。

1973／6／27–29　〈池部篤治《いけべとくじ》舞踏公演〉（目黒区民センター）。《さなずら》。

1973／6／29–30　〈土方巽燔犠大踏鑑・第三回京都公演〉（京都大学西部講堂）。《疱瘡譚》《夏の嵐》、演出・振付・出演＝土方巽。土方自身が東京以外で舞台に立ったのはこれが唯一である。

1973／9／2–16　〈燔犠大踏鑑［踊り子フーピーと西武劇場のための十五日間］〉（西武劇場）。《静かな家 前篇・後篇》作・演出・振付・出演＝土方巽。土方が自作に出演した最後の公演。

1973／8／18　〈大森政秀《おおもりまさひで》舞踏会〉（赤坂国際芸術センター）。《第四の封印　一杯の水ではなく、砂漠の渇きにこそ全てがある》。

1973／10／3–5　〈大駱駝艦・天賦典式〉（日本青年館）。《陽物神譚《ようぶつしんたん》》、演出＝麿赤兒《まろあかじ》。特別出演＝土方巽。これが土方の最後の舞台出演である。

1974／1　カルロッタ池田、アリアドーネの会を結成。

1974／2／14－15　〈畑中稔舞踏公演「Alienation II」〉（国際芸術家センター）。

1974／3／28　〈小早川輝夫《こばやかわてるお》舞踏廟〉（日本青年館）。《発条期》。

1974／6／4－9　〈白桃房《はくとうぼう》舞踏公演〉（新宿アート・ビレッジ）。出演＝芦川羊子、小林嵯峨、仁村桃子、和栗由紀夫ほか。白桃房は芦川羊子を中心に発足したもので、土方巽は《白桃図》を作・演出・振付、以降制作にまわった。

1974／10／20－30　〈シアター・アスベスト館落成記念・白桃房舞踏公演〉（アスベスト館）。改装を経てアスベスト館が劇場としても利用できるようになり、以来、白桃房の本拠となる。

1975　田村哲郎《たむらてつろう》と古川《ふるかわ》あんず、ダンス・ラヴ・マシーンを結成。

1975／1／28－29　〈岩切久美子舞踏会〉（赤坂公会堂）。《阿麻弥姑賛歌》、出演＝岩切久美子・笠井叡。

1975／2／7　〈主祇田丈作《すぎたじゅさく》舞踏会〉（朝日生命ホール）。《ヒュアキントス祭》。

1975／2／15－16　〈上杉貢代《うえすぎみつよ》舞踏会〉（赤坂国際芸術家センター）。《紅蓮夜曲》。

1975／3／18－20　〈舞踏団素戔　結び固め公演〉（目黒公会堂）。《黄泉比良坂《よもつひらさか》》、出演＝笠井叡、杉田丈作（主祇田丈作）、山田せつ子ほか。

1975／4／25　〈福原哲星《ふくはらてっせい》舞踏会〉（朝日生命ホール）。《虚空の霊霧》、出演＝福原哲星、岩切久美子ほか

1975／5／8－9　〈大竹宥熙舞踏会〉（荻窪・観音ホール）。《響園》、出演＝大竹美代子。

1975／7／3－6　〈アリアドーネの会結成記念公演〉（四谷公会堂）。《牝火山《めすかざん》》、振付＝麿赤兒、出演＝カルロッタ池田、ミゼール花岡、室伏鴻《むろぶしこう》、天児牛大《あまがつうしお》、ビショップ山田ほか。

1975／8／1－3　〈神領国《かみりようくにし》資舞踏公演〉（小金井市公会堂）。〈布都御魂剣《ふつみたまのつるぎ》〉。

1975／10／10－12　〈北方舞踏派結成記念〉（山形県鶴岡市グラン・カメリオ）。《塩首》、出演＝ビショップ山田、天児牛大、芦川羊子、玉野黄市、小島一郎、雪雄子《ゆきゆうこ》、熊谷日和ほか。

1975／11　土方巽、ラジオドラマ「湧然の柵」に主演。同作は棟方志功の同名の版画に霊感を得た川崎洋《かわさきひろし》が脚本を担当したもので、放送文化賞を受賞している。

1975／11　天児牛大、大駱駝艦から独立、山海塾《さんかいじゅく》を創立。

1976　エイコ＆コマ、《White Dance》で米国デビュー（Japan Society）。

1976／1／24–28　〈舞踏社 VAV 公演〉（VAV スタジオ）。《獣道》、出演＝三浦一壮《みうらいっそう》、徳田ガンほか。

1976／2　土方巽『犬の静脈に嫉妬することから』（鶴岡善久《つるおかよしひさ》編、「叢書溶ける魚　No.4」、湯川書房）、刊行。

1976／7／30　〈舞踏派背火《せび》結成記念公演〉（福井県五太子《ごたいし》町、舞踏伽藍北龍峡《がらんほくりゅうきょう》）。《虚無僧》、出演＝室伏鴻、麿赤兒、カルロッタ・池田、ビショップ山田、天児牛大ほか（8月1日まで）。

1976／10／28　〈山本萌《やまもともえ》金沢舞踏館設立記念公演・暗黒舞踏派結成二〇周年記念連続公演・アスベスト館十月公演・燔犠大踏鑑〉（アスベスト館）。《作品 No.15「正面の衣裳　少年と少女のための闇の手本」》、作・演出・振付＝土方巽。出演＝山本萌ほか（11月3日まで）。

1976／11／17–20　〈アリアドーネの会舞踏公演〉（四谷公会堂）。《牝火山・その2》、《空の青》など。振付＝麿赤兒、室伏鴻、天児牛大、田村哲郎。出演＝カルロッタ池田、ミゼール花岡ほか。

1976／11／25–28　〈太陽神館舞踏公演〉（太陽神館）。《狂宴・さんらいず・すぺしゃる・だんしんぐ》。出演＝島田帝欧、土屋大陸。

1976／12／1–15　〈暗黒舞踏派結成二十周年記念連続公演・アスベスト館封印記念十二月公演・燔犠大踏鑑〉（アスベスト館）。これを以て白桃房の連続公演は停止。近隣からの苦情が相次いだうえ、劇場としても無認可であり、都条例などへの違反が指摘されたもの。

1977　山海塾旗揚げ公演〈アマガツ頌〉。

1977　大須賀勇《おおすがいさむ》、大駱駝艦より独立、東方夜總會を結成。

1977／1　笠井叡『聖霊舞踏』（現代思潮社）、刊行。

1977／7／8–9　〈彗星倶楽部舞踏公演〉（池袋シアターグリーン）。《境界線午前3時》。出演＝小林嵯峨ほか。

1977／7／19　〈奥村皎子第一回舞踏公演〉（厚生年金会館小ホール）。《菫色の黄昏に さざめく幻魚》。

1977／7／27　〈小林嵯峨舞踏公演〉（渋谷エピキュラス）。《にがい光》。演出・振付＝土方巽。出演＝小林嵯峨ほか。

1977／11／1–2　〈大野一雄舞踏公演〉（第一生命ホール）。《ラ・アルヘンチーナ頌》、演出＝土方巽。大野の活動の分岐点となる公演。

1977/8/26–28
〈金沢舞踏館・館びらき記念公演〉（金沢舞踏館）。《埃をあびた蛍のような男》、構成＝土方巽。出演＝山本萌、仁村桃子ほか。

1977/9/12
〈山田せつ子第一回舞踏会〉（青山タワーホール）。《ライラック・ガーデン》。

1977/10/4
〈聖霊舞踏会〉（中野公会堂）。《既婚者》、《天の百合舟》、振付＝福原哲星。《マダム・エドワルダ》、振付＝堀内博子。《ヤハ・スサの兵士の方へ》、振付＝神領国資。

1978/1
アリアドーネの会と舞踏派背火《最後の楽園――彼方への門》（パリ、ヌーボー・カレ劇場）。演出・出演＝室伏鴻、カルロッタ池田、ミゼール花岡。公演は一月続き、ロングランの申し出もあったものの、予定が合わず帰国したという。これがヨーロッパにて認知された初の舞踏公演となる。

1978/8/6–8
〈田山明子舞踏公演〉（美学校）。〈Sophia〉。

1978/10
パリ市のフェスティバル・ドートンヌの一環として〈間展《まてん》〉（ルーヴル装飾美術館）開催。《闇の舞姫十二態　ルーブル宮のための十四晩》、出演＝芦川羊子、演出＝土方巽。暗黒舞踏にとって初の海外公演となる。

1978/10/23–25
〈仁科桃子舞踏公演・アスベスト館松代分室設置記念〉（三百人劇場）。《燔犠大踏鑑作品 No.17「最初の花」》、演出・振付＝土方巽。出演＝仁村桃子、山本萌。

1978/10/27–29
〈和栗由紀夫舞踏公演・好善社《こうぜんしゃ》回想記念公演〉（三百人劇場）。《楼閣に翼》、演出・振付＝土方巽、出演＝和栗由紀夫、山本萌ほか。

1978/11/4
〈堀内博子舞踏公演〉（早稲田奉仕園講堂）。《エンゲルタンツI》。

1979/1
〈田中泯《たなかみん》ハイパーダンス・ドライブ〉（新宿柏ホール）。

1979/6/15–17
〈池澤典子舞踏公演〉（阿佐ヶ谷アルスノーヴァ）。《HIEROSGAMOS の伝説》。

1979/7
〈北龍峡《ほくりゅうきょう》舞踏公演〉（福井・北龍峡）。《常闇形《ひながた》 III　聖カバレー侯爵、あるいは彼岸へと打ちつづく痙攣》。出演＝室伏鴻ほか。

1979/9
田中泯著、松岡正剛《まつおかせいごう》述『身体・気象・言語　言語身体の微速度・超速度に遊星的郷愁を求めて』（工作舎）刊行。

1979／9／20–24　〈大駱駝艦豊玉伽藍落成記念公演〉（大駱駝艦豊玉伽藍）。《貧棒な人》、振付・演出＝麿赤兒、出演＝大駱駝艦、北方舞踏派、山海塾、舞踏派背火、アリアドーネの会、東方夜總會、ダンスラヴマシーン。

1979／10／20　〈原田伸雄《はらだのぶお》舞踏の儀〉（早稲田銅羅魔館）。《璽鏡剣　壱の真霊》。

1979／12／18–22　〈大門四郎《だいもんしろう》舞踏無〉（池袋バモス青芸館）。《色・受・想・行・誠》、構成・出演＝大門四郎、衣装＝ワダエミ。

1980／5／10　東方夜總會、白虎社と改称。旗揚げ公演〈秘鳴の森〉（立命館大学以学館第一ホール）。

1980／5／16　大野一雄、舞踏団と共にナンシー国際演劇祭に招待され、オープニングで踊る。ストラスブール、ロンドン、シュトゥットガルト、パリ、ストックホルムを巡演し、6月17日に帰国。同演劇祭には山海塾も出演、《金柑少年》を上演。

1980／6　〈北方舞踏派　新伽藍「魚藍館」完成記念　魚藍館提携公演〉（小樽・魚藍館）。《余がむざねに零りし銀鈴　銀肺舞踏学》、出演＝麿赤兒、ビショップ山田、鈴蘭党ほか。

1981／1／23–25　〈大野一雄舞踏公演〉（第一生命ホール）。《わたしのお母さん》演出＝土方巽。

1981／3／18　〈岩城久代舞踏公演〉（草月ホール）。《顕現》、演出・吉本大輔《よしもとだいすけ》。出演・岩城久代、武内靖彦。

1981／4／17　〈古川あんず連続舞踏会〉（豊玉伽藍）。《眼下の敵 入野先生の思い出》、《ペケスカボイン》《女唐沓》《野干ばねそ》、出演＝古川あんずほか、総監督＝田村哲郎。翌月まで不定期公演。

1981／6／23　〈山崎広太舞踏公演〉（目黒区民センター）。《月の好意ある沈黙によりて》、作・出演＝山崎広太《やまざきこうた》。

1982　山海塾、パリ市立劇場との共同プロデュースを開始。

1982／2／25　〈青龍會舞踏初儀〉（目黒区民センター）。《天之羽羽斬之劒》、出演＝原田伸雄、古賀義章《こがよしあき》、原田修三郎ほか。

1982／3／6–7　〈土屋大陸舞踏公演〉（アートシアター新宿）。《焼凍玉》、出演＝土屋大陸、立石登美子。

1982／5／28–30　〈麿赤児独舞踏會〉（日比谷公会堂）。《スサノオ》、音楽＝千野秀一《ちのしゅういち》、坂本龍一《さかもとりゅういち》ほか。

1982／6／12–13　〈片岡美智子舞踏公演〉（神戸三宮花銀別館大西ビル、京都スタジオ・ウァリエ）。《天龍夢渡》、作・出演＝片岡美智子。

1982／6／19　〈吉田光雄舞踏公演〉（中野テルプシコール）。《ココロミノヨル》。

1983　カトリーヌ・ディヴェレス、ベルナルド・モンテと来日し、大野一雄舞踏研究所にて学ぶ。帰国前に〈アンスタンス〉発表（中野テルプシコール）。

1983／1／26–27　〈秀島実《ひでしまみのる》舞踏公演〉（目黒区民センター）。《石の日常》、作・出演＝秀島実。

1983／3　土方巽『病める舞姫』（白水社）刊行。

1983／6／8–11　〈4人のソロ舞踏公演〉（東京日仏学院ホール）。作・出演＝吉田光雄・上杉貢代・岩名雅記《いわなまさき》・山田せつ子。

1983／6／16　イギリス・ノッティンガムの〈Festival of Japanese Arts〉にて《日本の乳房》上演。構成＝土方巽、出演＝芦川羊子、小林嵯峨。国際交流基金の派遣によるもの。7月9日に帰国するまでデンマーク、オランダ、ドイツ、イタリアなどでも公演する。評論家の市川雅《いちかわみやび》も同行。

1984／2／15　〈嵩康子舞踏〉（plan B）。

1984／2／16　〈川尻育《かわじりいく》舞踏〉（plan B）。

1984／3／22–24　〈山田せつ子・神領国資舞踏公演〉（日仏学院ホール）。〈REBIS〉。

1984／3／24　〈舞踏・大杉空也哲学宣言〉（plan B）。《モダンダンス論・その弱点と克服》。

1984／4／24　シンポジウム「舞踏の先駆性とその現在」（plan B）。講師・市川雅、合田成男《ごうだなりお》、中村文昭《なかむらふみあき》。

1984／4／27　〈舞踏舎天鶏《てんけい》Live '84〉（ラ・ママ）。《キンケイ空に》。出演＝鳥居夷《とりいえびす》・田中陸奥子《たなかむつこ》ほか。

1984／5／18–19　〈花田資久処女舞踏公演〉（中野テルプシコール）。《権力への意志》、作・出演＝花田資久。

1984／5／22–24　〈北方舞踏派公演　土方先生に捧げる夕〉（草月ホール）。《鷹ざしき》、演出・振付＝土方巽。出演＝ビショップ山田、雪雄子、南部満、竹之内淳志《たけのうちあつし》ほか。

1984／9／5–16　〈21000海里の舞踏会〉（佐賀町エキジビットスペース）。《初東風》、《涅槃西風》、《黒南風》、《野分》。出演＝宇野萬《うのまん》・葡萄弾。

1984／9／11–13　〈田中泯1501回独舞公演〉（第一生命ホール）。《恋愛舞踏派定礎》、構成・演出＝土方巽。

1984／11／5　来日中のメキシコの詩人オクタビオ・パスのお別れ会がアスベスト館で開催される。芦川羊子のダンスなど。

1985/2/9　〈舞踏フェスティバル'85「舞踏懺悔録集成　七人の季節と城」〉（朝日ホール）。日本文化財団主催。「衆踏前夜祭・講演とスライドの夕べ」と題して、土方巽「衰弱体の採集」、郡司正勝「伝統芸能と舞踏」の講演が行われた。フェスティバルは月末まで続き、大野一雄、大野慶人、麿赤兒、田中泯らやそれぞれの所属団体が舞台に立った。

1985/3　〈スタジオ200舞踏講座〉（西武スタジオ200）。《東北歌舞伎計画一》、作・演出・振付＝土方巽、出演＝芦川羊子、東北歌舞伎研究会。東北歌舞伎の名を冠する作品はこれが最初である。

1985/6/29　〈スタジオ200舞踏講座〉（西武スタジオ200）。《東北歌舞伎計画二》。作・演出・振付＝土方巽、出演＝芦川羊子、東北歌舞伎研究会。馬場あき子と宇野邦一《うのくにいち》が講演を行った。公演は7月1日まで。

1985/9/28−30　〈スタジオ200舞踏講座〉（西武スタジオ200）。《東北歌舞伎計画三》。作・演出・振付＝土方巽、出演＝芦川羊子、東北歌舞伎研究会。榎本了壱《えのもとりょういち》が講演を行った。

1985/10/17−27　〈テルプシコール舞踏新人シリーズ〉（中野テルプシコール）。《教文館の前にて》。作・演出・振付＝土方巽、出演＝大岩英夫、江野沢摂子、清水博子、田辺知美、立松久宣、加藤博、山崎広太、勅使川原三郎《てしがわらさぶろう》、嵩康子、田野日出子《たのひでこ》、武内靖彦。

1985/11　土方巽、〈土方巽舞踏行脚・其ノ一〉と題して神戸、大阪、京都、金沢、名古屋を講演旅行。

1985/12/19−22　〈スタジオ200舞踏講座〉（西武スタジオ200）。《東北歌舞伎計画四》、作・演出・振付＝土方巽。これが土方の遺作となる。長尾一雄が講演を行ったほか、西谷修《にしたにおさむ》、鈴木志郎康《すずきしろうやす》、古沢俊美《ふるさわとしみ》によるシンポジウムも開催。

1986/1/21　土方巽、死去。肝硬変に肝臓癌を併発。吉岡実《よしおかみのる》、種村季弘とともに病室にいた澁澤龍彦が、二二日のアスベスト館での通夜、二三日の告別式で葬儀委員長を務め、弔辞を読む。その内容は「さようなら土方巽」の題で『新劇』三月号に掲載。

1986/4　土方巽のLPレコード「慈悲心鳥《じひしんちょう》がバサバサと骨の羽を拡げてくる」制作（アスベスト館）。葬儀の香典返しとして配布。

1987/1　土方巽、遺文集『美貌の青空』（筑摩書房）刊行。

1987/1　渋谷パルコパート1にて「土方巽舞踏写真展・危機に立つ肉体」開催。パルコ出版より同名の写真集も刊行される。

1987／1　アスベスト館に「土方巽記念資料館」設立。「アスベスト館通信」発行開始。

1987／7　土方巽の追悼イベント、「土方巽野辺おくり祭り『むしびらき』」が、山形県升玉村《ますたまむら》で営まれる。その様子は石井輝男によって記録された。

1987／8　〈土方巽追悼講演「病める舞姫」〉（銀座セゾン劇場）。出演＝大野一雄、笠井叡、芦川羊子、麿赤兒ほか。加納光於、田中一光《たなかいっこう》、中西夏之、細江英公、横尾忠則、吉岡実がポスター制作。

1987／8／5　澁澤龍彥、死去。咽頭癌による頸動脈瘤破裂のため。

1987／9　吉岡実『土方巽頌』（筑摩書房）刊行。

1989　古川あんず、ダンス・バターTOKIOを結成。

1990／8　元藤燁子『土方巽とともに』（筑摩書房）刊行。

1992／1　土方巽著、吉増剛造《よしますごうぞう》筆録『慈悲心鳥がバサバサと骨の羽を拡げてくる』（書誌山田）刊行。

1992／6　大野一雄『舞踏譜　御殿、空を飛ぶ。』（思潮社）刊行。

1993／11　種村季弘、鶴岡善久、元藤燁子編、『土方巽舞踏大鑑　かさぶたとキャラメル』（悠思社）刊行。

1994／1　笠井叡、《セラフィータ　鏡の性器をもつ私の女》（中野ゼロホール）で舞踏公演再開。

1995　伊藤キム、ダンス・バターTOKIOから独立し、伊藤キム＋輝く未来を結成。

1997／12　池田二十世紀美術館にて「美術と舞踏の土方巽展」開催。会期は翌月まで。

1998／1　『土方巽全集』（河出書房新社）初版刊行。

1998／4　慶應義塾大学アート・センターに「土方巽アーカイヴ」設立。

1998／11　慶應義塾大学にて、「土方巽アーカイヴ開設記念〈四季のための二十七番をめぐって〉」開催（12月まで）。同名の書籍も刊行、同アート・センターではその後も土方の関連書籍を出版し続けている。

2001　イタリア、ボローニャ大学内に大野一雄研究室が開設。

2003／3　『土方巽の舞踏世界　中谷忠雄《なかたにただお》写真集』（心泉社）刊行。

2003/6　アスベスト館が廃館。

2003/10/19　元藤燁子、死去。

2010/6/1　大野一雄、呼吸不全のため103歳で死去。

2013/9/27　「大野一雄フェスティバル2013」（横浜 BankART Studio NYK ほか）。映像上映、資料展示のほか、海外からの招聘ダンサーのパフォーマンスなど（会期は11月3日まで）。

2014/10　森下隆編『写真集　土方巽——肉体の舞踏誌』（勉誠出版）刊行。

2018/8　Routledge より *The Routledge Companion to Butoh Performance* 刊行。網羅的な論集としては、英語圏はもとより世界でも先駆的なもの。

——付記

この類の年表で万全を期すことは無謀であり、とくに舞踏の場合には、「万全」という概念がそもそも相容れぬものであることは、本書を一読された読者にはすでに明らかであると思う。ただ読者の便宜を思えば、何がしかの年表があるに越したことはない。舞踏に関する既存の年譜は、多かれ少なかれ断片的であり、流派を超えて舞踏の全貌を網羅するものがないことを考えればなおさらである。そこで、本書で取り上げた舞踏家の周辺に偏りが出ることは承知の上で、なるべく包括的に、舞踏の実践に加えて、研究史にも目配りした年表を作成した。舞踏「書」譜と合わせて活用されたい。

基本方針としては、戦前については舞踏黎明期に影響力を持ったであろう舞台芸術を幅広く取り上げ、「舞踏」という語の定着以後については、題名などにその語を冠した公演を中心に取り上げた。多くの公演を行っているパフォーマーや集団については、最初のソロ公演や旗揚げ公演など重要なものを選び出し、その後の活動については割愛した場合も少なくない。

なお、作成にあたっては日本洋舞史研究会（編）『日本洋舞史年表』I~VI（日本芸術文化振興会、二〇〇三—二〇〇九年）を全般にわたって参照したことをお断りしておく。年表は新国立劇場ウェブサイトよりダウンロードが可能である。https://www.nntt.jac.go.jp/library/library/ic_chronology.html（二〇二〇年一〇月一四日取得）

あとがき——大野ロベルト

複数の章の参考文献として、*The Routledge Companion to Butoh Performance*（edited by Bruce Baird and Rosemary Candelario, London: Routledge, 2018）が挙がっていることに気づかれた読者も多いのではないだろうか。ラウトレッジ社の手がける必携シリーズからついに舞踏の網羅的な手引きが世に出ることになったのは、ベアード、キャンデラリオ両氏の尽力の賜物である。二〇一五年であったか、相原氏が同書に大駱駝艦について論考を執筆することになり、原稿を英訳する必要があったので、同僚であった私が協力することになった。ところが編者とやりとりするうちに、澁澤龍彥と土方巽の関係について書ける者がいないということで、この問題にもとより関心を持っていた私も、一章を寄稿することになったのである。

五〇名を優に超える執筆陣を擁する大著だけに刊行までには時間がかかったが、それでも二〇一八年の夏には重量級の書籍が刷り上がった。さっそく頁を繰りながら、同書に携わったなかでおそらくいちばんの門外漢であった私の脳裡に去来したのは、「なぜこのような本が日本にはないのか」という疑問であった。舞踏は間違いなく日本発祥であるうえに、およそ日本発祥の芸術で、これほど世界に浸透しているものは類を見ないにもかかわらず、である。

それなら自分で作ってしまおうか、と決意した私の考えには、音楽についての本を書こうとしたサイードのそれに近いものがあった。

> したがって、もうおわかりかもしれない。音楽学の専門家としての名声など気にかける必要などまったくないアウトサイダーだけが、どうやら、あぶなっかしい、しばしば思いつき程度の理論化や記述の試みに勇躍乗り出せるということ、を。本書でおこなったのは、まさにそれだ。あえてくりかえすまでもないかもしれないが、以下につづくページのなかで、わたしは音楽学に喧嘩を売ろうとはしていない。そうではなくて、わたしの関心はもっぱら、西洋のクラシック音楽を、文学批評家であるとともに音楽家でもあるわたしにとって大きな意味をもつ文化領域としてみなし、そのなかから、現代の文化研究において最良の成果をあげている分野の研究者ですら思わず注目しないではいられないような問題とか事例を取り上げることにつきる。
>
> （E・W・サイード『音楽のエラボレーション』大橋洋一訳、みすず書房、一九九五、一一頁）

私は残念ながら舞踏家ではないが、文学と舞踏は考えれば考えるほど切り離せないものとして「大きな意味をもつ文化領域」を形成しているようだし、何より私にとって大きな意味を持つようだ。

ただし、これはサイードの場合よりも複雑なのだが、「音楽学」というのと同じくらい明瞭な輪郭を持った「舞踊学」が確立されているとは言えそうもないのである。つまり「喧嘩を売る」相手がいないのだ。共編者の相原氏をはじめ、各章の執筆者は、いずれも舞踊および舞踏の専門家であり、ほとんど全員がダンサーでもある。それでもなお、彼らもまたサイード（と私）の意見に同調してくれるだろうと感じるのはそうしたわけなのである。

もちろん国内にも、いわゆる舞踏を網羅することを謳うような書籍がないわけではない。ただ、それらの大部分は研究書——つまり先行研究を踏まえつつ、論理的思考を積み重ねたもの——としては読めない、主観的な批評の域を出ていないものである。しかもそのような感想文を書くためにも、派閥があり、序列があり、様々な忖度があるようである。これでは横断的な入門書というもの自体が発想されにくいのも無理はない。

悲しいかな、実践だけでは芸術は社会に根づかない。そこで批評が求められることになるが、芸術と批評の馴れ合いを放っておけば、遅かれ早かれ土地は不毛になる。肥沃な状態を維持するには、なるべく多領域の人間が往来して、議論を活性化することだ。そうなれば、次世代が舞踏に関心を持つということにも期待ができるし、そのなかから、舞踏を半世紀ほど延命する人材が出てくるかもしれない。

そもそも私が舞踏について漠然と考えていたことを整理しはじめたのも、お茶の水女子大学でのゲスト講義に招かれたことがきっかけであった。そのうちに、種を蒔くとまではいかなくとも、土をひっくり返してみるくらいのことはできるだろうと、本書を企画するに至った。もちろん背景には、文学徒としての個人的な関心もあった。一つは、能、とくにその詞章を、舞踏の水脈の遥か上流に措定してみること。もう一つは、土方巽を澁澤龍彦と三島由紀夫と併置することで、舞踏を文学の領域に引き寄せることである。

これといって舞台芸術に強い関心を持たずにいる人々（つまり日本人の大部分）のなかにも、土方の存在だけは知っている、という人は一定数いるだろう。それは本書でも取り上げたように、澁澤龍彦によるところが大きい。何を隠そう私もそのようにして土方と出会った一人であり、要するに舞踏は、当初から文学ときわめて親和性の高い表現として私のまえに現れたのである。そして古典文学に関心を持っている以上、言葉と身体という問題について考えたときに、舞踏と能が結びつくのも自然なことであった。

したがって私が本書の編者となっているのは、奇をてらってのことではないのである。「媒がなければ舞踏を身近に感じることができない」地点から出発したという意味において、私は執筆者の誰よりも読者一般に近い立場にある。現代における舞踏の受容のあり方を体現する一人として、「私の場合」を出発点に置いた結果、このような書物が出来上がった。むろん、その出発点から一歩を踏み出し、舞踏というものを立体的に捉えるためには、共編者と各執筆者の専門的な知見と経験が不可欠であった。

私自身、本書の各章に手を引かれて、ようやく舞踏の森を抜けたばかりである。ぜひ読者にも、それぞれの経路で、この迷宮に踏み込んでいただければ幸いである。

なお、「舞踏「図」譜」のための写真収集に際しては、慶應大学アート・センターで土方巽アーカイヴを担当する森下隆氏、ならびに写真家の池上直哉氏、絵本作家の南椌椌氏にご協力を賜った。この場を借りて御礼申し上げる。

最後になるが、本書がこうして日の目を見たのは文学通信のお二人のおかげである。岡田圭介氏にはこれまでも何かとお世話になってきたが、ついに本作りをご一緒できたことは、夢がひとつ叶った思いである。また西内友美氏には、企画から印刷までのすべての工程で、巨細にわたって心配りをいただいた。お二人と検討を重ねなければ、本書はありきたりで退屈な論文集になっていたはずである。吏心より感謝する。

昨年来、かつては舞踏の十八番の主題であった「病」によって、舞踏をはじめとする舞台芸術が圧し潰されそうになっている現実がある。だが本書を通読された読者にはすでに明らかであろう。言葉と肉体による創造物は、それほどヤワなものではない。

二〇二一年九月　編者を代表して

本書はＪＳＰＳ科研費（課題番号 17K02745, 18KT0034, 19K13150, 20H01289）の助成を受けている。

執筆者紹介

大野ロベルト・相原朋枝 →奥付参照

ローズマリー・キャンデラリオ Rosemary Candelario
テキサス・ウーマンズ大学准教授。*The Routledge Companion to Butoh Performance* (Routledge, 2018) 編者。著書に *Flowers Cracking Concrete: Eiko & Koma's Asian/American Choreographies* (Wesleyan University Press, 2016) がある。

酒向治子 Sako Haruko
岡山大学学術研究院教育学域教授。博士（人文科学）。日本身体表現学協会代表。ランゲージ・オヴ・ダンスセンター日本支部（LODC, Japan）代表。訳書に『ダンスの言語』（大修館書店、二〇一五）、編著に『ダンスとジェンダー――多様性ある身体性』（三一書房、二〇一五）などがある。

関　典子 Seki Noriko
ダンサー、神戸大学大学院人間発達環境学研究科准教授、兵庫県立芸術文化センター「薄井憲二バレエ・コレクション」キュレーター。幼少よりクラシックバレエを学んだ後、コンテンポラリーダンスに転向。これまでに、イシグロダンスシアター、H・アール・カオス、和栗由紀夫＋好善社、冨士山アネット、サイトウマコト、いいむろなおき、寺田みさこ、村本すみれ、黒田育世、工藤聡らの作品に出演。兵庫県芸術奨励賞受賞。

塚田美紀 Tsukada Miki
世田谷美術館学芸員。美術と身体表現をむすぶワークショップ、建築空間を活かしたパフォーマンスを多数企画。論考に「建築と自然とパフォーマンス――「作品のない展示室」におけるパフォーマンス事業のアーカイヴ展示をめぐる考察」（『世田谷美術館紀要』二二号、二〇二一）など。

ブルース・ベアード Bruce Baird
マサチューセッツ大学アマースト校教授。*The Routledge Companion to Butoh Performance* (Routledge, 2018) 編者。著書に *A History of Butô: Dancing in a Swirl of Imagery* (Oxford University Press, forthcoming 2022), *Hijikata Tatsumi and Butoh: Dancing in a Pool of Gray Grits* (Palgrave Macmillan Press, 2012) がある。

横尾咲子 Yokoo Sakiko
特定非営利活動法人「手をつなぐメキシコと日本」代表。プロモーター、振付家、紙芝居師、僧侶として、メキシコおよびラテンアメリカ諸国における日本文化の普及に努める。

編者

大野ロベルト　Ono Robert

法政大学国際文化学部准教授。国際基督教大学大学院アーツ・サイエンス研究科博士後期課程修了。博士（学術）。日本社会事業大学社会福祉学部助教、同専任講師を経て、2021年より現職。*The Routledge Companion to Butoh Performance* (Routledge, 2018) に “A la Maison de Shibusawa: The Draconian Aspects of Hijikata's Butoh” を寄稿。著書に『紀貫之——文学と文化の底流を求めて』（東京堂出版、2019）、訳書にM・ウィリアム・スティール『明治維新と近代日本の新しい見方』（東京堂出版、2019）などがある。

相原朋枝　Aihara Tomoe

日本社会事業大学社会福祉学部准教授。お茶の水女子大学大学院人間文化研究科博士後期課程退学。お茶の水女子大学助手、洗足学園短期大学准教授を経て現職。*The Routledge Companion to Butoh Performance* (Routledge, 2018) に “Open Butoh: Dairakudakan and Maro Akaji” を寄稿。実践に大野一雄の稽古への参加、エイコ（エイコ＆コマ）との共演《Two Women》(2014) などがある。

Butoh 入門

肉体を翻訳する

2021（令和3）年12月3日　第1版第1刷発行

ISBN978-4-909658-68-5　C0073

発行所　株式会社 **文学通信**

〒114-0001　東京都北区東十条1-18-1 東十条ビル1-101

電話 03-5939-9027　Fax 03-5939-9094

メール info@bungaku-report.com ウェブ http://bungaku-report.com

発行人　岡田圭介

印刷・製本　モリモト印刷

ご意見・ご感想はこちらからも送れます。上記のQRコードを読み取ってください。